형사문제의 생활법률

호서대 교수 이보영 지음

제일법규

머 리 말

  사회생활이 다양해지면서 그것을 규율하기 위한 처벌법규도 헤아릴 수 없을 만큼 늘어나고 있다. 발걸음 하나 몸놀림 하나하나가 모두 법과 연결되어 있다. 이는 개인의 자유를 보장받는 것과 동시에 사회구성원으로서의 의무가 요청되는 까닭이다.

  어떠한 행위가 어떠한 범죄에 해당되고 어떠한 처벌을 받게되는지를 안다는 것은 민주시민으로서 당연한 일이다. 그동안 주위에서 법을 잘 몰라 당황하고 고민하는 것을 너무나 많이 보아오면서 법률상담을 해온 필자는 누구에게나 흥미롭고 쉽게 접근할 수 있도록「형사문제의생활법률」을 펴내게 된 것이다.

  "법을 몰라서 그러한 행동을 하였다"하더라도 법에서 보호해 주지 않는다. 또한 "나는 법 없이도 사는 사람이다"라는 말도 더 이상 이야기하기 어렵게 되었다. 형사문제에 관하여 항상 관심을 두고서 생활한다면 모범시민으로서의 지위를 유지할 수 있으며, 또한 억울한 일을 당했을 때 자기의 정당한 권리를 주장할 수 있는 기본적인 지식을 갖고 있다면 사전에 범죄를 예방할 수 있고 명랑한 생활을 누릴 수 있을 것이다. 독일의 법철학자 예링(R. Jhering)은「권리를 위한 투쟁」(Der Kampf ums Recht, 1872)이라는 논문에서 "잃어버린 권리를 투쟁을 통해 되찾자"고 강조하였다.

  어떠한 범죄가 어떻게 처벌되며 그 기본절차는 어떻게 되는가? 그리고 혹시 억울하게 당하는 입장이 되면 어떻게 처신해야 하는가를 미리 알고 있다면 얼마나 도움이 될까?

  여러분 모두의 고문변호사 역할을 하게 될 것으로 기대되는「형사문제의 생활법률」을 펴내게 된 취지도 바로 여기에 있다 하겠다.

  처음 이「형사문제의 생활법률」이 나올 때 보다 사정이 많이 달라졌음은 주지의 사실이다. 1995. 12. 29. 형법과 형사소송법이 일부개정되어 형법은 1996. 7. 1.부터 형사소송법은 1997. 1. 1부터 그 효력을 발생하게 되었으므로 본서는 이에 맞추어 개정·보완하였고, 또한 1998. 7. 1 부터는 가정폭력범죄의처벌에관한특례법이 시행되게 되어 이에 관한 골자와 사례를 추가하였다. 더욱이 최근에는 형사판례가 다수 배출되어 우리의 관심을 더하기에 충분하였다. 이에 본서에는 2002년도 대법원판례까지 참고하였다.

본서의 특징은, 일상생활에서 흔히 발생되고 있는 사례를 문답형식으로 폭넓게 다루어 형사법에 문외한인 분이라 할지라도 알기 쉽게 이해할 수 있도록 평이한 문장으로 서술하였으며, 사건의 내용도 점점 전문화·복잡화됨에 따른 최근 경향을 많이 반영하였다.

그리고 각 사례마다 유사사례를 소개하였고, 관계법조문과 관련판례를 소개하였다. 특히, 최근 판례를 언급하여 현실감 있도록 하였고, 잦은 법 개정으로 간과하기 쉬운 형사관련법령의 반영을 게을리하지 않았다.

끝으로 본서가 나오도록 저자의 건강을 지켜주신 하나님께 감사와 찬양을 드리며, 항상 지도편달을 아끼지 않으시는 호서대학교 강석규명예총장님, 정근모총장님, 강일구부총장님께 감사드린다. 아울러 기획·편집·교정을 위해서 불철주야 심혈을 기울인 제일법규 사장님과 관계직원분들께도 무한한 감사를 드린다.

2003년 5월

한강이 내려다 보이는 遇居에서

李 普 寧 識

차 례

■ 머리말

PART 1. 기초지식

[1] 형법의 기초지식

1. 형법이란? ··· 31
2. 범죄란? ··· 31
3. 죄형법정주의란? ·· 32
4. 범죄의 성립요건? ······································· 32
    1) 구성요건해당성 ···································· 33
    2) 위법성 ·· 33
    3) 유책성 ·· 33

5. 형　벌 ·· 33
  (1) 형벌이란? ·· 33
  (2) 형벌의 종류와 보안처분 ························· 34
    1) 생명형 ·· 34
    2) 자유형 ·· 34

차 례

    3) 명예형 ··· 35
    4) 재산형 ··· 35
    5) 보안처분 ··· 35

6. 선고유예, 집행유예, 가석방 ································ 36
    (1) 선고유예 ·· 36
    (2) 집행유예 ·· 36
    (3) 가석방 ··· 36

7. 사 면 ··· 37
8. 형의 시효 ··· 37
9. 친고죄와 반의사불벌죄 ································· 37
10. 작량감경 ··· 38
11. 형의 가중, 감경의 순서 ································· 38

[2] 형사재판의 상식

1. 형사소송법이란? ·· 39
2. 형사소송절차 ·· 39
3. 실체적 진실주의 ·· 41
4. 법 원 ·· 41

5. 사법경찰관의 수사 ································ 42
   (1) 수사의 단서 ································ 42
   (2) 수사의 실행 ································ 42
      1) 임의수사와 강제수사 ···················· 42
      2) 증거의 수집 ······························ 42
      3) 구속 후의 절차 ··························· 43

6. 검사의 수사 ·· 43
   (1) 수사의 실행 ································ 43
      1) 검사의 수사 ······························ 43
      2) 피의자의 구속 ··························· 43
   (2) 공소제기 ····································· 44

7. 보 석 ·· 45
   (1) 권리보석 ····································· 45
   (2) 필요적 보석 ································· 45

8. 공판절차 ·· 45
   (1) 모두절차 ····································· 45
   (2) 심리절차 ····································· 46
   (3) 판결절차 ····································· 46

9. 상 소 ·· 47

차 례

 (1) 상소절차 ·· 47
  1) 고유의 상소절차 ··· 47
  2) 상소권의 대리권자 ··· 47
  3) 상소법원 ··· 47
 (2) 상소권 회복의 청구 ··· 48
  1) 상소권 회복의 뜻 ··· 48
  2) 상소권 회복의 청구 ······································· 48
 (3) 불이익 변경금지의 원칙 ································· 48

[3] 관련 서식

1. 범죄인지서 ·· 49
2. 진술서 ··· 50
3. 피의자구속영장 ·· 51
4. 압수수색영장 ·· 52
5. 구속통지서 ·· 53
6. 압수조서 ·· 54
7. 압수목록 ·· 55
8. 감정유치장 ·· 56
9. 고소장 ··· 57

10. 고소취하서 …………………………………… 58
11. 보석허가결정서 ……………………………… 59
12. 출석요구서 …………………………………… 60
13. 피의자신문조서 ……………………………… 61
14. 진술조서 ……………………………………… 64
15. 사건송치 ……………………………………… 66
16. 불기소장 ……………………………………… 67
17. 불기소처분에 대한 항고장 ………………… 69
18. 공소장(구약식) ……………………………… 70
19. 피고인소환장 ………………………………… 71
20. 공판조서(공판심리) ………………………… 72
21. 공판조서(판결선고) ………………………… 75
22. 판결문(공소기각) …………………………… 76
23. 판결문(형의 선고) ………………………… 77
24. 항소장 ………………………………………… 78
25. 소송기록접수통지서 ………………………… 79
26. 판결문(항소기각) …………………………… 80
27. 상고이유서 …………………………………… 80

차 례

PART 2. 성범죄

[1] 강간

❋ 강간죄의 공동정범
친구와 공모하여 친구가 강간하는 동안 피해자가
반항 못하도록 때린 경우 ································· 84

❋ 강간치상죄
부녀를 협박하여 억지로 성교하려다 다치게 한 경우 ············ 85

❋ 강간죄의 실행의 착수(1)
여자가 위험을 느끼면서 창문에서 뛰어내리겠다고 했는데도
침입한 경우 ··· 87

❋ 강간죄의 실행의 착수(2)
강간할 목적으로 방에 침입하여 자고 있는 피해자의 엉덩이를
만지면서 간음을 기도한 경우 ························· 88

❋ 강간죄의 죄수
1회 간음하고 다시 200m쯤 오다가 또 간음한 경우 ············· 89

❋ 강간치상죄
강간미수와 강간치상죄 ································· 91

❋ 화 간
피해자에게 가한 폭행 또는 협박이 그 반항을 현저히 곤란하게
할 정도에 이른 것이라고 보기 어려운 경우 ················ 93

❋ 준강간죄와 인과관계
상해의 결과를 예견할 수 없어 강간치상죄로 처단할 수 없다고
판단한 경우 ····································· 94

❋ 준강간죄의 성립여부
부녀자를 폭행하여 심신상실에 빠뜨린 후 간음한 경우 ·········· 96

❋ 강간후 음모를 변경시킨 경우
남자가 강간후 음모를 이상하게 변경시킨 경우 ··············· 97

❋ 강간미수죄
강간미수과정에서 손바닥 2㎝ 정도 긁힌 상처를
부녀자에게 입힌 경우 ······························· 98

❋ 주거침입죄와 강간죄
야간에 흉기를 들고 피해자의 집에 들어가 강간한 경우 ·········· 99

차 례

✽ 강간죄의 고소취소와 공소기각 판결
강간사건의 피해자에게 위자료를 주고 합의서를 받았으면
즉시 석방되는지 여부 101

✽ 강도강간죄
강도가 칼을 휴대하고 집에 침입한 뒤 부녀를 강간한 경우 103

✽ 강간죄와 강도죄
부녀를 강간 후 재물을 강취한 경우 105

✽ 강제추행죄
상대방을 힘껏 껴안으며 강제로 입을 맞추었을 경우 106

[2] 간음 및 간통죄

✽ 위력에 의한 간음죄
고용원을 해고하겠다고 위협한 뒤 간음한 경우 109

✽ 피구금부녀간음죄
구치소에 구금되어 있는 부녀의 동이를 얻어 간음한 경우 110

✽ 여자의 남자에 대한 혼인빙자간음
미혼여성이 미혼남성을 혼인을 빙자하여 간음한 경우............... 112

❋ 간통죄의 고소취하와 재고소
고소취소 후 그 남자와 새롭게 간통한 경우 ·················· 113

❋ 간통죄와 고소기간, 고소방법
남편이 처녀와 간통하고 이혼을 요구한 경우 간통죄로
고소가 가능한지 여부 ·· 114

❋ 간통죄와 재결혼 합의서의 효력
별거중 여자와 재결혼 합의서를 작성한 경우의 법적 효력은? ··· 116

❋ 사실혼과 간통죄 고소
사실혼 중에 남편이 간통한 경우 ··· 119

❋ 간통죄와 협의이혼신고서의 효력
합의이혼 후 가정법원의 확인을 받고 호적신고를 마치기 전에
남편이 간통한 경우 ·· 120

❋ 허위혼인신고와 공정증서원본불실기재죄
위장결혼을 목적으로 허위로 혼인신고를 한 경우 ············ 123

❋ 혼인빙자간음죄
과거사를 알리고 혼인하기로 하여 동거하다가 낙태하고
파혼당한 경우 ·· 124

차 례

[3] 기타 성범죄

❋ 성폭력특별법(1)
음란전화 거는 사람을 처벌하고 싶은데 ················· 126

❋ 성폭력특별법(2)
지하철 객차 속에서 추행하는 행위 ················· 127

❋ 음화의 판단기준
관람객 유치를 위해 영화의 일부를 선정적인 포스터로 제작
유포한 경우 ················· 128

❋ 음화 등 반포죄
고야의 나체화를 성냥갑에 축쇄하여 판매한 경우 ················· 129

[4] 유사사례

❋ 성범죄에 관한 유사사례 집중연구
특히, 여성독자를 위하여 성범죄에 관한 유사사례를
집중연구하고자 함 ················· 131

PART 3. 생명·신체·자유침해범죄

[1] 살인의 죄

❋ 살인죄와 실행의 착수
타인을 살해하려고 하였으나 제3자의 제지로 그 뜻을
이루지 못한 경우 ·· 144

❋ 살인죄의 고의
음주상태에서 차량탈취와 그 탈취차량의 운행으로 타인을
사망에 이르게 한 경우 ·· 145

❋ 살인죄의 위법성조각사유
장기간 정조를 유린당한 자가 친구를 도와 의붓아버지를
살해한 경우 ·· 147

❋ 존속살해죄
버려진 아이를 주워다 길렀더니 그 애가 커서 길러준 엄마를
살해한 경우 ·· 149

차 례

❈ **보복살인죄**
자신을 강간한 사실을 부모에게 알리겠다고 한 부녀자를
살해한 경우 ·· 151

❈ **자살방조죄**
분신자살의 실행을 용이하게 도와주고 유서를 작성해 준 경우 ··· 152

❈ **존엄사(소극적 안락사)**
의사의 가망없는 환자에 대한 호흡기 제거행위 ····················· 155

❈ **살인예비·음모죄**
권총을 주면서 사람을 살해하라고 했으나 실행에 옮기지
않은 경우 ·· 156

❈ **정사(情死)**
합의 정사키로 하였으나 한 사람이 살고 나머지 사람은
죽은 경우 ·· 158

❈ **살인죄와 피해자 진술**
고문에 의한 허위진술서가 공판정에서 증거로서
효력이 있는지 여부 ·· 159

❈ **부작위에 의한 살인죄**
죽어가는 남편을 구호하지 않은 부인의 행위 ······················· 161

❋ 영아살해죄(嬰兒殺害罪)
강간으로 임신한 후 치욕을 은폐하기 위해 분만중 영아를
살해한 경우 ·· 163

❋ 살인죄와 무죄판결
살인죄로 구속기소되어 대법원에서 무죄판결을 받은
경우의 구제책은 ·· 164

❋ 살인죄와 보호실 유치
경찰서 보호실에 강제로 유치되어 5일만에 풀려난 경우············ 165

❋ 무죄와 석방
무기징역이 구형된 1심에서 무죄판결을 받은 경우 즉시 석방 여부··· 166

[2] 상해와 폭행의 죄

❋ 상해죄의 고의
3명과 싸우던중 식칼을 들고 휘두르다 말리던 사람을 찔러 상해를
입힌 경우 ·· 169

❋ 상해죄의 동시범특례
상해죄로 구속된 남편에 대한 구속적부심사청구를 하려고 하는데 ··· 172

차 례

❋ 폭행과 보호처분
친구와 싸운 아들이 법원으로부터 보호처분을 받은 경우 ········ 175

❋ 상해와 정당행위(징계행위)
교사가 징계의 목적으로 학생을 때리다가 다치게 한 경우 ········ 176

❋ 중상해죄와 과잉방위
강간하려는 자의 혀를 절단시킨 행위 ································ 177

❋ 폭행죄의 위법성
사회상규에 위반되지 않은 폭행행위라고 본 사례 ················ 179

❋ 폭행죄와 정당방위
어른에게 욕하는 자를 꾸중하다가 그가 날린 주먹을 피하면서
얼굴을 때려 탈치 1개를 낳은 행위 ································ 180

❋ 폭력행위등처벌에관한법률 위반
깨진 유리조각을 사람의 얼굴에 던진 행위 ························ 182

❋ 심신미약과 폭행·상해
주벽이 있는 자가 술을 마시고 명정상태에서 상대방을 낫으로
상처를 입힌 경우 ·· 183

❋ 폭행치사상죄
상대방을 폭행하여 쇼크심장마비로 죽게 한 경우 ················ 186

❋ 상해죄의 결과적 가중범
임신 7개월인 임산부의 복부를 강타하여 낙태케 하고
사망케 한 행위 ·· 187

[3] 과실치사상의 죄

❋ 임대차 관계와 연탄가스중독사고
세든 집에서 연탄가스중독으로 세든 사람이 죽은 경우
집주인의 책임 ·· 189

❋ 과실치사와 제3자의 책임영역
임대건물의 균열로 인한 가스중독사고와 임대인의 수선의무의 범위 ··· 191

❋ 교내학생사고와 교사의 책임
학생이 교실 유리창을 닦다가 추락사한 경우 담임교사의 책임 ··· 192

❋ 과실의 공동정범
조수석에 동승하여 차량운전을 교정해 준 자와 과실범의 공동정범 ··· 194

❋ 업무상 과실치사상죄
업무상 과실치사상죄에 있어서 업무는 허가 받은 적법한 업무에
한하는지 여부 ·· 195

차 례

❋ **업무상 과실치사상죄의 성립 여부**
공장에서 일어난 안전사고에 대한 공장장의 형사책임 여부 …… 197

❋ **중과실치사상죄**
디어헌터 게임중 상대방이 사망한 경우 …………………………… 198

❋ **신뢰의 원칙과 교통사고**
오토바이에 충격되어 도로에 전도된 후에 다른 차량에 치어
사망한 경우 ……………………………………………………………… 200

❋ **뺑소니 후의 책임**
교통사고를 낸 후 피해자에 대한 구호조치 없이 도주한 경우 …… 202

[4] 낙태죄

❋ **의사 등의 낙태**
의사가 부녀낙태행위로 인한 전치 6개월의 부상을 입혔다면 …… 204

❋ **낙태죄의 위법성 조각사유**
AIDS에 걸린 부녀의 낙태행위의 처벌 여부 ………………………… 205

❋ **동의 낙태죄**
임부의 부탁을 받고 의사를 교사하여 낙태케 한 경우 …………… 207

[5] 유기의 죄

✤ 유기죄의 성부
단순히 동행관계에서 한 사람이 크게 다친 경우에 유기하여
그가 죽은 경우에 관하여 ··· 208

✤ 유기죄의 고의
애인에게 성관계를 요구하자 9층에서 뛰어내린 경우에
그대로 왔다면 ·· 210

✤ 유기치사죄
종교적 이유로 수혈거부하여 딸을 죽게한 경우 ······················ 211

✤ 유기죄의 보호의무
죽어가는 거지를 그대로 버려두어 그 거지가 죽은 경우 ············ 213

[6] 협박의 죄

✤ 협박죄
언쟁중 위협적인 언사를 사용한 경우 ································· 215

차 례

❈ 야간특수 협박죄
야간에 사람의 목에 가위를 들이대며 찌를 듯하고 구타하여
상해를 입힌 경우 ·· 216

❈ 권리행사방해죄
폭력에 의한 해외도피방지를 위해 여권교부를 받게 하고
강제로 여권을 회수한 경우 ···································· 218

❈ 강요죄
폭행·협박을 사용한 권리행사와 공갈죄의 성부 ············ 220

[7] 체포·감금의 죄

❈ 감금죄
폭행·협박을 사용한 권리행사와 공갈죄, 감금죄의 성부 ········ 222

❈ 감금죄의 위법성조각사유
수용시설에 수용중인 부랑인들에 대한 감금행위 ············ 224

❈ 감금과 강간미수
강간의 목적으로 피해자를 차에 태워 추행, 강간하려 한 경우 ··· 225

❋ 보복감금죄
폭력행위등처벌에관한법률 위반죄로 처벌받은 것에 불만을 품고
보복키 위해 감금한 행위 ·· 227

❋ 아동혹사죄
15세 아들을 곡마단에 팔아 넘긴 아버지의 행위 ················ 229

[8] 약취와 유인의 죄

❋ 미성년자 유인죄
하자있는 피해자의 승낙과 미성년자유인죄의 성부 ················ 230

❋ 영리목적 유인죄
무작정 상경한 부녀를 창기업자에 팔아 넘기려고 유인한 행위 ··· 231

차 례

PART 4. 사생활침해죄

[1] 명예에 관한 죄

❋ 명예훼손죄의 전파성
교사의 비행을 적은 진정서를 학교 이사장에게 제출한 경우 …… 236

❋ 명예훼손죄의 사실적시
목사가 진위확인을 위하여 교회집사들에게 전임목사의
불미스런 소문에 관하여 물은 경우 …………………………… 238

❋ 명예훼손죄와 정당행위
명예훼손죄의 위법성조각사유(형법 제310조)의 적용 여부 …… 239

❋ 명예훼손죄와 사실의 증명
잡지에 개인에 대한 인신공격적 내용의 수기를
그대로 게재한 경우 ……………………………………………… 241

❋ 명예훼손죄의 위법성조각
오로지 조합원을 위해 타인의 비리를 대자보에 붙힌 경우 ……… 244

❋ 사자(死者)의 명예훼손죄
사자(死者)에 대하여 빚 때문에 도망다니며 죽은 척하는
나쁜 놈이란 발언 ··· 246

[2] 신용·업무와 경매에 관한 죄

❋ 신용훼손죄
단순한 의견이나 가치판단의 표시가 신용훼손의 소정의
허위사실의 유포에 해당하는지 ································· 249

❋ 부정입학과 업무방해죄
출제교수가 대학원 입학시험문제를 가르쳐 준 행위 ·········· 252

❋ 위장취업과 업무방해죄
노동운동을 할 목적으로 입사시험에 합격한 경우 ············ 253

[3] 비밀침해의 죄

❋ 비밀침해죄
친구의 편지를 몰래 뜯어보고 다른 친구에게 알린 경우 ········· 257

차 례

✼ 업무상 비밀누설죄
전도사가 신앙상담중 알게 된 신도의 비밀을 남에게 알린 경우 … 258

[4] 주거침입의 죄

✼ 주거침입죄
평소 무상출입하던 주거에 범죄의 목적으로 들어간 경우 ……… 260

✼ 대리시험과 주거침입교사죄
입사시험볼 때 대리시험 본 행위와 교사한 행위 ……………… 261

✼ 주거침입죄의 성부
단지, 더위를 피하려고 백화점에 들어간 행위 ………………… 263

✼ 남편부재중의 간통행위와 주거침입죄
남편의 부재중 간통의 목적으로 처의 승낙하에 주거에
들어간 경우 ………………………………………………… 264

✼ 주거침입죄와 권리행사
임대차 기간 종료 후 집주인이 임차인의 허락없이
들어간 경우 ………………………………………………… 266

✤ 권리행사방해죄
렌트카를 빌려주었는데 제시간에 갖다 놓지않자
실력으로 회수한 경우 ································· 267

✤ 강제집행면탈죄
허위채무를 부담하고 가등기 및 본등기를 해준 경우 ············ 268

PART 5. 재산범죄

[1] 절도의 죄

✤ 불법영득의사(不法領得意思)
절도죄에 있어서 불법영득의사와 사용절도 ··················· 274

✤ 불가벌적 사후행위
절취한 자기앞수표로 음식대금을 지불한 행위 ················· 276

✤ 야간주거침입절도죄
야간에 카페에서 내실을 침입하여 정기적금통장을 꺼내들고
카페로 나오던중 발각되어 돌려준 경우 ······················ 277

차 례

❖ 절도죄와 피의자신문조서의 증거능력
강요에 못이겨 한 자백이 공판정에서 증거로서의 채택 여부 …… 279

[2] 강도의 죄

❖ 강도상해죄
상대방의 반항을 억압할 수 있을 정도의 폭행에 해당하는 정도 … 281

❖ 강도살인죄
택시요금을 면하려고 시비도중 도망갔으나 나머지 친구 2명이
운전기사를 살해한 경우 ………………………………………… 282

❖ 준강도
망보다가 도주한 후 다른 절도 공모자가 폭행·상해를 가한 경우… 284

[3] 사기의 죄

❖ 부작위에 기한 기망(欺罔)
토지에 대하여 도시계획이 입안되어 있어 장차 협의 매수되거나
수용될 것이라는 사정을 매수인에게 고지하지 아니한 행위 …… 287

❖ 사기죄이 착오
기망에 의한 물품판매행위와 사기죄의 성부 ·············· 288

❖ 소송사기
법원에 허위의 증거를 제출하여 승소판결을 받은 경우 ·········· 290

❖ 백화점의 변칙세일
백화점이 출하시부터 할인가격표시하여 막바로 세일에 들어가는
변칙세일을 한 경우 ····················· 292

❖ 사기죄와 약속어음
채무를 변제할 의사나 능력이 없으면서 약속어음을 발행한 행위 ··· 294

❖ 미등기가옥 이중매매의 책임
채무상환의 대가로 대신 받은 가옥을 채무자가 이중매매한 경우 ··· 296

❖ 계금 반환과 사기죄
계가 파계되었는데도 계속 계원으로부터 계불입금을 받은 경우 ··· 297

❖ 불법영득의사와 크레디트카드범죄
대금지급의사나 능력이 전혀 없이 카드로 물품을 구입한 경우 ··· 299

❖ 상소권회복청구와 사기죄
항소기간중 본인의 책임질 수 없는 사유로 그 기간이 지난
경우의 구제책 ······················· 301

차 례

❈ 불기소처분에 대한 불복방법
검사의 불기소처분에 대한 불복방법은 ·································· 304

❈ 절취한 신용카드 사용행위
절취한 신용카드로 물품을 구입한 경우 ································ 307

[4] 공갈의 죄

❈ 공갈죄
부녀와의 정교가 공갈죄의 대상이 되는지 여부 ······················ 309

❈ 폭력행위등처벌에관한법률상 공갈죄
교통사고 피해자가 가해자를 협박하여 돈을 받은 경우 ············ 311

❈ 공갈행위
예술품을 잃어버린 피해자에게 돈을 은행계좌에 입금시키라고
협박한 행위 ·· 312

❈ 공갈죄와 형의 실효
만기출소 후 전과말소복권을 신청하려는데 ······························ 314

[5] 횡령의 죄

❋ **횡령죄**
남의 오토바이를 타고 심부름을 가다가 마음이 변하여
그대로 타고 가버린 경우 ··· 316

❋ **불법원인급여와 횡령죄**
뇌물로 전달하여 달라고 교부받은 금원을 임의로 소비한 때에는 317

❋ **횡령죄의 불법영득의사**
정당한 사유에 기한 보관물의 반환거부 행위 ······················ 319

❋ **업무상 횡령죄**
사실상 대표이사 업무를 행하던 자의 보관금전의 임의소비행위 320

❋ **명의신탁과 횡령죄**
종중소유로서 명의신탁된 부동산을 임의로 사용·수익한 경우 ··· 322

❋ **점유이탈물횡령죄와 절도죄**
종업원으로 종사하던 당구장에서 주은 금반지를 처분한 행위 ··· 323

차 례

[6] 배임의 죄

✽ 배임죄
내연의 처와 불륜관계를 지속하는 대가로 소유권이전등기를
경료해 주기로 약정하고 이를 이행하지 않는데 ·················· 325

✽ 부동산의 이중매매와 배임죄
부동산의 이중매매로 잔금까지 다 받은 경우 ······················ 327

✽ 가등기담보와 배임죄
양도담보자가 변제기 전에 타인 명의로 가등기한 경우 ············ 328

✽ 배임수재죄의 부정청탁
의사가 의료품 수입업자로부터 청탁받고 돈을 받은 행위 ········ 330

✽ 배임죄의 고소
고소하였으나 검찰로부터 아무 통지없이 미결상태로 놓아 두고
있는 경우 ·· 333

[7] 장물 및 손괴의 죄

❉ **불가벌적 사후행위**
절취한 정을 알고 자기앞수표를 교부받고 이를 사용한 경우 …… 334

❉ **장물보관죄**
장물임을 지득한 후에도 그 물건을 보관한 경우 ………………… 336

❉ **업무상 장물취득죄**
귀금속 매입시 매도인의 신분을 미확인한 경우 ………………… 337

❉ **문서손괴죄**
전세금을 반환받기 전에 영수증을 손괴한 경우 ………………… 339

차 례

PART 6. 사회적 법익 침해범죄

[1] 공공안전의 죄

❖ 공무원자격사칭죄의 성부
위탁받은 채권을 추심하는 방법으로 합동수사반원을
사칭·협박한 경우 ··· 344

❖ 방화죄의 기수
부모의 용돈거부로 인해 홧김에 집에 불을 지른 경우 ············· 346

❖ 살인죄와 현주건조물방화죄
현주건조물에 방화하여 탈출하려는 사람을 막아 불에 타서
죽게 만든 경우 ··· 348

❖ 실화죄
불이 붙어 있는 성냥개비를 방바닥에 있는 재털이에 버린 행위   350

❖ 실화죄와 임의동행
실화혐의로 강제연행하여 조사 후 풀어 준 경우 ················· 352

❋ 과실일수죄(過失溢水罪)의 성부
도급공사자의 하수맨홀 미설치로 홍수때 학교를 침수케 한 행위 … 353

❋ 일반교통방해죄의 성부
600여명의 시위대가 편도 2차선의 길을 막아서 시위했을 때 … 355

❋ 기차 등의 전복죄
승객이 탄 헬리콥터의 조종사가 엔진고장시 항법으로서 정해진 절차에
따라 운행하지 못한 과실로 항공기를 바다에 추락시킨 경우 ……… 356

❋ 과실교통방해죄
열차운행중 감속치 않아 열차가 탈선한 경우 …………………… 359

[2] 공공신용의 죄

❋ 통화위조죄의 예비
행사할 목적으로 대한민국은행권을 위조하려 한 경우…………… 361

❋ 자격모용에 의한 유가증권 작성죄
자격상실 후에도 그 자격을 모용하여 유가증권을 작성한 경우 … 362

❋ 유가증권 변조 및 동 행사죄
낙첨된 올림픽복권을 변조하여 당첨금을 받은 경우 …………… 364

차 례

❊ 위조 등 유가증권행사죄
위조유가증권임을 알고 있는 자에게 교부하여 유통시킨 경우 … 366

❊ 복사문서의 문서성
전자복사의 사본이 문서위조죄의 객체가 되는지 …………… 368

❊ 공정증서원본 불실기재죄
동거녀의 허락없이 혼인신고를 한 경우………………………… 370

❊ 공문서 변조죄
사본을 행사할 목적으로 공문서 기재내용을 변개한 경우 ……… 372

❊ 공문서 위조죄
공문서 위조죄의 성립요건 …………………………………… 374

❊ 자격모용에 의한 공문서 작성죄
구청장이 전보된 후 전보 전 자신의 권한에 속하는 건축허가에
관한 기안용지의 결재란에 서명한 행위…………………………… 376

❊ 허위공문서 작성죄의 간접정범
공무원 아닌 자가 공문서 작성을 보좌하는 공무원과 공모하여
허위의 문서초안을 상사에게 제출하여 결재케 한 행위 ………… 377

❊ (공기호)불법행사죄
택시미터기의 검정납봉을 임의로 재봉인 부착한 행위……………… 379

[3] 사회도덕의 죄

✤ 도박죄
도박의 전과 없는 사람이 연말에 '도리짓고땡' 도박을 2회한 경우 ······ 381

✤ 도박죄의 '일시오락'의 정도
도박이 일시오락에 그친 경우 ··· 383

PART 7. 국가적 법익 침해범죄

[1] 공무원의 직무에 관한 죄

✤ 직무유기죄의 성립여부
예비군 중대장이 허위공문서 작성 후 그 사실을 그대로 상사에게
보고하지 않는 경우 ··· 388

✤ 직권남용죄
민원비서관이 농수산물 도매사장에게 요구하여 수의계약으로
근친에게 임대케 한 경우 ··· 391

차 례

❋ 알선 수뢰죄
준공무원이 그 지위를 이용하여 알선해 주고 뇌물을 받은 경우 … 393

[2] 공무방해의 죄

❋ 공무집행방해죄의 성부
파출소에서 경찰관들에게 폭언한 행위 ………………………… 395

❋ 위계에 의한 공무집행방해죄
출원자의 허위출원사유의 기재 및 허위소명자료에 의한
인·허가처분행위 ………………………………………………… 397

❋ 공무상 비밀표지무효죄
압류물을 원래의 보관장소로부터 다른 장소로 이동시킨 경우 … 399

❋ 공용서류무효죄
군청에 제출한 건축허가신청서에 첨부된 설계도면을
권한없이 바꿔 갈아놓은 행위 …………………………………… 400

[3] 도주와 범인은닉 등의 죄

❉ **단순도주원조죄의 성부**
　탈주자에게 도피할 수 있도록 승용차를 빌려 준 행위 ·············· 403

❉ **위증죄**
　위증죄에 있어서 허위의 공술이란? ································· 405

❉ **증거인멸죄**
　피고인이 자기의 형사사건의 증거인멸을 위해 타인을 교사한 행위 ··· 406

❉ **무고죄**
　확인없는 사실의 신고(무고) ······································ 408

PART 8. 개정형법에 따른 신종 범죄

❉ **인질강요죄**
　타인의 아들을 약취후 인질로 삼아 이권을 해결치 않으면
　인질을 살해하겠다고 협박한 경우 ································· 413

차 례

❋ **컴퓨터 관련 업무방해죄**
컴퓨터를 조작하여 부정입학한 경우 ································ 414

❋ **비밀침해죄(컴퓨터)**
비밀장치한 전자기록을 기술적 수단으로 이용하여
그 내용을 알아낸 경우 ·· 415

❋ **자동차불법사용죄**
소유주의 동의없이 자동차를 불법사용한 경우 ·················· 416

❋ **컴퓨터 등 사용사기죄**
컴퓨터를 이용 허위정보를 입력하여 정보처리를 하게 하고
재산상의 이득을 취한 경우 ·· 417

❋ **편의시설부정이용죄**
100원짜리 동전유사물을 넣고 자판기에서 율무차 한잔을
빼 먹은 행위 ·· 418

❋ **컴퓨터데이타 등 파괴죄(손괴죄)**
컴퓨터 디스켓의 파괴행위에 대하여 ································ 419

■ **가정폭력범죄의처벌등에관한특례법 주요골자** ······· 420
　● 사례연구 ·· 422

1
기초지식

1. 형법의 기초지식

1. 형법이란?

　형사소송은 협의로는 국가형벌권의 구체적 행사에 관한 재판상의 절차, 즉 검사의 공소제기로부터 재판의 확정에 이르기까지의 일련의 절차를 의미하고, 광의로는 국가형벌권의 실행에 관한 일체의 절차를 의미한다. 따라서 광의의 형사소송에는 협의의 형사소송 외에 수사절차와 재판의 집행절차가 포함된다.
　이와 같이 범죄인에 대한 국가형벌권 행사의 전과정을 형사소송이라 하고 형사소송절차를 규정한 법률체계를 형사소송법이라고 한다. 우리나라의 형사소송법은 1954년 9월 23일 법률 제341호로 공포·시행되었으며, 그 후 14차에 걸친 개정이 있었다. 그리고 최근 2006.7.19. 법률 제5054호로 개정되어 2007년 현재 개정법률이 시행되고 있다.

2. 범죄란?

　범죄의 개념에는 두 가지 의의가 있다. 실질적 의의로서의 범죄는 일반사회의 생활질서를 침해하는 반사회적 행위로서 형벌을 과할 필요가 있는 행위를 말한다. 형식적 의의로서의 범죄는 실정법에 의하여 국가의 형벌권이 가하여 지고 있는 행위를 말한다. 각종 형벌법규에 규정되어 있는 구성요건에 해당하고, 객관적 법질서에 위반하며 또 그 행위에 대하여 사회적으로 비난할 수 있는 것을 의미한다. 죄형법정주의하에서는 도덕적으로 비난할 만한 행위라고 하여 모두 처벌대상으로 할 수는 없다. 따라서 보통 범죄라 함은 형식적 의의의 범죄를 말하는 것이다.

3. 죄형법정주의란?

어떠한 행위가 범죄로 되며 또 어느 정도의 형벌을 과하게 되느냐 하는 것을 형벌법규로 미리 정해두지 않으면 사람을 처벌할 수 없다는 사상을 죄형법정주의라고 한다.

「법률 없으면 범죄 없고, 법률 없으면 형벌 없다」라는 말로 잘 표현되는 죄형법정주의는 형법의 기본원칙인 것이다. 고려시대「고려사 형법지」에 보면「어떠한 범죄를 어떻게 처벌할 것인가를 미리부터 법률로써 규정함으로써 백성들로 하여금 두려움을 느끼게 함으로써 범죄를 미연에 방지코자 한다」고 규정하고 있음을 알 수 있다.

「미리」라는 표현이 죄형법정주의라고 하는 명칭 자체에는 반드시 명시되어 있지 않더라도 범죄와 형벌법규를 법으로 정하는 것이 행위에 앞서서 이루어져 있을 것이 요구된다. 전제정치시대에는 이러한 것을「미리」정하여 두는 것을 요건으로 하지 않고 어떤 행위가 행해진 후에 당시의 권력자가 그것을 부당하다고 생각하면 그 후에 법령을 만들어서라도 그 행위를 처벌할 수가 있었다. 이러한 경우 국민들은 어떠한 행위를 하면 좋은가를 예측하지 못하게 된다. 그리고 올바른 것이라고 생각해서 행한 것이 후에 법률위반 또는 범죄로 다루어져 언제 어떻게 처벌될지 모르므로 국민은 안심할 수 없다. 이러한 이유때문에 진정으로 인권을 보장하여야 할 근본적인 규정의 설정을 필요로 하게 되었다.

우리나라도 헌법 제12조 제1항, 제13조 제1항 전단, 형법 제1조 제1항 등의 규정으로 미루어 죄형법정주의를 채택하고 있음을 알 수 있다.

4. 범죄의 성립요건

범죄가 법률상으로 성립하기 위한 요건, 즉 구성요건해당성·위법성·유책성을 범죄의 성립요건이라고 한다.

1) 구성요건 해당성

무엇이 범죄인가는 법률상 특정의 행위로서 규정되어 있는데, 법률상으로 특정된 행위의 정형을 구성요건이라고 한다. 범죄로 되기 위하여서는 먼저 구성요건에 해당하여야 한다. 다만, 구성요건의 충족은 기수범이 되었을 때에 한해서 사용되므로 구별되어야 한다.

형법 각 본조가 규정한 구성요건을 구체적으로 명시할 수는 없고 항상 추상적 개념으로 표시된다. 이러한 개념적 조직을 추상적 구성요건 또는 법적 구성요건이라고 부른다.

2) 위법성

구성요건에 해당하는 행위도 예컨대, 정당방위와 같은 특정한 경우는 법률상으로는 허용된다. 이를 위법성조각사유라 한다. 범죄로 되기 위하여는 법률상으로 허용되지 않는 것이어야 한다. 법률상으로 허용되지 않는다고 하는 성질을 위법성이라고 한다. 즉, 범죄는 위법한 행위가 아니면 안된다.

3) 유책성

구성요건에 해당하는 위법한 행위도 그 행위에 관하여 행위자를 비난할 수 있는 것이 아니면 범죄로 되지 아니한다. 행위를 한 행위자에 대하여 비난할 수 있는 책임을 유책성이라고 한다. 즉, 범죄는 유책한 행위이어야 한다. 그리하여 책임 없으면 형벌 없다는 책임원칙이 성립하게 된다.

범죄는 구성요건해당성·위법성 및 유책성의 어느 한 가지를 결하여도 성립하지 않는다. 그중에서 특히 위법성을 조각시키는 사유를 위법성조각사유라고 하며, 책임을 조각시키는 사유를 책임조각사유라고 한다.

5. 형 벌

(1) 형벌이란?

형벌은 국가의 법률로 규정되고 국가가 집행한다. 그러나 만일 국가가 집행하지 않는 제재가 있다면 그것은 사적 제재 또는 사형(私刑)이며, 그 자체가 일종의 범죄가 되는 수가 많다. 국가적 형벌을 이러한 것과 구별하여 공형벌이라고 한다.

국가의 형벌권은 국가가 범죄에 의한 법익의 침해에 대하여 사회를 보호하고 방위하는 수단이며, 범죄의 발생으로 형벌권의 주체인 국가와 객체인 범인은 대립적 이해관계에 서게 된다.

(2) 형벌의 종류와 보안처분

형벌은 그것이 박탈하는 법익의 내용에 따라 생명형, 자유형, 재산형 및 명예형으로 나눌 수 있으며, 형법 제41조는 그 구체적 방법으로 사형, 징역, 금고, 자격상실, 자격정지, 벌금, 구류, 과료, 몰수의 아홉 가지를 규정하고 있다. 이 중 몰수는 부가형이고 그 밖의 것들은 주형이다.

한편, 사회보호법과 소년법 등에서는 보안처분을 규정하고 있는데, 이것은 사회방위와 범죄자의 특별예방을 목적으로 한 처우의 일종이라는 점에서 형벌과 구별되기도 한다.

1) 생명형

이는 사람의 생명을 단절하는 형벌인데, 사형이 있다. 즉, 사형은 역사적으로 가장 오래된 형벌이고, 사형에 관해서는 종교적·인도적 견지에서 또는 형사정책적 견지에서 그 폐지론과 존치론이 오랫동안 대립해 왔다. 우리 형법은 아직도 사형을 인정한다. 사형의 방법은 교수형이다.

2) 자유형

이것은 구금으로 자유를 박탈하는 형벌이다. 현행 형법은 징역·금고·구류를 자유형으로서 규정하였다. 징역과 금고는 무기와 유기의 구별이 있고, 유기는 원칙으로 1월 이상 15년 이하이며, 모두 교도소에 구치한다. 징역은 강제노역에 복역하는 것이고, 금고는 노역의 의무가 없다. 구류는 1일 이상 30일 미만이다.

3) 명예형

명예형에는 자격상실과 자격정지가 있다. 자격상실은 공무원이 될 자격, 공법상의 선거권과 피선거권, 법률로 요건을 정한 공법상 업무에 관한 자격, 법인의 이사·감사 기타 법인의 업무에 관한 검사역이나 재산관리인이 될 자격을 상실하는 것이다(형법 제43조 제1항). 자격정지는 이러한 자격의 전부 또는 일부를 일정기간 정지하는 것이다. 정지되는 기간은 1년 이상 15년 이하이다(형법 제44조 제1항).

4) 재산형

재산형은 자유형의 대용 또는 그 보충으로서 인정되는 형벌이며, 벌금과 과료가 있다. 벌금은 5만원 이상(감경의 경우 5만원 미만)이고, 과료는 2,000원 이상 5만원 미만이다. 개정형법에 의하여 벌금은 5만원 이상, 과료는 2,000원 이상 5만원 미만으로 되었다.

이상의 주형에 대하여 부가형으로서의 몰수가 있다. 몰수의 대상이 될 수 있는 것은 범인 이외의 자의 소유에 속하지 아니하거나 범죄 후 범인 이외의 자가 정을 알면서 취득한 일정한 물건이며 몰수가 불가능할 때에는 그 가액을 추징한다.

5) 보안처분

보안처분은 형벌의 대용 또는 그 보충으로서 하는 처분으로서 형벌을 과함이 적당치 않은 자(예컨대 소년) 또는 사회에 대하여 위험한 행동을 할 우려가 있는 자에 대하여 과하는 보호·예방·개선·교육 등의 처분을 말한다. 우리나라 현행 형법전에는 보안처분에 관한 규정이 없으나, 사회보호법에는 보호감호·치료감호·보호관찰이, 소년법 제2장 제3절에는 보호처분이 규정되어 있다. 이것들은 모두 보안처분의 일종이다.

6. 선고유예·집행유예, 가석방

형벌은 그 자체가 일종의 해악이며, 범죄에 그러한 해악을 과하는 것은 그 정신에서 응보주의적 태도라고 아니할 수 없다. 그런데 현대 형법은 점점 예방주의의 방향으로 전환함에 따라 응보적 색채를 띠지 않는 새로운 제도가 증가하고 있다.
 선고유예·집행유예 또는 가석방, 그리고 보안처분 등은 그러한 제도의 일종이라고 할 수 있을 것이다.

(1) 선고유예

 형의 선고유예는 1년 이하의 징역·금고 또는 자격정지·벌금 등의 형을 선고함에 있어서 그 형의 선고를 유예하고 2년간을 무사히 경과하면 면소의 효력을 부여하는 제도이다

(2) 집행유예

 유죄판결의 선고를 받은 후 그 형의 집행을 하지 않고 일정한 유예기간을 두어 그 기간을 무사히 경과하면 유죄판결 자체가 무효가 되어 유죄판결이 소급하여 효력을 상실하는 제도이다. 집행유예는 선고된 형이 3년 이하의 징역 또는 금고일 경우에 할 수 있고, 유예기간은 재판확정일로부터 1년 이상 5년 이하이다. 집행유예선고기간 중에 법원이 집행유예할 수 없다는 것이 종래의 통설·판례의 태도였으나 최근의 판례(대법 1989.10.10. 88 도 824)는 이를 인정하고 있는 점에 주의하여야 한다.

(3) 가석방

 징역 또는 금고를 받고 있는 자가 집행 중 개전의 정이 현저할 때 형기만료 전에 일정한 조건하에 이를 석방하는 제도이다. 유기형은 그 형기의 3분의 1, 무기형은 10년을 경과하였을 때에 행정관청의 처분으로 가석방을 할 수 있다.

7. 사 면

 형벌의 의미와 체계가 아무리 완벽하게 짜여져 있다 하더라도 법과 형벌을 넘어서 마지막으로 사면이 있다. 우리나라에는 사면법(1948.8.30. 제

정, 법률 제2호)이 있는데, 일반사면과 특별사면이 규정되어 있다. 일반사면은 죄를 범한 자에게 내려져 형의 언도의 효력이 상실되며, 형의 언도를 받지 않은 자에 대하여는 공소권이 상실된다. 일반사면의 절차는 대통령령으로 정한다. 특별사면은 형의 언도를 받은 자에게 행해져 그 집행이 면제된다. 특별사면은 법무부장관이 대통령에게 상신하여 대통령이 행한다(사면법 제9조·제10조).

8. 형의 시효

형의 선고를 받아 판결이 확정된 후 그 집행을 받지 않고 일정기간이 경과되면 형집행이 면제되는 것을 말한다(형법 제78조).

시효기간
- 사형-30년
- 무기징역·금고-20년
- 10년 이상의 징역·금고-15년
- 3년 이상의 징역·금고 또는 10년 이상의 자격정지-10년
- 3년 미만의 징역·금고 또는 5년 이상의 자격정지-5년
- 5년 미만의 자격정지·벌금·몰수·추징-3년
- 구류·과료-1년
---

9. 친고죄와 반의사불벌죄

검사의 공소를 위한 요건으로서, 피해자 기타 일정한 자의 고소를 필요로 하는 범죄를 친고죄라 한다. 강간죄·사자명예훼손죄와 같이 형법에서 "고소가 있어야 논한다"라고 정해져 있는 범죄가 이에 해당한다.

또한 검사의 공소제기는 가능하지만 피해자의 명시한 의사에 반해서는 처벌할 수 없는 죄가 반의사불벌죄인데, 폭행죄·모욕죄 등이 이에 속한다.

10. 작량감경

　법률의 가중·감경을 하고 난 후 법관은 피고인에게 '정상에 참작할 만한 사유'가 있으면 작량하여 형을 감경한다(형법 제53조). 이를 작량감경(즉, 재판상의 감경)이라 한다. 작량감경이 끝나고 난 뒤 정해지는 형벌범위를 처단형이라고 한다.
　처단형이 정해지면 양형사유(형법 제51조)를 고려하여 피고인에게 내릴 최종형벌범위인 선고형을 정한다.

11. 형의 가중·감경의 순서

　그 순서는 다음과 같다(형법 제56조).

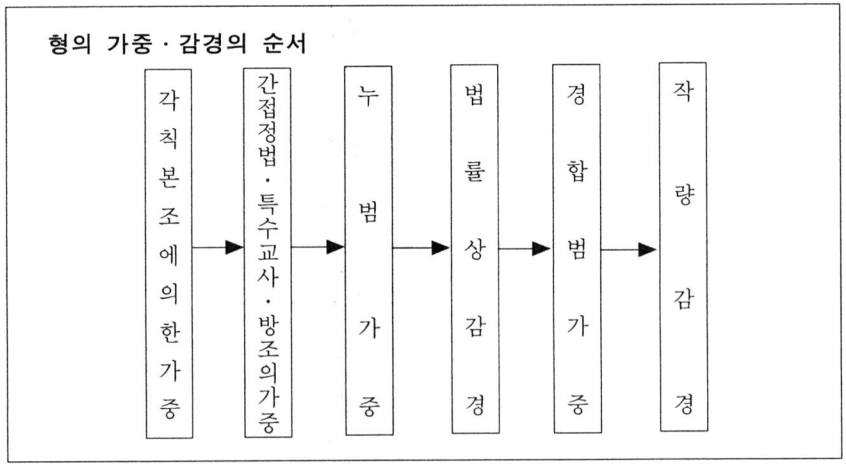

2. 형사재판의 상식

1. 형사소송법이란?

형법은 어떠한 범죄를 어떻게 처벌할 것인가를 규정하고 있는 법을 말한다. 형법은 '…한 자는 …에 처한다'는 식으로 규정하는 가설적 규범이다. 형법은 일정한 행위를 규제하는 행위 규범이자, 사법활동을 규제하는 재판규범이다. 나아가 형법은 평가규범이면서 의사결정규범이다.

자본주의 사회에서의 형법은 그 체제의 속성 때문에 정치성(계층성)·시민성·역사성·민주성 등과 같은 사회적 성격을 갖는다. 우리나라의 형법은 1953년 9월 18일 법률 제293호로 제정된 후, 2005.7.29. 법률 제7623호로 일부 개정되어 2007년 현재 시행되고 있다.

2. 형사소송절차

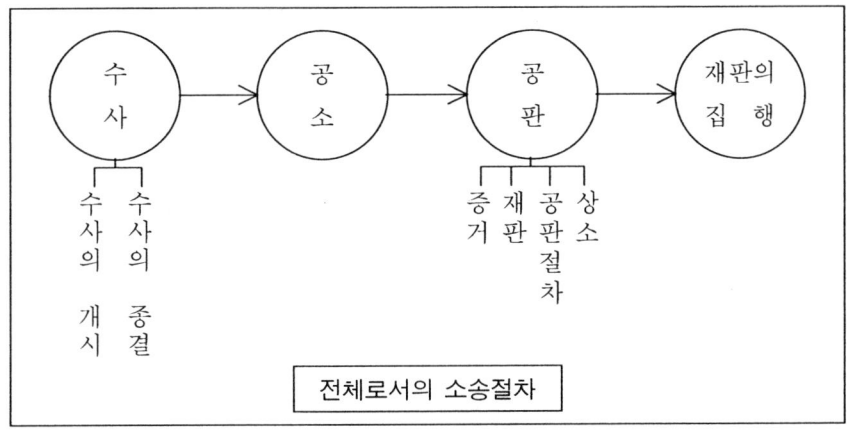

전체로서의 소송절차

40   1. 기초지식

■ 새로운 인신구속제도를 표로 살펴보면 다음과 같다(1997.1.1. 시행).

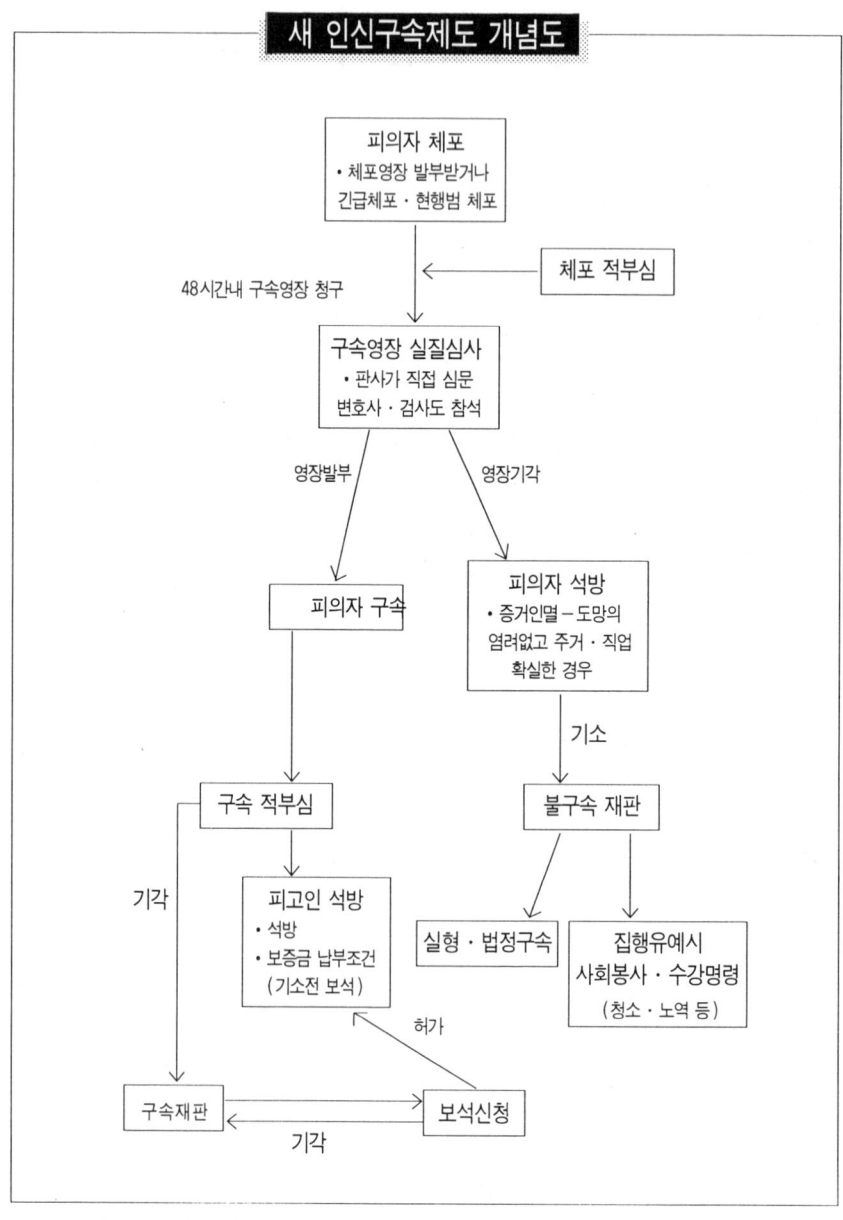

3. 실체적 진실주의

1) 실체적 진실주의란 소송의 대상인 사건에 관한 객관적 진실을 발견하여 사안의 진상을 명백히 하는 주의를 말한다.

2) 즉, 당사자의 사실상의 주장, 사실의 인부 또는 제출한 증거에 구속되지 않고 사안의 진상을 규명하여 객관적 진실을 발견하려는 원리가 바로 실체적 진실주의이다.

3) 형사소송은 피고인과 피해자 사이의 법적 분쟁을 해결하기 위한 절차가 아니라 국가형벌권의 범위와 한계를 확정하여 이를 실현하는 절차이므로 법원이 사안의 진상을 정확히 파악할 것이 전제가 된다.

4) 그렇기 때문에 실체적 진실의 발견은 형사소송의 최고의 목표이자 가장 중요한 지도이념이 된다.

※ 우리나라 형사소송법의 기본구조

```
이념 ─ 실체적 진실주의 ─→ 안전보장에 의한 한계
                        │
                        ├ 신속한재판
                        ├ 공정한재판
절차 ─ 탄핵주의
         │
구조 ─ 당사자주의    직권주의
              └──── 조화 ────┘
```

4. 법 원

```
┌ 지방법원, 가정법원 ┬ 단독제(1인의 법관이 담당)
│                  └ 합의제(수인의 법관이 담당)
├ 고등법원 ─ 합의제
└ 대 법 원 ─ 합의제
```

5. 사법경찰관의 수사

(1) 수사의 단서

수사의 단서란 수사개시의 원인을 말한다. 수사는 수사기관이 범죄의 혐의가 있다고 느낄 때에 개시되며 수사의 단서는 한정되어 있지 않다.

법률상·사실상 수사의 단서로 되는 중요한 것은 다음의 두 가지로 나눌 수 있다. 즉, 수사기관 자신의 체험에 의한 것으로는 변사자의 검시(형사소송법 제222조), 현행범인·준현행범인의 체포(형사소송법 제211·212조), 경찰관의 불심검문(경찰관직무집행법 제3조), 수사기관의 인지 등이 있고, 타인의 체험의 청취에 의한 것으로는 고소(형사소송법 제223조), 고발(형사소송법 제234조), 자수(형사소송법 제240조), 피해자 또는 피해자 이외의 자의 신고, 신문기사·방송 등이 있다.

(2) 수사의 실행

1) 임의수사와 강제수사

현행 형사소송법은 임의수사를 원칙으로 하며, 수사상 강제처분은 형사소송법에 특별한 규정이 있는 경우에 한하여 예외적으로 인정된다(형사소송법 제199조 제1항). 이를 강제처분법정주의라 한다. 임의적인 조사에 의한 수사, 즉 수사를 받는 상대방의 동의·허락을 전제로 하는 수사를 임의수사라고 하고 강제처분에 의한 수사, 즉 상대방의 의사 여하를 불문하고 강제적으로 실시하는 수사를 강제수사라고 한다. 임의수사의 내용으로는 피의자에 대한 임의수사(피의자신문), 피의자 이외의 자에 대한 임의수사, 공무소 등에의 조회 등이 있다.

강제수사의 내용으로는 대인적 강제수사(피의자의 구속), 대물적 강제수사(압수·수색·검증), 판사에 의한 강제처분 등이 있다.

2) 증거의 수집

수사절차상의 증거수집은 임의수사에 의한 경우와 강제수사(수사상의 강제처분)에 의한 경우로 분류된다.

임의수사에 의하여 수집되는 증거에는 ① 피의자신문조서, ② 피의자 아닌 자에 대한 진술조서, ③ 피의자나 제3자가 작성한 진술서·진단서·확인서 등, ④ 수사기관의 위촉에 의하여 감정인이 작성한 감정서, ⑤ 공무소 등에 대한 조회 결과(형사소송법 제199조 제2항) 등이 있다.

강제수사에 의하여 모집되는 증거에는 수사상의 압수·수색에 의한 압수물이나 압수·수색조서, 수사상의 검증의 결과를 기재한 검증조서 등이 있으며 수사기관의 청구에 의한 판사의 강제처분에 의하여 압수한 물건, 검증조서, 증인신문조서(형사소송법 제184조·제221조의 2) 등이 있다.

3) 구속 후의 절차

피의자를 구속한 후의 절차에 관하여 구속의 통지(형사소송법 제87조), 구속후 공소사실의 요지와 변호인선임권의 고지(형사소송법 제88조), 접견교통권의 보장(형사소송법 제89조·제91조), 변호인선임의뢰권의 보장(형사소송법 제90조), 구속의 취소(형사소송법 제93조)와 구속의 집행정지(형사소송법 제101조 제1항·제102조 제1항) 등이 있다.

6. 검사의 수사

(1) 수사의 실행

1) 검사의 수사

검사는 범죄의 혐의가 있다고 생각되는 때에 범인, 범죄사실과 증거를 수사하게 되는데, 현행법상 검사는 소추기관인 동시에 수사기관이다. 수사를 할 수 있는 기관은 일차적인 사법경찰관리와 이차적인 검사가 있는데, 검사는 범죄수사에 있어 주도적 지위를 갖는 명실상부한 수사의 주체이다.

2) 피의자의 구속

경찰이나 검사 등의 수사기관에서 범죄의 의심을 두고 수사를 받고 있는 자를 피의자라 한다. 피의자는 공소가 제기되면 피고인으로 된다. 피의자는 경우에 따라서 신체의 구속을 받게 된다. 그러나 이것은 일반적으로 생각하고 있는 것과 같이 수사기관이 진술을 듣기 위하여 신체를 구속하는 것은 아니다.

형사재판은 피고인이 법정에 출석하지 않으면 원칙적으로 개정하지 않고, 또 피의자를 자유롭게 방치하는 것은 증거를 인멸할 염려가 있기 때문에 이를 방지하기 위하여 피의자를 구속하는 것이다. 단지 진술을 듣기 위하여 피의자를 구속할 수는 없다. 그렇다고 현행법상 수사기관이 피의자를 신문할 수 없는 것은 아니다(형사소송법 제200조). 이 범위 내에서 피의자는 수사기관의 신문을 받아야 할 지위에 있는 것이다.

그러나 이것은 피의자가 임의로 진술하는 경우에 한한다. 요컨대 피의자는 수사기관에 진술하기 위하여 출석해야 할 의무는 없다. 더욱이 피의자는 수사기관의 진술요구에 대하여 진술을 거부할 수 있다. 이것을 피의자의 진술거부권이라 한다.

그리고 피의자도 앞으로의 재판에 대비해서 자신을 보호할 필요가 있기 때문에 피의자에게 변호인을 의뢰할 권리가 보장되어 있다.

사법경찰관의 구속기간은 10일이며(형사소송법 제202조), 검사의 구속기간도 10일이나(형사소송법 제203조), 판사의 허가에 의해 1차에 한하여 10일의 한도 내에서 구속기간을 연장할 수 있다(형사소송법 제205조). 다만, 국가보안법위반의 피의자에 대한 구속기간은 사법경찰관에 대하여도 구속기간의 연장이 허용되며 검사에 대하여도 2차 연장이 허용된다(국가보안법 제19조). 일반적으로 다음 소송단계로 진행됨이 없이 구속기간이 지나면 피의자를 석방하여야 한다(형사소송법 제202조·제203조)

(2) 공소제기

검사의 공소제기가 없으면 법원은 심판할 수 없다. 이를 불고불리의 원칙이라 하고 또한 검사만이 공소제기를 할 수 있는데, 이를 기소독점주의라 한다.

7. 보 석

(1) 권리보석

보석이란 보증금을 납부하는 것을 조건으로 하여 구속의 집행을 정지하고 피고인의 구속을 해제(석방)하는 제도이다.
 현재 구속되어 있는 피고인 또는 변호인, 피고인의 법정대리인, 배우자, 직계친족, 형제자매와 호주는 보석의 청구를 할 수 있다(형사소송법 제94조, 형사소송규칙 제53조).

(2) 필요적 보석

보석의 청구가 있는 때에는 다음의 경우를 제외하고는 보석을 허가하여야 한다(형사소송법 제95조). 즉, ① 피고인이 사형·무기 또는 10년이 넘는 징역이나 금고에 해당하는 죄를 범한 때, ② 피고인이 누범에 해당하거나 상습범인 죄를 범한 때, ③ 피고인이 죄증을 인멸하거나 인멸할 염려가 있다고 믿을 만한 충분한 이유가 있는 때, ④ 피고인이 도망하거나 도망할 염려가 있다고 믿을 만한 충분한 이유가 있는 때, ⑤ 피고인의 주거가 분명하지 아니한 때이다.

8. 공판절차

공판기일에서의 심판절차는 모두절차, 심리절차, 판결절차로 구분된다.

(1) 모두절차

　모두절차는 공판기일의 서두(모두)에 행하는 절차로써 재판장의 피고인에 대한 인정신문으로부터 피고인신문에 들어가기 전까지의 절차를 말한다. 현행법상 인정신문(형사소송법 제284조), 검사의 기소요지의 진술(즉, 모두진술 ; 형사소송법 제285조), 피고인에 대한 진술거부권 고지(형사소송규칙 제127조), 피고인의 진술(형사소송법 제286조)이 이에 해당된다.

(2) 심리절차

　심리절차는 수소법원 또는 재판장, 수명법관, 수탁판사에 의하여 행하여지는 피고사건에 대한 공판기일에서의 심리절차이며, 현행법상 피고인신문절차(형사소송법 제287조), 증거조사절차(형사소송법 제290조 내지 제296조), 변론절차(형사소송법 제302조·제303조)가 이에 해당한다. 간이공판절차에서의 심리절차(형사소송법 제286조의 2·제297조의 2)도 공판심리절차이다. 보통 증인신문은 주신문, 반대신문, 재주신문, 재반대신문에 의한 상호신문제도를 시행하고 있다.

(3) 판결절차

　판결절차는 변론절차의 종결 후에 수소법원에 의하여 행하여지는 최종적 공판절차이다. 공소기각의 결정(형사소송법 제328조)도 판결절차에 해당한다.
　변론종결 후 변론을 재개하지 않는 한 법원은 판결을 선고하여야 한다. 판결선고당시에 피고사건에 대하여 형식적 소송사건이 결여되면 관할위반의 판결(형사소송법 제319조) 또는 공소기각의 재판(결정 또는 판결, 형사소송법 제327조·제328조)을 한다. 형식적 소송사건은 구비되었으나 실체적 소송사건이 결여된 경우에는 면소판결(형사소송법 제326조)을 선고하며 피고사건에 대하여 형식적 소송조건과 실체적 소송조건이 구비되어 있으면 유죄·무죄의 실체판결을 선고한다. 공판법원의 이러한 종국재판에 의하여 소송은 그 심급에서 종결하되 상소기간이 진행된다(형사소송법 제343조 제2항).

9. 상 소

```
         ┌ 항소 - 1심 판결에 대한 불복신청(2심에), 항소기간 7일
  상소  ┼ 상고 - 2심 판결에 대한 불복신청(3심에), 상고기간 7일
         └ 항고 - 결정·명령에 대한 불복신청, 항고기간은 정함이 없
                 음(다만, 원재판의 취소를 구할 실익이 있어야 함).
```

(1) 상소절차

1) 고유의 상소권자

고유의 상소권자는 재판을 받은 자이다. 따라서 검사와 피고인은 형사소송의 당사자로서 상소를 할 수 있는 상소권자이다(형사소송법 제338조 제1항).

2) 상소권의 대리권자

상소권의 대리행사자에는 다음과 같은 자가 있다. ① 피고인의 법정대리인(형사소송법 제340조), ② 피고인의 배우자, 직계친족, 형제자매, 호주 또는 원심의 대리인이나 변호인(형사소송법 제341조 제1항)이다(원심의 변호인에는 원심판결의 선고 후에 선임된 변호인은 포함되지 아니하나 판결선고 후 피고인의 상소심의 변호를 의뢰받은 변호인도 피고인을 대리하여 상소할 수 있다).

3) 상소법원

상소는 원판결을 내린 법원에 제기하고 그 심판은 항소의 경우 고등법원 또는 지방법원 본원합의부(1심단독심의 경우에만), 상고의 경우는 대법원에서 한다.

(2) 상소권회복의 청구

1) 상소권회복의 뜻

상소권의 회복이란 상소제기기간이 경과한 후에 법원의 결정에 의하여 일단 소멸한 상소권을 회복시키는 제도를 말한다.

2) 상소권회복의 청구

상소권회복의 청구는 사유가 종지한 날로부터 상소의 제기기간에 상당한 기간 내에 서면으로 원심법원에 제출하여야 한다(형사소송법 제346조 제1항).

상소권회복의 청구를 받은 법원은 청구의 허부에 관한 결정을 하여야 한다(형사소송법 제347조 제1항). 이 청구가 인정되면 그 상소의 제기는 유효한 것으로 된다.

(3) 불이익 변경금지의 원칙

「피고인이 항소한 사건과 피고인을 위하여 항소한 사건에 대하여는 원심판결의 형보다 중한 형을 선고하지 못한다(형사소송법 제368조)」는 것을 일반적으로 불이익변경금지의 원칙이라고 해서 중형변경금지의 원칙이라고도 부른다.

이는 피고인의 정당한 상소제기를 단념하게 하는 것을 방지하고자 하는 정책적인 이유에 그 존재이유를 찾을 수 있다. 다만, 검사가 상소한 사건은 그러하지 아니하다.

3. 관련서식

1. 범죄인지서

○○지방검찰청
범죄인지서

아래 사람에 대하여 별지 범죄 사실을 인지하고 수사를 개시함.

20 . . .

○○지방검찰청

검 사 ○ ○ ○ ㊞

피의자 인적사항

순 위	주 거	직 업	주민등록번호	성 명	연 령	죄 명

범죄사실
(생 략)

※ 유의사항 1. 범죄인지와 범죄혐의
             2. 범죄인지권의 남용

해 설 범죄인지란 수사기관이 고소·고발·자수 이외의 원인에 의하여 직접 범죄혐의를 인정하고 수사를 개시하는 것을 말하고, 보통 입건(立件)이라고도 함.

2. 진 술 서

진 술 서						
성 명	( )이명				성별	남 · 여
연 령	세(19 . . .생)		주민등록번호				
본 적							
주 거	(통 반)	자택전화		직장전화		
직 업		직장				

위의 사람은　　　　　　　　　　　　　　　　　　　　사건
의 (피의자 · 피해자 · 목격자 · 참고인) (으)로서 다음과 같이 임의로 자필 진술서를 작성 제출함.

　1. 본인은 20 . . . 13:00경 영등포구 당산동에 사는 동생집으로 가기 위하여 성수역에서 2호선 지하철을 탔습니다.
　2. 그 지하철이 서초역을 떠나 방배역으로 가는 도중 본인의 옆에 서있는 승객의 안주머니에서 지갑을 꺼내고 나서 그 자리를 뜨는 순간 잠복근무중이던 사복형사에게 검거당하고 훔친지갑은 검거현장에서 압수당하였습니다.
　3. 검거당한 후 경찰관 및 피해자와 함께 그 지갑을 열어보니 그 지갑에는 현금 50만원과 자기앞수표 4매, 도합 액면금 450만원이 들어있었으며 피해자의 신분증명과 주민등록증 등도 들어 있었습니다.
　4. 우발적인 범행이지 결코 계획적인 범행은 아닙니다.

　　　　　　　　　　　　　　　　　　　　　　20 . . .

　　　　　　　　　　　　　　　　　　위 진술인 ○ ○ ○ ㊞

　　　　　　　　　　　귀　하

※ 유의사항　1. 진술의 임의성
　　　　　　 2. 진술의 상대방

3. 피의자구속영장

○○ 형사지방법원
구속영장

영장번호
사건번호
사 건 명
피의사실의 요지　　　　별지 기재와 같다.
피 의 자
생년월일
직　업
주　거
인치구금할 장소
　위 피의사건에 관하여 피의자를 구속한다.
　이 영장은　　검찰청 검사　　의 청구에 의하여 발부한다.
　이 영장은 20　년　월　일까지 유효하다.
　이 기간을 경과하면 집행에 착수하지 못하며 영장을 반환하여야 한다.
　　　　　20 . . .
　　　　　　　　　　　　판사
집행일시 20　년　월　일　시　분
집행장소
인치일시 20　년　월　일　시　분
인치장소
　위와 같이 처리하였음
　　　　20 . . .
　　　　○○경찰서
　　　　사법경찰관(리)　○ ○ ○ ㊞

※ 유의사항　1. 구속영장의 기재사항
　　　　　　2. 구속영장의 집행
　　　　　　3. 구속영장의 반환

해 설 피의자를 구속할 때는 구속영장을 발부하여야 하며, 구속영장은 검사의 청구에 의하여 법관이 발부함.

4. 압수수색영장

○○ 형사지방법원
압수수색영장

영장번호
사건번호
사 건 명
피 의 자
생년월일
직 업
주 거
압수할 물건
수색할 장소·신체·물건
  위 피의사건에 관하여 압수·수색을 한다.
  이 영장은 20 . . .까지 유효하다.
  이 기간을 경과하면 집행에 착수하지 못하며 영장을 반환하여야 한다.
  본 영장은 서울지방검찰청 검사 ○○○의 청구에 의하여 발부한다.

20 . . .
판사 ○ ○ ○ ㊞

집행일시
압수할 물건
집행불능사유
  위와 같이 처리하였다.

20 년 월 일
○○경 찰 서
사법경찰관(리) ○ ○ ○ ㊞

※ 유의사항 1. 영장기재사항
              2. 목적물 대상의 특정

해 설 공판정 외에서 압수 또는 수색을 함에는 영장을 발부하여 시행하여야 함.

5. 구속통지서

```
                    ○○ 지방검찰청


20   검                                    20   .   .   .
20   형
수   신
제   목      구속통지서


1. 피 의 자
    주       거
    주민등록번호
    성       명
    연       령              당

2. 위 사람은 20   .   .   .                          피의사건으로
    교도소(구치소)에 구속하였으므로 통지함.
3. 구속된 피의자의 법정대리인·배우자·직계친족·형제·자매 및 호주는
    각각 변호인을 선임할 수 있음.        끝




                            ○ ○ 지 방 검 찰 청
                              검사   ○ ○ ○
```

※ 유의사항 1. 구속통지의 목적
          2. 구속통지의 상대방

해 설 피의자를 구속한 때에는 검사는 3일 이내에 서면으로 변호인, 가족에게 사건명, 구속일시, 장소, 변호인을 선임할 수 있는 취지를 알려야 함. 이는 접견교통의 신속을 도모하려는 취지에서 임.

6. 압수조서

압수조서
피의자   에 대한   피의
사건에   관하여   검사   는
검찰주사(보)   를   참여하게 하고
아래 경위와   같이
분   에서
별지   목록의   물건을   압수하다.
20 . .
서울지방검찰청
검   사
검찰주사(보)
압수경위

※ 유의사항 1. 압수의 적법성
           2. 압수물의 특정

7. 합 의 서

합 의 서

피해자 주소 : 서울시 강동구 명일동 69-5
　　　성명 : 홍 길 동　　　　　주민등록번호 : 470901-2079213

　상기 피해자 홍길동은 2002년 12월 29일 오후 6시경 본인이 경영하는 Y 다방에서 석유난로를 발로 차 피해를 입었던 바 김○○으로부터 피해를 보상받았기에 이에 합의하며 민·형사상의 이의를 제기하지 않겠습니다.

2003. 3. 5.

　　　　　　　　　　　　　　　　　피해자 홍 길 동 ㊞

8. 감정유치장

```
                    ○○ 형사지방법원
                      감정유치영장

영장번호
사건번호
피의사실의 요지    별지 기재와 같다.
피 의 자
생년월일
직    업
주    거
유치할 장소
  위 사건에 관하여 피의자의 정신감정을 위하여 20   .  . .까지 위
장소에 유치한다.
  이 영장은 20   .  . .까지 유효하다.
  이 기간을 경과하면 집행에 착수하지 못하며 영장을 반환하여야 한다.

집행할 일시
집행장소
유치한 일시
집행불능사유
  위와 같이 처리하였다.

                         20   .  . .
                      ○○경찰서
                          사법경찰관(리)   ○ ○ ○ ㊞
```

※ 유의사항 1. 감정유치영장과 구속영장
           2. 유치영장의 유효기간

해 설 피고인(피의자)의 정신 또는 신체에 관한 감정이 필요한 때에는 기간을 정하여 병원 기타 적당한 장소에 피의자를 유치하게 할 수 있는데 이때 발부되는 영장이 감정유치영장임.

9. 고 소 장

고 소 장

고 소 인
  주   거
  직   업   전화번호
  성   명
피고소인
  주   거
  직   업
  성   명

고소사실

  고소인은 20 . . . 14 : 00경 서울 강남구 신사동 ○번지에 있는 피고소인 ○○○의 집을 찾아가 피고소인에게 채무변제를 요구하자, 피고소인은 고소인에게 심한 욕설을 하면서 주먹으로 얼굴을 여러 번 때리고 발로 다리를 여러 번 차서 고소인에게 전치 7주간의 가료를 요하는 안면부타박상, 다리골절상 등의 중상을 입혔으므로 피고소인을 상대로 고소를 제기합니다.

첨부서류

1. 상해진단서 1통
2. 주민등록표등본 1통

                    20 . . .
                                    고소인 ○ ○ ○ ㉞

○○경찰서장 귀하

※ 유의사항 1. 피고소인의 특정
             2. 고소사실의 특정

해 설 고소는 서면 또는 구술로써 검사 또는 사법경찰관에게 하여야 하며, 이때 작성하는 것이 고소장임.

10. 고소취하서

고소취하서

　　　　　　　　　　　　　　　　　　　　　피고소인　○　○　○

　고소인은 피고소인 ○ ○ ○를 상대로 ○ ○죄로 귀 경찰서에 고소를 제기하였으나 그 후 피고소인으로부터 피해를 변상받았으므로 고소를 취하합니다.

　　　　　　　　　　　　　　20 . . .

　　　　　　　　　　　　　　　　　　　　고소취하인　○　○　○　㊞

○○경찰서장 귀하

※ 유의사항　1. 고소취소의 효과
　　　　　　 2. 고소취소의 구제적 기능

해　설　일단 제기한 고소를 철회하는 소송행위로서 고소취하가 있는 때 고소취소도 서면 또는 구술로써 할 수 있고 공소제기 전이면 수사기관에, 공소제기 후에는 수소법원(受訴法院)에 하여야 함.

11. 보석허가결정서

○○ 지방법원
제 3 단독
결 정

00. 고단 11호 횡령사건
피 고 인
생년월일
직 업
주 거

주 문

피고인에 대한 보석은 이를 허가한다.
보석보증금은 금 ○○,○○○,○○○원으로 한다.
단, 주거는 서울 서초구 방배동 무지개아파트 ○동 ○호로 제한한다.

이 유

피고인의 보석청구는 그 이유 있다고 인정됨에 인함.

적용법조

형사소송법 제94조 · 제95조 · 제98조 · 제99조

20 . .

판사 ○ ○ ○ ㊞

※ 유의사항 1.보석보증금
　　　　　　2.보석의 조건
　　　　　　3.결정의 주문과 이유

(해 설) 보석금의 납부를 조건으로 하여 구속의 집행을 정지하고 구속된 피고인을 석방시킬 것을 결정하는 법원의 판단서가 보석허가결정서임.

12. 출석요구서

형제   호

출 석 요 구

　귀하에 대한　　　　　　　피의사건 (의고소·고발 / 경찰서송치)에 관하여 문의할 일이 있으니 20　.　.　.　오전/오후 시에 당청 ○호 검사실로 출석하시기 바랍니다.
　출석하실 때에는 이 우편과 주민등록증, 도장 및 기타 증거자료를 가지고 나오십시오.
　문의할 사항이 있으면 당청 검사실로 연락하여 주시기 바랍니다.

20　.　.　.

○○지방검찰청

검사　○　○　○　㊞

해 설) 수사기관이 피의자를 신문할 때, 피의자에 대하여 출석을 요구할 때, 출석요구서를 발부함.

13. 피의자신문조서

피의자신문조서				
성 명		주민등록번호		
위의 사람에 대한 피의 사건에 관하여 20 . . . ○○지방검찰청에서				
검사 는(은)				
검찰주사(보) 를(을)				
참여하게 하고 피의자에 대하여 아래와 같이 신문하다.				
문	피의자의 성명, 연령, 생년월일, 직업, 본적, 주거를 말하시오.			
답	성명은 호주는			
	연령은 세 생년월일 20 . . . 생			
	직업은			
	직장 전화번호는			
	본적은			
	주거는			
	자택 전화번호는			
입니다.				
검사는 피의사건의 요지를 설명하고 검사의 신문에 대하여 형사소송법 제200조의 규정에 의하여 진술을 거부할 수 있는 권리가 있음을 알려준즉 피의자는 신문에 따라 진술하겠다고 대답하다.				
문	피의자는 형벌을 받은 사실이 있는가요			
답	네 20 . . . 특수절도죄로 징역 1년의 선고를 받고 ○○교도소에서 복역하다가 20 . . . 만기출소하였습니다.			

문	피의자의 가족관계, 재산정도, 학력, 경력, 종교 등은 경찰에서 진술한 내용과 같은가요
답	네 그렇습니다.
문	피의자는 타인의 재물을 훔친 사실이 있는가요
답	네 그러한 사실이 있습니다.
문	그 일시와 장소를 말하시오
답	20 . . . 14 : 00 서초역과 방배역 사이의 2호선 지하철 안에서입니다.
문	무엇을 어떻게 훔쳤는가요
답	지하철을 타고 가다가 바로 옆에 서 있는 피해자의 상의 안주머니에서 돈지갑 1개를 꺼냈습니다.
문	훔친 돈지갑은 어떻게 하였는가요
답	현장에서 경찰관에게 검거되면서 압수되었습니다.
문	그 돈지갑에는 돈이 얼마나 들어있던가요
답	검거된 후 경찰관과 같이 확인해보니 현금 50만원과 자기앞수표 4매 도합 액면금 450만원 등이 들어있었습니다.
문	범행동기는 무엇인가요
답	전과자이기 때문에 직장을 구하지 못하고 지내다 보니 생활비가 떨어졌으므로 생활비를 구하기 위해서 범행하였습니다.
문	소매치기를 하기 위해서 지하철을 탄 것인가요
답	그런 것은 아니고 돈지갑이 보이기에 우발적으로 범행을 하게 된 것입니다.
문	유리한 진술이나 증거가 있는가요
답	잘못을 깊이 반성하고 있습니다.

위의 조서를 진술자에게	열람하게 하였던바 읽 어 준 바
진술한 대로 오기나 증감 변경할 것이 전혀 없다고 말하므로 간인한 후	
서명 날(무)	㊞ 하다.
	진술자 ○ ○ ○ ㊞
20 . . .	
○ ○ 지 방 검 찰 청	
	검 사 ○ ○ ○ ㊞
	검찰주사(보) ○ ○ ○ ㊞

※ 유의사항 1. 작성방식
    2. 기재내용

해 설 피의자를 신문하는 경우에 신문내용을 조서에 기재하여야 함(형사소송법 제244조 제1항). 이 조서를 피의자신문조서라고 함.

14. 진술조서

진술조서				
① 성　　명		② 주민등록번호		
③ 주　　거				
④ 본　　적				
⑤ 직　　업		⑥ 연　　령	세	...생
피의자　　　　　　　　　　에 대한				
피의 사건에 관하여　　　　．．．				
검찰청　　　　　　에서　　　　　임의로				
아래와 같이 진술하다.				
진술인은 20　．．．14:00경 서초역과 방배역 사이의 2호선 지하철내에서 돈지갑을 소매치기당한 사실이 있습니다. 그 돈지갑에는 현금 50만원, 자기앞수표 4매 도합 액면금 450만원과 신분증, 주민등록증 등이 들어 있었습니다.				
이상 진술의 내용을 더한층 명백히 하기 위하여 아래와 같이 문답하다				
문	소매치기를 당한 경위를 진술하시요			
답	그 날 강남지하철역에서 지하철을 타고 봉천역으로 가는 도중 승객들이 많아 서 있었는데 그 지하철이 서초역을 떠난 직후 누군가가 피의자를 붙들고 소매치기라고 소리치면서 본인에게 돈지갑을 소매치기당하였으니 확인해보라고 하여 소매치기 당한 사실을 확인하였습니다.			
문	소매치기 당한 금품의 내역을 진술하시요			
답	현금은 50만원으로 만원권 50매이며, 자기앞수표는 400만원으로서 100만원권 4매입니다. 그 밖에 본인의 교원신분증, 주민등록증이 들어있었습니다.			
문	피해품은 반환받았는가요			
답	경찰에서 가환부받았습니다.			
문	피의자의 처벌을 희망하는가요			
답	법대로 처리하여 주시기 바랍니다.			

위의 조서를 진술자에게	열람하게 하였던바 읽 어 준 바
진술한 대로 오기나 증감 변경할 것이 전혀 없다고 말하므로 간인한 후	
서명 날(무) ㊞ 하다.	
진술자 ○ ○ ○ ㊞	
20 . . .	
○ ○ 지 방 검 찰 청	
검 사 ○ ○ ○ ㊞	
검찰주사(보) ○ ○ ○ ㊞	

※ 유의사항 1. 작성방식
　　　　　　2. 기재내용

15. 사건송치서

	○○지방검찰청	
20 검 20 형 수 신 ○○지방검찰청 검사장 발 신 ○○지방검찰청 검 사		20 . . .
제 목 **사 건 송 치**		
아래 사건을 송치합니다.		

피 의 자	주민등록번호 성 명 연 령 당 년
죄 명	상 해
송치사유	피의자의 주거지이므로
기록권수	1권
압수물건	없 음
비 고	

※ 유의사항 1. 송치사유
            2. 임의적 송치

해 설 사법경찰관이 수사를 종결하였을 때에는 반드시 관할 지방검찰청 검사장 또는 지청장에게 사건을 송치하여야 함.

16. 불기소장

차장검사		검사장	○○지방검찰청	보 존	
				공소시효	20 . .
				재 기	20 . .

불기소·기소중지 사건기록

20 년 형제 호   주임검사

피 의 자	죄 명
	가. 절 도
	나. 폭 행

결 정	20 . .					
처 분	인	명 령	인	집 행	인
기소유예	가	석 방 지 휘	인	20 . .	
혐의없음		피 의 자 통 지		20 . .	
죄가안됨	나	고소 고발 인 통 지		20 . .	
공소권없음		소 재 수 사 지 휘		20 . .	
기소중지				20 . .	
압 수 물 건 처 분				비 고	
명 령	인	집 행	인		
가환부대로	인	20 . .			
본 환 부		20 . .			
제출인환부		20 . .			
피해자환부		20 . .			

☆ 별지(사실과 이유)

※ 유의사항 1. 불기소처분의 종류(이유)
            2. 불기소처분과 압수물의 처분
            3. 불기소처분과 피의자 석방
            4. 불기소처분의 통지

(해 설) 검사가 피의사건에 대하여 공소를 제기하지 않은 처분으로서 이송처분을 제외한 것을 불기소처분이라 함. 이에 작성하는 서류가 불기소장임.

사실과 이유

본건 피의사실의 요지는,

피의자는 서울시내에 있는 ○○고등학교 1학년에 재학중인 자로서
1. 20 . . . 18 : 00경 서울 관악구 신림동 ○번지에 있는 신림서점에 들어가 동 서점 주인 김갑동 소유의 국어참고서 3권 시가 12,000원 상당을 절취하고,
2. 같은 날 18 : 30경 같은 동 88번지 앞길에서 피해자 정을동이 피의자를 불러 세우고 전항 기재 피의자의 절취사실을 서점주인에게 알리겠다고 협박한다는 이유로 동 피해자의 멱살을 붙잡고 밀어 땅에 넘어지게 하여 동인에게 폭행을 가한 것이라 함에 있는 바,

수사한 결과,

1. 피해자 정을동에 대한 폭행의 점은 반의사불벌죄인 바 피해자가 처벌을 희망하지 아니하므로 그 공소권이 없고,
2. 절취의 점은 이를 인정할 증거가 충분하나(죄증이 명백하나) 피의자는 만 16세에 불과한 미성년자로서 고등학교 재학생이고 초범일 뿐 아니라, 장물은 이미 피해자에게 가환부되어 피해는 회복되었고 피의자는 잘못을 깊이 뉘우치고 있다고 인정되므로 기소를 유예함이 상당하다고 사료되어,

이에 주문과 같이 결정한다.

17. 불기소처분에 대한 항고장

94형   제   호

항 고 장

피의자 ○ ○ ○

위 피의자에 대한 상해 피의사건에 관하여 ○○지방검찰청 검사 ○ ○ ○는 20 . . .자로 범죄혐의가 없다는 이유로 불기소처분을 하였으나 고소인은 이에 불복하여 항고를 제기합니다.

항고의 취지

재기수사명령 또는 공소제기 명령을 내려 주시기 바랍니다.

항고의 이유

검사는 불기소 결정의 이유에서 … 하므로 범죄의 혐의가 없다고 적시하고 있으나 본건 피해자 ○ ○ ○, 현장 목격자인 참고인 ○ ○ ○의 각 진술과 피의자의 진술 중 … 취지의 진술을 종합하면 본건 피의사실에 관해서는 그 죄증이 충분하다고 할 것임에도 불구하고(본건 고소사실을 죄로 인정할 충분한 증거가 있음에도 불구하고) 범죄의 혐의가 없다고 판단하였음은 중대한 사실오인이라 할 것이므로 부당한 불기소처분을 시정하기 위하여 이 항고를 제기한 것입니다.

첨부서류

1. 불기소처분 통지서 1통

20 . . .

위 항고인(고소인) ○ ○ ○

○○고등검찰청   귀중

※ 유의사항 1. 항고기간   2. 항고의 취지

[해 설] 고소인 또는 고발인은 검사의 불기소처분에 대해서 관할 고등검찰청의 장에게 항고를 할 수 있는데 이때 제출하는 서류가 항고장임.

1. 기초지식

18. 공 소 장(구약식)

○○ 지방검찰청		
20 형 제 호		20 . . .
수 신 법원		발 신 ○○ 지방검찰청 검 사

제 목 **공 소 장**

아래와 같이 공소를 제기합니다.

피고인	① 본　　　적	
	② 주　　　거	
	③ 직　　　업	
	④ 주민등록번호	
	⑤ 성　　　명	
	⑥ 생 년 월 일	19 . . . 생 (세)

⑦ 죄명	

⑧ 적용법조		⑨ 의견	벌 금　　　　　원 과 료　　　　　원 몰 수 추징금　　　　　원

⑩ 변호인	

첨　부 :

☆ 별지(공소사실) : 생략
※ 유의사항 1. 약식명령청구와 공소제기의 차이
            2. 공소사실의 특정

해 설) 공소를 제기함에는 검사가 공소장을 관할법원에 제출하여야 하는데 이때 공소장에는 반드시 피고인을 특정할 수 있는 사항, 죄명, 공소사실, 적용법조를 기재하여야 함(형사소송법 제254조 제1항).

19. 피고인소환장

○○ 형사지방법원

피고인소환장

사 건 8고
피고인
주 거

  위 사건에 관하여 20 . . . 16 : 30을 공판기일로 지정하였으니 피고인은 위 일시에 이 법원 제 호 법정(관 층)에 출석하여야 한다.
  정당한 이유 없이 출석하지 아니하는 때에는 도망할 염려가 있다고 인정하여 구속영장을 발부하는 수가 있다.

20 . . .

재판장 판사 ○ ○ ○

주의 : 1. 출석할 때에는 주민등록증을 가져오기 바랍니다.
     2. 질병 기타의 사유로 출석하지 못할 때에는 의사의 진단서 기타의 자료를 제출하여야 합니다.
     3. 공판기일의 변경신청을 할 때에는 공판기일변경이 필요한 사유와 그 사유가 계속되리라고 예상되는 기간을 명시하고 이를 소명할 수 있는 자료를 제출하여야 합니다.
     4. 법원에 제출할 서류에는 사건번호를 기재하십시오.

해 설 피고인에 대하여 일정한 일시에 법원 기타 지정한 장소에 출석할 것을 명하는 법원의 강제처분을 소환이라 하며, 이때 법관이 작성하는 서류가 소환장임.

20. 공판조서

<table>
<tr><td colspan="2" align="center">○ ○ 형사지방법원

공판조서</td></tr>
<tr><td>제　　　회
사　　건　　8고
판　　사

법원주사</td><td>기일 20 . . . 16 : 30
장소 제　　호 법정
법정의 공개여부　공개
고지된
　　　　20 . . . 18 : 20
다음기일</td></tr>
<tr><td>피고인
검　사
변호인 변호사</td><td>출석
출석
출석</td></tr>
<tr><td colspan="2">판사의　　　　　　인정신문</td></tr>
<tr><td colspan="2">성　　　　　명 :</td></tr>
<tr><td colspan="2">생 년 월 일 : 19 . . .</td></tr>
<tr><td colspan="2">주 민 등 록 번 호 :</td></tr>
<tr><td colspan="2">직　　　　　업 :</td></tr>
<tr><td colspan="2">주　　　　　거 :</td></tr>
<tr><td colspan="2">본　　　　　적 :</td></tr>
<tr><td colspan="2">판사</td></tr>
<tr><td colspan="2">피고인　　　에 대하여</td></tr>
<tr><td colspan="2">주소의 변동이 있을 때에는 이를 법원에 보고할 것을 명하고, 소재지가 확인되지 않을 때에는 그 진술 없이 재판할 경우가 있음을 경고</td></tr>
<tr><td colspan="2">검사</td></tr>
</table>

공소장에 의하여 기소요지 진술
판사
피고인   은 각개의 물음에 대하여 진술을 거부할 수 있고 이익되는 사실을 진술할 수 있음을 고지
피고인
사실대로 대답하겠다고 진술
검사
문
답
변호인
문
답
판사
문
답
판사
피고인   에 대한 신문을 마치고 증거조사를 하겠다고 고지, 증거관계 별지와 같음.
판사
피고인   에게 각 증거조사 결과에 대한 의견을 묻고 권리를 보호함에 필요한 증거조사를 신청할 수 있음을 고지

74   1. 기초지식

피고인
별의견 없다고 진술
판사
신문과 증거조사를 마쳤다고 고지
검사
이 사건 공소사실을 증거가 있으니 공소장 기재법조를 적용하여 피고인을 징역   년   에 처함이 상당하다는 의견진술
판사
피고인   에게 최종의견 진술기회를 부여
변호인
피고인에게 유리한 변론을 함
피고인
관대한 처분을 바란다고 진술
판사
변론종결
20   . . .
법원주사 ○○○ ㊞
판   사 ○○○ ㊞

※ 유의사항 1. 진술거부권의 고지
             2. 공판조서의 기재사항

해 설 공판에 참여한 법원사무관 등이 공판기일의 소송절차를 기재한 조서를 공판조서라고 함.

21. 공판조서(판결선고)

○○형사지방법원

공판조서

제　　회
사　건　8고

기일 20　．　．　．

판　　사
법원주사
　　　　　　　　　　　　　장소　제　호　법정
　　　　　　　　　　　　　법정의 공개여부　공개

피 고 인　　　　　　　　　　　　　　　　　출석
검　　사　　　　　　　　　　　　　　　　　출석
변호인 변호사　　　　　　　　　　　　　　출석

판사
판결서에 의하여 판결을 선고하고 상소기간 및 상소법원 고지
항소장을 당법원에 제출한다 고지
20　．　．　．
법원주사
판　　사

22. 판 결 문 (판결선고)

○○형사지방법원

제14부

년 월 일 판결선고	주사
년 월 일 원본영수	인

판 결

사 건   99고합 ○○호   강간
피고인 ┐
검 사 ├ 유죄판결과 동일
변호인 ┘
주 문   본건 공소는 이를 기각한다.
이 유   본건 공소사실의 요지는,

「피고인은 … 함으로써 피해자 ○ ○ ○을 강간한 것이라」함에 있으나 본건 고소인 ○ ○ ○가 당법원에 제출한 고소취소서 기재와 동인의 당법정에서의 진술에 의하면 본건 고소는 적법하게 취소되었음을 인정할 수 있으므로 형사소송법 제327조 제5호에 의하여 본건 공소를 기각한다.

20 . . .

재판장 판사○ ○ ○
판사○ ○ ○
판사○ ○ ○

※ 유의사항 1. 주문과 이유
             2. 고소취소의 적법

23. 판 결 문(형의 선고)

○○형사지방법원

제 3 부

20 . . . 판결선고	주사
20 . . . 원본영수	인

판　결

사　건　99고합　　호 공문서위조, 동행사, 사기
피고인　김위조 회사원
　　　　19 .　.　.생
주　거
본　적
검　사　○○○
변호인　○○○

주　문　피고인을 징역 1년에 처한다.
　　이 판결선고 전 구금일수 중 35일을 위 형에 산입한다.
　　단, 이 판결확정일로부터 3년간 위 형의 집행을 유예한다.
　　압수된 중 제1호는 이를 몰수한다.

이　유

　범죄사실, 증거의 요지, 법령의 적용(생략)
　위와 같은 이유로 주문과 같이 판결한다

20 .　.　.

재판장 판사 ○○○
　　　　판사 ○○○
　　　　판사 ○○○

※ 유의사항　1. 판결문의 형식
　　　　　　2. 주문표시사항

24. 항 소 장

> 항 소 장
>
> 피고인 ○○○
>
> 　위 피고인에 대한 ○○형사지방법원 99고합 311호 방화 및 절도피고사건에 대하여 동 법원은 20　.　.　. 방화의 점은 무죄, 절도의 점은 유죄로 인정하여 징역 1년에 처한다는 판결을 선고하였는 바 피고인은 유죄부분에 대해서만 불복하여 항소를 제기합니다.
>
> 　　　　　　　　　　　　　　　　　　　20　　.　.　.
> 　　　　　　　　　　　　　　　　　피고인　○○○ ㊞
>
> ○○고등법원 귀중

[해 설] 항소는 제1심 판결에 대한 불복방법으로 항소장을 원심법원에 제기함.

25. 소송기록접수통지서

> ○ ○ 고 등 법 원
> **소송기록접수통지서**
>
> ○○○ 귀하
> 99 노 77　　방화 및 절도사건
> 피 고 인　　○○○
> 통지사유　　쌍방항소
> 1. 20　.　.　. 항소 소송기록의 송부를 받았습니다.
> 2. 항소인 또는 변호인은 이 통지를 받은 날로부터 20일 안에 항소 이유서 ○통을 본 법원에 제출하시기 바랍니다.
> 3. 피항소인은 항소이유서의 부본을 받은 날로부터 10일 안에 답변서 ○통을 제출하실 수 있습니다.
> 위의 사유를 통지합니다.
>
> 　　　　　　　　　　　　　　　　　　　20　　.　.　.
> 　　　　　　　　　　　　　　　재판장 판사　○○○ ㊞

※ 유의사항　1. 항소이유서 제출기간의 통지
　　　　　　2. 상대방 항소의 통지

26. 판 결 문(항소기각)

```
                    ○○형사지방법원
                       제 2 부    | 20 . . . 판결선고 | 주사 |
                                 | 20 . . . 원본영수 | 인  |
                         판    결

사     건    93 노 1204 위조사문서 행사, 위증
피 고 인    윤문서  무직
             19 . . . 생(주거, 본적)
항 소 인    검사
관여검사    ○○○
변 호 인    변호사 ○○○
원 판 결    ○○형사지방법원 20 . . . 선고, 99고 21110 판결
주     문    검사의 항소를 기각한다.
이     유    검사의 항소이유의 요지는 원심판결에는 채증법칙을 위배하여
             사실을 오인함으로써 판결에 영향을 미친 위법이 있다는 것이
             나 원심이 적법하게 채택한 여러 증거들을 이 사건 기록에 의
             하여 종합 검토하건대 원심의 사실인정에 논지가 지적한 바와
             같은 사실 오인의 위법이 있다고 인정할 수 없으므로 논지는
             이유 없어 받아들이지 않기로 한다.
                 따라서 형사소송법 제364조 제4항에 의하여 검사의 항소를
             기각하기로 하여 주문과 같이 판결한다.

                         20   . . .

                              재판장 판사 ○ ○ ○ ㊞
                                   판사 ○ ○ ○ ㊞
                                   판사 ○ ○ ○ ㊞
```

※유의사항 1. 1심 판결결과의 비교
           2. 항소심판결의 이유

(해 설) 항소이유가 없다고 인정한 때에는 판결로써 항소를 기각하여야 함(형사소송법 제364조 제4항).

27. 상고이유서

```
99 도      호

              상고이유서

                              피고인 ○ ○ ○

  피고인에 대한 ○○피고사건에 관하여 피고인의 변호인은 아래와 같이
상고이유를 개진합니다(밝힙니다).

                  아    래

1. 제1점(채증법칙 위배의 위법) …
2. 제2점(법리오해의 위법) …
3. 제3점(심리미진의 위법) …
4. 제4점(양형부당) … (법 제383조 4호 참조)

  위와 같이 어느 모로 보거나 원심판결은 파기를 면하지 못할 것입니다.

                                20    년    월    일

                        피고인의 변호인 변호사  ○ ○ ○

대법원 제○부 귀중
```

※ 유의사항 1. 판결에 영향을 미친 법령위반
            2. 상고심의 구조와 상고이유
            3. 상고이유서 제출기간(재척기간)

【해 설】 상고인 또는 변호인은 기록접수의 통지를 받은 날로부터 20일 이내에 상고이유서를 상고법원에 제출하여야 한다(형사소송법 제379조 제1항). 상고이유에 대하여는 형사소송법 제383조에 규정되어 있음.

2
성범죄

성 범 죄

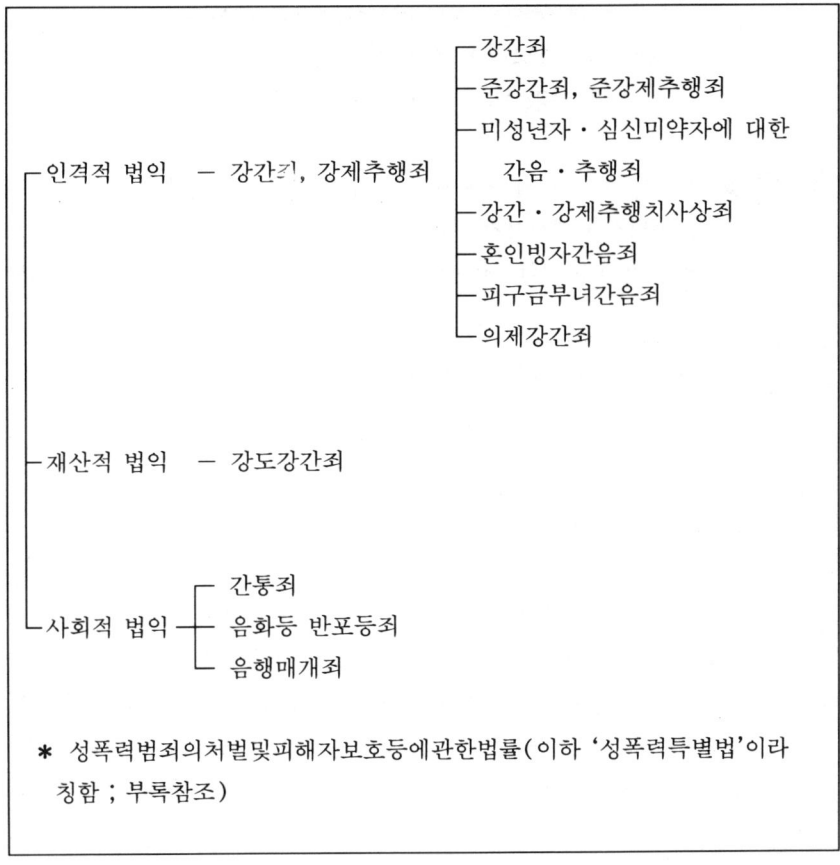

1. 강 간

강간죄의 공동정범

**친구와 공모하여 친구가 강간하는 동안
피해자가 반항 못하도록 때린 경우**

[질문] 저는 친구 甲과 공모하여 甲이 피해자를 강간하고 있는 동안에 피해자가 반항하지 못하도록 그의 입을 손으로 틀어막고 주먹으로 얼굴을 2회 때렸습니다. 이 경우 저의 행위는 처벌이 되나요?

[답] 강간죄의 공동정범의 죄책을 면할 수 없다.

(유사사례)

◈ 한 사람은 갑녀에게 수면제, 마취제를 먹이고 또 한 사람이 강간한 경우에도 본죄의 폭행이 된다.

[해 설] 강간죄의 보호법익은 부녀의 성적 자유권이다. 객체의 제한, 행위의 특수성으로 인하여 강제추행죄보다 불법이 가중되는 가중구성요건이다. 주체는 제한이 없다. 즉, 남자·여자 모두 주체가 될 수 있다. 간음행위는 원칙적으로 남자만 가능하다. 그러나 여자도 공동정범이나 간접정범의 형태로 얼마든지 이 죄의 정범이 될 수 있기 때문에 주체에서 제외시켜야 할 이유가 없다. 예컨대, 남자가 강간하는 사이에 여자가 망을 보고

있었다면 그 여자는 강간죄의 공동정범이다. 그리고 여자가 정신병자를 시켜 부녀자를 강간케 하였다면 그 여자는 강간죄의 간접정범이 된다. 여기서 공동정범이란 2인 이상이 공동하여 죄를 범하는 경우를 말한다. 그리고 이는 각자를 정범으로 처벌한다(형법 제30조 참조).

―― 관련판례 및 법조문 ――
□ 법 령 □
◎ 형법 제297조, 제30조

강간치상죄(1)

부녀를 협박하여 억지로 성교하려다 다치게 한 경우

질문▶ 저는 甲女를 협박하여 억지로 성교하려고 하고, 그로 인해 甲에게 1주일간의 좌둔부 찰과상을 입게 한 경우에 처벌이 되나요?

답 귀하의 경우 강간치상죄로 처벌된다.

―― 유사사례 ――
◆ 강간으로 인하여 회음부 찰과상을 입힌 경우, 처녀막의 파열, 보행불능 등 기능의 장애를 일으킨 경우

해설 강간은 부녀를 강간하기 위해 폭행·협박을 개시할 때 실행의 착수가 있다. 그리고 남자성기의 삽입으로 기수가 된다는 삽입설과 남자의 성기가 완전히 삽입하고 사정 또는 성욕의 만족이 필요하다는 만족설이 있으나 부녀의 성적 자유가 보호법익이기 때문에 삽입설이 타당하며, 통설·판례의 입장이다.

설문의 경우, 강간치상죄가 성립하게 되는데, 상해의 결과가 발생하였다고 하기 위해서는 반드시 외관상의 상해가 있을 것을 요하는 것은 아니다. 따라서 강간으로 인한 회음부 찰과상은 물론 성병감염, 처녀막파열, 수면장애, 식욕감퇴, 보행불능 등 기능의 장애는 물론 히스테리증을 야기한 경우에도 상해의 결과가 발생했다고 본다.

───────── 관련판례 및 법조문 ─────────

□ 판 례 □

◎ 가. 거주자 중 1인의 승낙은 있으나 타거주자의 의사에 반하여 주거에 출입하는 경우 주거침입죄의 성부
　나. 남편의 부재중 간통의 목적으로 처의 승낙하에 주거에 들어간 경우 주거침입죄의 성부(적극)

　가. 형법상 주거침입죄의 보호법익은 주거권이라는 법적 개념이 아니고 사적 생활관계에 있어서의 사실상 주거의 자유와 평온으로서 그 주거에서 공동생활을 하고 있는 전원이 평온을 누릴 권리가 있다 할 것이나 복수의 주거권자가 있는 경우 한 사람의 승낙이 다른 거주자의 의사에 직접, 간접으로 반하는 경우에는 그에 의한 거주에의 출입은 그 의사에 반한 사람의 주거의 평온, 즉 주거의 지배, 관리의 평온을 해치는 결과가 되므로 주거침입죄가 성립한다.

　나. 동거자 중의 1인이 부재중인 경우라도 주거의 지배관리관계가 외관상 존재하는 상태로 인정되는 한, 위 법리에는 영향이 없다고 볼 것이나, 남편이 일시 부재중 간통의 목적하에 그 처의 승낙을 얻어 주거에 들어간 경우라도 남편의 주거에 대한 지배관리관계는 여전히 존속한다고 봄이 옳고 사회통념상 간통의 목적으로 주거에 들어오는 것은 남편의 의사에 반한다고 보여지므로 처의 승낙이 있었다 하더라도 남편의 주거의 사실상의 평온은 깨어졌다 할 것이므로 이러한 경우에는 주거침입죄가 성립한다고 할 것이다(대법 1984.4.26. 84도1209).

□ 법 령 □
◎ 형법 제301조

강간죄의 실행의 착수(1)

여자가 위험을 느끼면서 창문에서 뛰어내리겠다고 했는데도 창문을 침입한 경우

[질문] 제가 어제 여자 혼자 있는 방문을 두드리고 여자가 위험을 느끼고 가까이 오면 뛰어 내리겠다고 하는데도 창문을 침입하려 했다면 강간의 실행의 착수됐다고 볼 수 있나요?

[답] 강간죄의 실행의 착수가 있다고 보아 강간죄의 미수범으로 처벌된다.

(유사사례)

◈ 행위자가 실행에 착수한 이후에 부녀가 동의하는 경우에는 강간죄의 미수가 된다.

[해설] 부녀를 간음하기 위하여 폭행·협박을 개시한 때에 실행의 착수가 있다.
 따라서 설문의 경우에는 폭행에 착수하였다고 할 수 있으므로 강간죄의 실행의 착수가 있다고 해야 한다. 강간죄의 기수시기에 대하여는 삽입설과 만족설이 있으나, 현재로는 남자의 성기가 여자의 성기 속에 들어가는 순간에 기수가 된다는데(삽입설) 이론(異論)이 없다.

(관련판례 및 법조문)

□ 판 례 □
◎ 피고인이 간음할 목적으로 여자 혼자 있는 방문 앞에서 방문을 열어 주지 않으면 부수고 들어갈 듯한 기세로 방문을 두드리고 피해자가 창문에 걸터앉아 가까이 오면 뛰어 내리겠다고 하는데도 베란다를 통하여 창문으로 침입하려고 한 것을 강간의 착수가 있었다고 본 사례

2. 성범죄

피고인은 간음할 목적으로 새벽 4시에 여자 혼자 있는 방문 앞에 가서 피해자가 방문을 열어 주지 않으면 부수고 들어갈 듯한 기세로 방문을 두드리고 피해자가 위험을 느끼고 창문에 걸터 앉아 가까이 오면 뛰어 내리겠다고 하는데도 베란다를 통하여 창문으로 침입하려고 하였다면 강간의 수단으로서의 폭행에 착수하였다고 할 수 있으므로 강간의 착수가 있었다고 할 것이다(대법 1991.4.9. 91도288).

□ 법 령 □
◎ 형법 제300조

강간죄의 실행의 착수(2)

강간할 목적으로 방에 침입하여 자고 있는 피해자의 엉덩이를 만지면서 간음을 기도한 경우

질문▶ 제가 강간할 목적으로 방에 침입하여 자고 있는 피해자의 엉덩이를 만지면서 간음을 기도하였다가 발각되었다면 저의 행위가 처벌되나요?

답 강간죄가 성립되지 않는다(주거침입죄의 죄책은 별론으로 한다).

─ 유사사례 ─

◆ 강간의 목적으로 자고 있는 여자의 가슴과 엉덩이를 만졌으나, 피해자가 놀라 고함을 치면서 도망가 강간을 하지 못한 경우는 강간의 수단인 폭행이나 협박을 개시하였다고 볼 수 없다.

해 설 강간죄는 부녀를 간음하기 위하여 폭행·협박을 개시한 때에 실행의 착수가 있다. 따라서 설문의 경우처럼 강간할 목적으로 방에 침입하여 자고 있는 피해자의 엉덩이를 만지면서 간음을 기도하였다는 것만으로는 강간죄의 수단인 폭행·협박에 착수하였다고 할 수 없다.

┌─ 관련판례 및 법조문 ─┐

□ 판 례 □

◎ 강간을 목적으로 피해자의 집에 침입하여 안방에서 자고 있는 피해자의 가슴과 엉덩이를 만지면서 간음을 기도하였다는 사실만으로 강간죄의 실행의 착수가 있었다고 볼 수 있는지 여부(소극)

강간죄의 실행의 착수가 있었다고 하려면 강간의 수단으로서 폭행이나 협박을 한 사실이 있어야 할 터인데 피고인이 강간할 목적으로 피해자의 집에 침입하였다 하더라도 안방에 들어가 누워 자고 있는 피해자의 가슴과 엉덩이를 만지면서 간음을 기도하였다는 사실만으로는 강간의 수단으로 피해자에게 폭행이나 협박을 개시하였다고 하기는 어렵다(대법 1990.5.25. 90도607).

□ 법 령 □

◎ 형법 제300조, 제319조

강간죄의 죄수

1회 간음하고 다시 200m쯤 오다가 또 간음한 경우

 저는 乙을 1회 간음하고 200m쯤 오다가 다시 1회 간음하였습니다. 이때 저는 강간죄 외에 다른 죄가 성립되나요?

답 귀하의 의사 및 범행시각과 장소로 보아 두번째의 간음행위는 처음 한 행위의 계속으로 볼 수 있어, 강간죄의 단순1죄가 성립할 뿐이다.

2. 성범죄

> **유사사례**
>
> ◆ 동일한 폭행·협박으로 수회 간음한 때에도 강간죄로만 처벌된다.

[해 설] 강간의 수단인 폭행·협박은 강간죄에 흡수된다(법조경합으로 포괄1죄).

동일한 폭행·협박으로 수 회 간음한 때에도 단순1죄이다.

주거침입죄와 강간죄는 경합범이다.

강간을 위한 부녀의 감금행위는 양죄의 상상적 경합이 된다.

강간죄는 강제추행죄에 대해 특별관계에 있다. 따라서 전자가 성립할 경우 후자는 별도의 범죄를 구성하지 않는다(법조경합).

> **관련판례 및 법조문**
>
> □ 판 례 □
>
> ◎ 피해자를 1회 간음하고 200미터쯤 오다가 다시 1회 간음한 경우 간음행위의 계속성 여부
>
> 피해자를 1회 간음하고 200미터쯤 오다가 다시 1회 간음한 경우에 있어 피고인의 의사 및 그 범행시각과 장소로 보아 두번째의 간음행위는 처음한 행위의 계속으로 볼 수 있어, 이를 단순1죄로 처단한 것은 정당하다(대법 1970.9.29. 70도1516).
>
> □ 법 령 □
>
> ◎ 형법 제297조

강간치상죄(2)

강간미수와 강간치상죄

질문 저의 친구 甲은 피해자 乙을 주점 홀바닥에 넘어뜨린 다음, 반항하는 乙의 가슴을 왼손으로 누르고 오른손으로 치마를 걷어올리고 팬티를 내린 다음 자신도 혁대를 풀고 乙의 몸위로 올라가 성교하려다 乙이 따귀를 때리며 완강히 반항하자 강간을 그만 두었습니다. 그러나 乙은 그 과정에서 상처를 입었습니다. 甲의 행위는 어떻게 처벌되나요?

답 중간에 실행을 중지한 경우라도 실행에 착수한 후에 피해자에게 상처를 가한 이상 강간치상죄로 처벌된다.

유사사례

◉ 강간하려다 미수에 그친 과정에서 피해자의 손바닥에 생긴 2센티미터 정도의 가볍게 긁힌 상처는 여기서의 상해에 속하지 않는다.

해설 최근 판결에서 대법원이 사용하는 과실치상의 판단기준을 정리하면, ① 일상적으로 흔히 발생하는 상처인가, ② 치료받을 필요가 없고 자연치유되는 상처인가, ③ 일상생활에 장애를 초래하는 상처인가 등으로 요약할 수 있다. 따라서 성병이나 에이즈를 감염시키는 것도 상해이다. 사망·상해결과는 폭행행위에서 비롯되었거나, 성교 자체 또는 그에 수반하여 일어났거나 상관없다. 강간치사상죄(형법 제301조)는 강간미수로 사람을 사상에 이르게 한 경우도 포함시키고 있다.

1) 상해를 인정한 경우

처녀막파열, 수면장애, 식욕감퇴 등의 기능장애, 히스테리증상, 0.1cm

정도의 회음부 찰과상, 전치 1주일 정도의 좌둔부 찰과상, 음부가 찢어져 피가 나고 1주일 동안 통증을 느낌, 음순좌우양측에 담적색 피하일혈반 등

2) 상해를 인정하지 않은 경우

성교 도중 흥분하여 입으로 어깨를 빨아서 반상 출혈상을 입힌 경우, 강간하려는 과정에서 손바닥에 2cm 가량 긁힌 상처를 냄, 3~4일간의 가료를 요하는 외음부 충혈과 양 상박부 근육통, 얼굴 가격으로 코피가 나고 콧등이 부어오름 등

관련판례 및 법조문

□ 판 례 □
◎ 가. 강간죄에 있어서의 폭행 또는 협박의 정도
　나. 강간미수와 강간치상죄
　가. 강간죄에 있어서의 폭행 또는 협박은 피해자의 반항을 현저히 곤란하게 할 정도의 것이어야 한다.
　나. 강간이 미수에 그친 경우라도 그 수단이 된 폭행에 의하여 피해자가 상해를 입었으면 강간치상죄가 성립하는 것이며, 미수에 그친 것이 피고인이 자의로 실행에 착수한 행위를 중지한 경우이든 실행에 착수하여 행위를 종료하지 못한 경우이든 가리지 않는다(대법 1988.11.8. 88도1628).

□ 법 령 □
◎ 형법 제301조

화 간

피해자에게 가한 폭행 또는 협박이 그 반항을 현저히 곤란하게 할 정도에 이른 것이라고 보기 어려운 경우

[질문] 저는 甲女와 전화로 사귀어 오면서 음담패설을 주고 받을 정도로 되었고 당초 간음을 시도한 방에서 甲이 "여기는 죽은 시어머니를 위한 제청방이니 이런 곳에서 이런 짓을 하면 벌 받는다"고 말해 안방으로 장소를 옮기게 된 사정이 있었고, 거기서 간음하였는데 나중에 甲女가 저를 강간죄로 고소하였습니다. 이때 저의 행위는 죄가 되나요?

[답] 화간으로 보아 죄가 되지 않는다.

유사사례

◆ 피고인이 피해자의 손목을 비트는 등 강제로 여관에 끌고가 강간을 하였고, 당시 여관주인이 방을 안내하였지만 창피해서 구조를 요청하지 않았고, 담배불로 피고인이 피해자의 몸을 지지는데도 구조를 요청하지 않았다는 것은 폭행에 의하여 강간당했다는 피해자의 진술이 경험칙상 납득할 수 없다고 하여 증명력을 배척하였다(대법 1990.9.28. 90도1562).

[해설] 강간죄에 있어서의 폭행·협박은 피해자의 반항을 억압할 정도의 것이어야 하는데 설문의 경우는 그러하지 않다. 예컨대, 갑녀가 "여기는 죽은 시어머니를 위한 제청방이니 이런 곳에서 이런 짓을 하면 벌받는다"고 말해 장소를 옮긴 사실 등을 보면 폭행·협박이 있다고 보기 어려워 화간(和姦)에 해당한다.

2. 성범죄

관련판례 및 법조문

□ 법 령 □
◎ 형법 제297조

강간치상죄와 인과관계

**상해의 결과를 예견할 수 없어 강간치상죄로
처단할 수 없다고 판단한 경우**

질문▶ 저는 같은 미군부대에 근무하는 乙과 함께 술집에서 술을 마셨습니다. 저는 몸을 제대로 못가누는 乙을 X여관 501호실로 강제로 데려갔습니다. 저는 거기서 乙을 한 차례 간음한 후 얼마 지나 또 다시 발가벗은 몸으로 乙의 몸을 누르고 乙의 상체를 껴안아 반항을 억압하고 간음하려하자 乙은 저에게 마실 물을 떠달라고 말해 내가 화장실에 물을 뜨러 간 사이 乙은 그 방 출입문을 안에서 잠그고 구내전화를 통해 구조를 요청하였고, 그 때 제가 출입문을 세게 밀어내며 부수고 들어갈 기세를 보이자, 乙은 강간당할 것을 두려워하여 그 방 창문을 넘어 난간을 따라 도망하여 여관 벽에 걸린 텔레비젼 안테나선을 타고 1층으로 내려가던중 그 줄을 놓쳐 땅바닥에 떨어졌고, 그로 인해 경추 제7번 이하의 완전사지마비의 상해를 입었습니다. 이 경우에 제가 강간죄 이외의 또다른 죄가 성립하나요?

답 귀하의 경우 강간죄로만 처벌된다. 즉, 강간치상죄로는 처벌되지 않는다.

1. 강 간   95

> **유사사례**
>
> ◆ 피해자가 강간을 당하고 며칠 후 강간에 대한 수치심으로 자살한 경우 조선고등법원 판례에는 강간치사죄로 처벌했지만, 현재에는 강간죄만이 성립한다고 보는 것이 일반적이다.

해 설 강간치사상죄는 결과적 가중범이므로 강간행위와 사망·상해 사이에 인과관계와 과실이 있어야 한다. 강간행위 등에 수반되지 않은 사상결과는 이 죄에 해당되지 않는다. 예를 들면 피해자가 강간에 대한 수치심으로 자살한 경우가 그것이다.

> **관련판례 및 법조문**
>
> □ 판 례 □
> ◎ 상해의 결과를 예견할 수 없어 강간치상죄로 처단할 수 없다고 판단한 사례
> 피고인과 피해자가 여관에 투숙하여 별다른 저항이나 마찰 없이 성행위를 한 후, 피고인이 잠시 방 밖으로 나간 사이에 피해자가 방문을 안에서 잠그고 구내전화를 통하여 여관종업원에게 구조요청까지 한 후라면, 일반경험칙상 이러한 상황 아래에서 피해자가 피고인의 방문 흔드는 소리에 겁을 먹고 강간을 모면하기 위하여 3층에서 창문을 넘어 탈출하다가 상해를 입을 것이라고 예견할 수는 없다고 볼 것이므로 이를 강간치상죄로 처단할 수 없다(대법 1985. 10. 8. 85 도 1537 : 동지 대법 1994. 11. 4. 94도1311).
> ◎ 강간을 모면하기 위하여 4층 여관방의 창문을 넘어 뛰어내리다가 상해를 입은 데 대하여 예견가능성이 없다는 이유로 강간치상죄로 처벌할 수 없다고 한 사례
> 강간을 모면하기 위하여 4층 여관방의 창문을 넘어 뛰어내리다가 상해를 입은 데 대하여 예견가능성이 없다는 이유로 강간치상죄로 처벌할 수 없다(대법 1993. 4. 27. 92 도 3229).
> □ 법 령 □
> ◎ 형법 제301조

준강간죄의 성립 여부

부녀자를 폭행하여 심신상실에 빠뜨린 후 간음한 경우

[질문] 저는 폭행을 가하여 부녀 乙을 심신상실의 상태에 빠뜨린 후 간음하였습니다. 저의 경우 죄가 되나요?

[답] 귀하는 강간죄로 처벌된다.

─(유사사례)─

◨ 부녀자를 묶어 놓고 옷을 벗겨 간음한 경우에는 일반 강간죄가 성립하지 준강간죄가 성립되는 것이 아니다.

[해 설] 사람의 심신상실 또는 항거불능의 상태를 이용하여 간음 또는 추행을 한 경우에 성립하는 범죄가 준강간죄 또는 준강제추행죄이다.

수면중의 여자, 일시 의식을 잃고 있는 부녀도 여기서의 부녀에 해당한다(대법 1976.12.14. 76도3673).

그러나 설문의 경우는 직접 귀하가 행동하여 심신상실의 상태에 빠뜨린 경우이므로 준강간죄에 해당되지 아니하고 강간죄로 처벌된다.

─(관련판례 및 법조문)─

□ 판 례 □

◎ 심신상실 상태하의 부녀자 간음과 준강간죄의 성립 여부

깊은 잠에 빠져 있는 상태는 심신상실의 상태라 할 것이므로 타인의 이러한 상태를 이용하여 간음하면 준강간에 해당된다(대법 1976.12.14. 76도3673).

□ 법 령 □

◎ 형법 제299조

강간 후 음모를 변경시킨 행위

남자가 강간 후 음모를 이상하게 변경시킨 경우

질문 ▶ 저는 乙녀를 보고 간음할 생각으로 강간을 마치고 난 후 음모의 모근부분을 남기고 모간부분을 일부 잘라냄으로써 음모의 전체적인 외관에 변형만이 생기도록 한 경우 강간죄 외에 강간치상죄로 처벌되나요?

답 강간죄로만 처벌된다.

해설 이미 강간에서 폭행이 포함되므로 위의 행동만 가지고는 상해로 볼 수 없다. 따라서 강간죄로만 처벌된다.

관련판례 및 법조문

□ 판 례 □

음모는 성적 성숙함을 나타내거나 치부를 가려주는 등의 시각적·감각적인 기능 이외에 특별한 생리적 기능이 없는 것이므로, 피해자의 음모의 모근(毛根)부분을 남기고 모간(毛幹)부분만을 일부 잘라냄으로써 음모의 전체적인 외관에 변형만이 생겼다면, 이로 인하여 피해자에게 수치심을 야기하기는 하겠지만, 병리적으로 보아 피해자의 신체의 건강상태가 불량하게 변경되거나 생활기능에 장애가 초래되었다고 할 수는 없을 것이므로, 그것이 폭행에 해당할 수 있음은 별론으로 하고 강제추행치상죄의 상해에 해당한다고 할 수는 없다(대법 2000. 3. 23. 99 도 3099).

강간미수죄

강간미수과정에서 손바닥 2cm정도 긁힌 상처를 부녀자에게 입힌 경우

질문 ▶ 저는 甲女를 강간하려다가 미수에 그쳤으나, 그 과정에서 甲女의 왼쪽 손바닥에 약 2센티미터 정도 긁힌 가벼운 상처를 입혔습니다. 이때 저의 경우 죄가 되나요?

답 귀하는 강간미수죄로 처벌된다.

─(유사사례)─

◆ 3, 4일간의 가료를 요하는 정도의 외음부 출혈은 여기의 상해에 해당하지 않는다.

해 설 강간죄, 강제추행죄, 준강간·준강제추행죄, 미성년자의제강간죄, 강제추행죄, 준강간·준강제추행죄, 미성년자의제강간죄를 범하여 사람을 사상에 이르게 함으로써 성립하는 범죄가 강간·강제추행치사상죄다.

강간이 미수에 그친 경우에는 본죄가 성립된다.

그런데, 판례는 일상생활에서 얼마든지 생길 수 있는 극히 경미한 상처로서 치료할 필요도 없고 그로 인하여 신체의 완전성이나 건강상태를 불량하게 변경하였다고 보기 어려울 때에는 본죄의 상해에 해당한다고 보기 어렵다고 하고 있다.

설문의 경우에도 상해라고 보기 어려워 강간미수죄로 처벌된다.

─(관련판례 및 법조문)─

□ 판 례 □
◎ 강간치상죄의 상해에 해당되지 않는다고 본 사례

피고인이 피해자를 강간하려다가 미수에 그치고 그 과정에서 위 피해자의 왼쪽 손바닥에 약2센티미터 정도의 긁힌 가벼운 상처가 발생한 경우라면 그 정도의 상처(소상)는 일상생활에서 얼마든지 생길 수 있는 극히 경미한 상처로서 굳이 치료할 필요도 없는 것이어서 그로 인하여 인체의 완전성을 해하거나 건강상태를 불량하게 변경하였다고 보기 어려우므로 피해자가 입은 위 소상을 가지고서 강간치상죄의 상해에 해당된다고는 할 수 없다(대법 1987. 10. 26. 87 도 1880).고

□ 법 령 □
◎ 형법 제300조

주거침입죄와 강간죄

야간에 흉기를 들고 피해자의 집에 들어가 강간한 경우

질문 ▶ 저는 야간에 흉기를 들고 평소에 흠모하던 甲女의 집 침실에 들어가 甲女를 강간하였습니다. 이때 저는 어떤 죄로 처벌되나요?

답 귀하는 주거침입죄와 강간죄의 경합범으로 처벌된다.

─(유사사례)─
◆ 강간을 위해 부녀를 감금한 행위는 강간죄와 감금죄의 경합범이 된다.

해 설 야간에 흉기를 들고 사람의 주거에 침입하여 강간한 경우에는 폭력행위등처벌에관한법률위반(주거침입)죄와 강간죄의 실체적 경합으로 처벌된다.

강간죄의 수단이라기 보다 강간죄의 전단계에서 이루어진 별개의 범죄이므로 위 두 개의 죄는 실체적 경합관계에 있다 하겠다.

관련판례 및 법조문

□ 판 례 □

◎ 가. 주거침입죄와 강간죄와의 죄수
 나. 강간미수죄와 폭력행위등처벌에관한법률위반상의 공갈죄가 사회보호법 제6조 제2항의 동종 또는 유사한 죄에 해당하는지 여부(소극)

 가. 야간에 흉기를 들고 사람의 주거에 침입하여 강간을 한 경우에는 폭력행위등처벌에관한법률위반(주거침입)죄와 강간죄가 성립하고, 이 경우 두 죄는 실체적 경합관계에 있다.

 나. 강간미수죄와 폭력행위등처벌에관한법률위반상의 공갈죄는 그 죄명과 죄질, 보호법익, 범죄의 수법과 경향, 범죄의 유형 등이 같다고 할 수 없어서 사회보호법 제6조 제2항에서 말하는 동종 또는 유사한 죄에 해당하지 않는다(대법 1988. 12. 13. 88 도 1807).

□ 법 령 □
◎ 형법 제297조 · 제319조

강간죄의 고소취소와 공소기각 판결

강간사건의 피해자에게 위자료를 주고 합의서를 받았으면 즉시 석방여부

[질문] 저는 강간사건으로 구속된 대학생의 아버지입니다. 강간사건의 피해자 甲양에게 위자료를 주고 합의서를 받았으며, 그 합의서에는 "가해자와 피해자 사이에 원만히 해결되었으므로 피해자는 앞으로 민·형사상 어떠한 이의도 제기하지 아니하기로 합의한다"고 기재되어 있습니다. 이 합의서를 법원에 제출하면 저의 아들은 즉시 석방되는지요?

[답] 합의서라 할지라도 고소를 취하한다는 내용이 있으면 고소취소로 간주되므로 약간의 절차 후 석방된다.

─(유사사례)─

◧ 강간죄에 대한 고소의 취소가 있는 경우에는 그 수단인 폭행만을 처벌할 수는 없다.

[해설] 강간죄는 친고죄이므로 재판진행중에 고소가 취소되면 법원은 지체없이 공소기각의 판결을 선고하여야 하며(형사소송법 제327조 제5호), 공소기각의 판결이 선고되면 그 선고와 동시에 구속영장의 효력이 상실되므로(형사소송법 제331조), 그 선고 당일 석방된다.

그런데 귀하의 질문 중에 문제되는 부분이 있다. 합의서를 고소취소서로 인정할 수 있느냐의 점이다. 이에 관해서 과거의 대법원 판결은 합의서를 제출한 경우에는 고소취하의 효력이 발생하지 아니한다는 태도를 취하였으나, 최근의 대법원 판결은 합의서라 할지라도 고소를 취하한다는 내용이 들어 있으면 고소취하서로 인정하여야 한다는 견해를 취하고 있다. 따라서 귀하가 받은 합의서는 고소취하서와 동일한 취급을 받는다.

강간죄의 경우, 합의서가 법원에 접수되면 법원은 지체없이 공소(公訴)를 기각하여야 하나, 그 합의서의 진위를 조사할 필요가 있는 경우에는 그 조사에 필요한 기간 동안 석방이 지연되는 경우도 있다.

따라서 고소취하서를 받을 경우에는 고소취하서에 고소취하용이라고 기재된 고소인의 인감증명서를 첨부하는 것이 좋다. 참고로 고소취하서의 서식을 보면 다음과 같다.

고 소 취 소 서

고소인의 주거 및 성명

피고소인의 주거 및 성명

위 고소인은 피고소인을 상대로 강간죄로 고소를 제기하였으나 고소인은 피고소인으로부터 위자료를 지급받았으므로 고소를 취소합니다.

첨부서류

1. 인감증명서(고소인)

19   년   월   일

고소취소인 ○ ○ ○ ㉑

서울형사지방법원 귀중

관련판례 및 법조문

□ 판 례 □

◎ 강간피해자 명의의 합의서 및 탄원서 제출과 고소취소 여부

강간피해자 명의의, "당사자 간에 원만히 합의되어 민·형사상 문제를 일체 거론하지 않기로 화해되었으므로 합의서를 1심 재판장 앞으로 제출한다"는 취지의 합의서 및 피고인들에게 중형을 내리기보다는 법의 온정을 베풀어 사회에 봉사할 수 있도록 관대한 처분을 바란다는 취지의 탄원서가 제1심 법원에 제출되었다면 이는 결국 고소취소가 있는 것으로 보아야 한다(대법 1981.11.10. 81도1171).

1. 강 간   103

□ 법 령 □
◎ 형법 제297조, 형사소송법 제327조 제5호, 제331조

강도강간죄

**강도가 칼을 휴대하고 집에 침입한 뒤
부녀를 강간한 경우**

질문▶ 저의 친구 甲은 야간에 타인의 재물을 강취하기로 마음먹고 칼을 휴대하고 잠겨있지 않은 피해자 乙의 집 현관문을 열고 마루까지 침입하여 동정을 살피던 중 마침 혼자서 집을 보던 위 乙의 손녀 피해자 丙(14세)이 화장실에서 용변을 보고 나오는 것을 발견하고 갑자기 욕정을 일으켜 칼을 목에 들이대고 방안으로 끌고 들어가 밀어 넘어뜨려 반항을 억압한 다음 강간하였습니다. 저의 친구 甲은 어떤 죄로 처벌되나요?

답 갑은 특수강간죄, 야간주거침입죄 그리고 강도예비죄의 경합범으로 처벌된다.

┤유사사례├

◆ 강도가 부녀를 강간하려다가 미수에 그치고 폭행으로 피해자에게 상해를 입힌 경우에 강도강간미수와 강도치상죄의 상상적 경합이 된다고 한다(대법 1988.9.9. 88도1240).

해설 갑의 행위가 특수강도강간죄(성폭력특별법 제5조 제2항)가 성립하는가 하는 점이 관건일 것이다. 고등법원은 이 죄의 성립을 인정하였다. 특수강도강간은 특수강도(형법 제334조 : 야간주거침입강도, 흉기휴

대강도, 2인 이상의 합동강도)의 기회에 강간을 함으로써 성립하는 범죄이다. 그러기 위해서는 갑이 특수강도의 실행에 착수하여야 한다. 그런데 갑이 욕정을 일으키기 전까지의 행위, 즉 야간에 흉기를 휴대한 채 타인의 주거에 침입하여 집안의 동정을 살피는 것만으로는 특수강도의 실행에 착수하였다고 보기 어렵다. 재물강취를 위한 폭행·협박의 개시가 없기 때문이다. 따라서 특수강도에 착수하기 전에 저질러진 강간행위는 특수강도강간죄에 해당한다고 할 수 없다. 갑의 행위는 특수강간죄(성폭력특별법 제6조 제1항), 야간주거침입죄(폭력행위등처벌에관한법률 제2조 제2항) 그리고 강도예비죄(형법 제343조)의 경합범으로 처벌된다.

──────────(관련판례 및 법조문)──────────

□ 판 례 □

◎ 가. 특수강도죄에 있어서의 실행의 착수시기
　　나. 강도의 범의하에 야간에 흉기를 휴대한 채 타인의 주거에 침입하여 집안의 동정을 살피다가 피해자를 발견하고 갑자기 욕정을 일으켜 칼로 협박하여 강간한 경우 특수강도강간죄의 성부(소극)

　　가. 특수강도의 실행의 착수는 강도의 실행행위, 즉 사람의 반항을 억압할 수 있는 정도의 폭행 또는 협박에 나아갈 때에 있다 할 것이다.
　　나. 강도의 범의로 야간에 칼을 휴대한 채 타인의 주거에 침입하여 집안의 동정을 살피다가 피해자를 발견하고 갑자기 욕정을 일으켜 칼로 협박하여 강간한 경우, 야간에 흉기를 휴대한 채 타인의 주거에 침입하여 집안의 동정을 살피는 것만으로는 특수강도의 실행에 착수한 것이라고 할 수 없으므로 위의 특수강도에 착수하기도 전에 저질러진 위와 같은 강간행위가 특정범죄가중처벌등에관한법률 제5조의 6 제1항 소정의 특수강도강간죄에 해당한다고 할 수 없다(대법 1991.11.22. 91도2296).

□ 법 령 □

◎ 형법 제339조, 제343조, 성폭력특별법 제6조 제1항

강간죄와 강도죄

부녀자 강간 후 재물을 갈취한 경우

질문→ 저는 甲女를 강간한 후에 재물의 욕심이 생겨서 甲女의 반지(다이아반지)를 강취하였습니다. 저는 어떠한 죄로 처벌되나요?

답 강도죄와 강간죄의 경합범으로 처벌된다.

─── 유사사례 ───

◆ 강간범이 강간행위 후에 강도의 범의를 일으켜 그 부녀의 재물을 갈취하는 경우에는 강도죄와 강간죄의 경합범이 될 수 있다.

해설 강도강간은 강도가 강간함으로써 성립하는 범죄이다. 강간범이 강도한 경우는 강간죄와 강도죄의 경합범이 된다. 물론, 강간의 종료 전에 강도고의가 생겨 강도행위를 하면 강도강간이 된다. 강도가 여자를 강간하다가 과실로 상해한 경우에는, 상해가 강도행위에서 비롯되었으면 강도강간과 강도치상의 상상적 경합이고, 상해가 강간행위에서 비롯되었으면 강도강간과 강도치상의 상상적 경합이 된다. 또한 강도가 강간하고 그 후에 살인 또는 상해의 의사가 생겨 살해 또는 상해한 때에는 강도살인, 강도상해와 강도강간의('강도행위'의 연결효과에 의한) 상상적 경합이 성립한다. 강도강간의 미수는 강간행위의 기수, 미수에 따라 정해진다.

이 죄에 대해서는 성폭력특별법 제5조의 특별규정이 있음을 잊지 말아야 한다.

판례에 따르면 강도강간죄는 강도라는 신분을 가진 범인이 강간죄를 범하였을 때 성립하는 범죄이다. 따라서 강간범이 강간행위 후에 강도의 범의를 일으켜 그 부녀의 재물을 강취하는 경우에는 강도강간죄가 아니라 강도죄와 강간죄의 경합범이 된다. 그러나 강간범이 강간행위 종료 전, 즉 그 실행행위의 계속중에 강도행위를 할 경우에는, 이 때에 바로 강도의 신분을 취득하는 것이므로 이 후에 그 자리에서 강간행위를 계속하는 때에는 강도가 부녀를 강간한 것이 되어 강도강간죄가 성립한다.

관련판례 및 법조문

□ 판 례 □
◎ 강간의 실행행위의 계속중에 강도행위를 한 경우 강도강간죄를 구성하는지 여부

강도강간죄는 강도라는 신분을 가진 범인이 강간죄를 범하였을 때 성립하는 범죄이고 따라서 강간범이 강간행위 후에 강도의 범의를 일으켜 부녀의 재물을 강취하는 경우에는 강도강간죄가 아니라 강도죄와 강간죄의 경합범이 성립될 수 있을 뿐이나, 강간범이 강간행위 종료 전, 즉 그 실행행위의 계속중에 강도의 행위를 할 경우에는 이때에 바로 강도의 신분을 취득하는 것이므로 이후에 그 자리에서 강간행위를 계속하는 때에는 강도가 부녀를 강간한 때에 해당하여 형법 제339조 소정의 강도강간죄를 구성한다(대법 1988. 9. 8. 88 도 1240).

□ 법 령 □
◎ 형법 제339조

강죄추행죄

이른바 게이를 강간하였을 경우

저는 이른바 게이(여성으로의 성전환수술을 받은 남성)을 강간하였습니다. 저는 어떻게 처벌되나요?

1. 강 간   107

[답] 여성으로의 성전환수술 받은 남자는 아직도 성염색체가 남자이고 임신능력이 없기 때문에 여자로 볼수가 없다. 남자가 남자를 강간하였으므로 강제추행죄가 된다.

[해설] 대법원은 피해자가 어릴 때부터 정신적으로 여성에의 성귀속감을 느껴왔고 성전환수술로 인하여 남성으로서의 내·외성기의 특징을 더 이상 보이지 않게 되었으며 남성으로서의 성격도 대부분 상실하여 외견상 여성으로서의 체형을 갖추고 성격도 여성화되어 개인적으로 여성으로서의 생활을 영위해가고 있다 할지라도, 기본적인 요소인 성염색체의 구성이나 본래의 내·외부 성기의 구조, 정상적인 남자로서 생활한 기간, 성전환수술을 한 경위, 시기 및 수술 후에도 여성으로서의 생식능력은 없는 점, 그리고 이에 대한 사회일반인의 평가와 태도 등 여러 요소를 종합적으로 고려하여 보면 사회통념상 여자로 볼 수 없다(대법 1996. 6. 11. 96 도 791).

(관련판례 및 법조문)

□ 판 례 □
가. 강제추행죄에 있어서 추행의 의미
 강제추행죄에 있어서 추행은 상대방에 대하여 폭행 또는 협박을 가하여 항거를 곤란하게 한 뒤에 추행행위를 하는 경우 뿐만 아니라. 폭행행위자체가 추행행위라고 인정되는 경우도 포함되는 것이므로, 이 경우에 있어서의 폭행은 상대방의 의사를 억압할 정도의 것임을 요하지 않고 상대방의 의사에 반하는 유형력의 행사가 있는 이상 그 힘의 대소강약을 불문한다(대법 1983. 6. 28. 83 도 399)

나. 강제추행죄에 있어서 추행의 의미
 피해자와 춤을 추면서 피해자의 유방을 만진행위가 순간적인 행위에 불과하더라도 피해자의 의사에 반하여 행하여진 유형력의 행사에 해당하고 피해자의 성적자유를 침해할 뿐만 아니라, 일반인의 입장에서도 추행행위라고 평가될 수 있는 것으로서 폭행행위자체가 추행행위라고 인정되어 강제추행에 해당한다(대법 2002. 4. 26. 2001 도 2417).

□ 법 령 □
◎ 형법 제298조

2. 간음 및 간통죄

위력에 의한 간음죄

고용원을 해고하겠다고 위협한
뒤 간음한 경우

[질문] 저는 제가 고용하고 있는 甲女에게 말을 듣지 않으면 해고하겠다고 위협한 뒤 간음하였습니다. 이에 甲女는 비관하여 목을 메어 자살하였습니다. 저는 어떤 죄로 처벌되나요?

[답] 업무상 위력 등에 의한 간음죄로 처벌된다.

---유사사례---

◆ 부하직원을 해고시키겠다고 위협한 후 추행했다면 성폭력특별법 제11조 제1항에 의해 2년 이하의 징역 또는 500만원 이하의 벌금을 받는다.

[해설] 업무·고용 기타 관계로 인하여 자기의 보호·감독을 받는 부녀에 대하여 위계 또는 위력으로써 간음함으로써 성립하는 범죄가 업무상 위력 등에 의한 간음이며, 본죄는 친고죄이다.

따라서 설문의 경우는 업무상 위력에 의한 간음죄로 처벌되나, 자살까지 책임은 지지 않는다.

---관련판례 및 법조문---

□ 판 례 □
◎ 가. 형법 제303조 제1항 규정 중 기타 관계로 자기의 보호 또는 감독을 받는 부녀 중에는 사실상의 보호 또는 감독을 받는 상황에 있는 부녀도 포

함되는지 여부

나. 남녀간의 정사를 내용으로 하는 강간·간통·강제추행·업무상 위력 등에 의한 간음 등의 범죄에 있어서의 채증방법

가. 형법 제303조 제1항 규정 중 기타 관계로 자기의 보호 또는 감독을 받는 부녀라 함은 사실상의 보호 또는 감독을 받는 상황에 있는 부녀인 경우도 이에 포함되는 것으로 보는 것이 우리의 일반사회통념이나 실정이고, 동 법조를 신설하여 동 법조 규정상황하에 있는 부녀의 애정의 자유가 부당하게 침해되는 것을 보호하려는 법의 정신에 비추어 타당하다(처가 경영하는 미장원에 고용된 부녀가 여기에 해당된다.).

나. 남녀간의 정사를 내용으로 하는 강간·간통·강제추행·업무상 위력 등에 의한 간음 등의 범죄에 있어서는 행위의 성질상 당사자간에서 극비리에 또는 외부에서 알기 어려운 상태하에서 감행되는 것이 보통이고, 그 피해자 외에는 이에 대한 물적 증거나 직접적 목격증인 등의 증언을 기대하기가 어려운 사정이 있는 것이라 할 것이니, 이런 범죄는 피해자의 피해전말에 관한 증언을 토대로 하여 범행의 전후사정에 관한 제반증거를 종합하여 우리의 경험법칙에 비추어서 범행이 있었다고 인정될 수 있는 경우에는 이를 유죄로 인정할 수 있는 것이다(대법 1976.2.10. 74도1519).

□ 법 령 □
◎ 형법 제303조, 성폭력특별법 제11조 제1항

피구금부녀간음죄

구치소에 구금되어 있는 부녀의
동의를 얻어 간음한 경우

▶질문◀ 저는 구치소에 근무하는 직원인데, 구금되어 있는 乙女의 동의를 얻어 그녀와 간음하였습니다. 저는 죄가 되나요?

2. 간음 및 간통죄

답 피구금부녀간음죄로 처벌된다.

─ 유사사례 ─
◆ 구치소에 구금되어 있는 부녀의 동의를 얻어 추행한 경우는 성폭력특별법 제11조 제2항에 의거 3년 이하의 징역 또는 1,500만원 이하의 벌금을 받게 된다.

해 설 법률에 의하여 구금된 부녀를 감호하는 자가 그 부녀를 간음함으로써 성립하는 범죄가 피구금부녀간음죄이다. 본죄는 결정의 자유가 제한되어 있는 피구금부녀의 성적 자기결정의 자유를 보호법익으로 하지만, 피구금자에 대한 평등한 처우는 감호자의 청렴성에 대한 일반의 신뢰도 동시에 보호하는 것이라고 이해되고 있다. 그런데 주의할 것은 피구금부녀의 동의가 있었다고 하여도 본죄의 성립에 영향을 주지 않는다.

─ 관련판례 및 법조문 ─

□ 판 례 □
◎ 업무, 고용 기타 관계로 보호감독을 받는 상황에 있는 부녀 중 사실상 보호 또는 감독을 받는 상황에 있는 부녀도 포함되는지 여부
  형법 제303조 규정은 업무, 고용 기타 관계로 자기의 보호 또는 감독을 받는 부녀라 함에 있어 기타 관계 중에는 사실상의 보호감독을 받는 상황에 있는 부녀인 경우도 포함된다(대법 1976.2.10. 74도1519).

□ 법 령 □
◎ 형법 제303조, 성폭력특별법 제11조 제2항

여자의 남자에 대한 혼인빙자간음

미혼여성이 미혼남성을 혼인을 빙자하여 간음한 경우

질문 → 저는 미혼 여성인데 미혼 남자 甲을 혼인을 빙자해서 어느 날 여관에서 간음하였습니다. 저의 경우 죄가 되나요?

답 무죄다.

― 유사사례 ―

◆ 캄캄한 방에 남편으로 가장하여 동침하는 경우는 위계로서한 혼인빙자간음죄에 해당된다.

해설 혼인을 빙자하거나 기타 위계로서 음행의 상습 없는 부녀를 기망하여 간음함으로써 성립하는 범죄가 혼인빙자간음죄이다.

기망의 방법으로 성적 자유를 침해하는 것을 보호하기 위한 것이다.

본죄의 객체는 음행의 상습 없는 부녀이다. 따라서 여자가 남자를 혼인을 빙자해서 간음하는 경우는 죄가 되지 않는다.

개정 형법안에서 폐지된 조문이다. 본죄는 여성의 성적 결정의 자유를 부정한 전제에서 규정된 봉건적 입법의 잔재라고 하겠다. 형법이 혼전 성관계를 범죄로 하지 않는 것과 같은 이유에서 그렇게 생각한다.

― 관련판례 및 법조문 ―

□ 법 령 □
◎ 형법 제304조

간통죄의 고소취소와 재고소

고소 취소 후 그 남자와 새롭게 간통한 경우

[질문] 저의 처는 평소 품행이 방정치 못하던중 외간 남자와 놀아나 화가 나서 간통죄로 경찰에 고소하였습니다. 그랬더니 다시는 그런 일이 없을 터이니 한 번만 용서해 달라고 울면서 빌어 어린 자식들을 생각해서 상대 남자와 합의, 고소를 취하했습니다. 그런데 그 후 정신을 못차린 제처는 다시 그 남자와 간통을 했습니다. 이제는 어떤 일이 있어도 용서할 생각이 없습니다. 이럴 경우 저는 이들을 상대로 다시 간통죄로 고소할 수 있는지요?

[답] 고소취소 후 다시 간통하면 새로 고소제기가 가능하다.

― 유사사례 ―

◉ 간통죄로 남편을 고소하였다가 인생이 불쌍하여 취하해 주었는데, 요즈음 또 다시 다른 술집여자와 놀아난 경우 먼저 사건을 가지고 재고소할 수 없다.

[해 설] 간통죄는 개개의 간통행위마다 1개의 범죄를 구성하는 것이고 일단 간통죄로 고소를 제기하였다가 고소를 취소한 경우에는 다시 재고소할 수 없는 것이므로 귀하는 먼저 고소하였다가 취소한 간통행위에 대해서는 다시 고소할 수가 없는 것입니다. 그러나 고소를 취소한 후에 새로이 간통행위를 하였을 때에는 그 부분에 대해서는 새로이 고소를 제기하여 처벌받게 할 수가 있습니다.

2. 성범죄

─── 관련판례 및 법조문 ───

□ 판 례 □
◎ 가. 간통죄에 있어서의 죄수
　나. 간통의 구체적인 범죄사실의 기재가 없어 공소장에 심판대상이 특정되어 있지 않다고 한 예
　가. 간통죄는 성교행위마다 1개의 간통죄가 성립한다.
　나. 형사소송법 제254조 제4항에 의하면 구체적인 범죄사실의 기재가 없는 공소장은 그 효력이 없다고 할 것이므로 개개의 간통행위의 내용을 이루는 구체적 범죄사실의 기재가 없이 일정한 기간 동안 수회 간음하였다는 추상적 범죄구성요건의 문구만을 적시한 공소장 기재는 그 심판대상이 특정되었다고 할 수 없으므로 공소기각을 면할 수 없다(대법 1982.12.14. 82도2448).

□ 법 령 □
◎ 형법 제241조, 형사소송법 제229조

간통죄의 고소기간, 고소방법

남편이 처녀와 간통하고 이혼을 요구한 경우 간통죄로 고소가 가능한지 여부

질문▶ 저는 현재의 남편과 15년 전에 결혼한 가정주부입니다. 회사사장인 남편이 4년 전부터 미혼여성인 A양과 간통행위를 계속한 사실을 알면서도 참고 지내오던중 4개월 전부터는 아파트를 얻어 동거생활을 하면서 저에게 이혼을 요구하므로 남편과 A양을 상대로 간통죄로 고소를 하려고 하는데 고소가 가능한지요?

답 간통죄로 고소가 가능하다.

2. 간음 및 간통죄

(유사사례)

◆ 상간자(相姦者)에게도 배우자가 있는 때에는 이중간통이 가능하다.

해 설 간통죄와 같은 친고죄에 있어서는 범인을 알게 된 날로부터 6월을 경과하면 고소하지 못한다(형사소송법 제230조 제1항). 그런데 귀하는 귀하의 남편과 A양이 간통행위를 계속한 사실을 4년 전부터 알았으므로 4년 전부터 6개월 전까지 사이의 귀하의 남편과 A양의 간통행위에 대해서는 고소할 수가 없다. 고소기간이 경과하여 고소권이 소멸해 버렸기 때문이다.

그러나 간통죄의 경우에는 성교를 할 때마다 별개의 간통죄가 성립하므로 고소한 날로부터 따져서 6개월이 경과되지 아니한 간통행위에 대해서는 고소할 수가 있으며 그 고소는 유효하다.

남편과 A양을 간통죄로 고소하려면 남편을 상대로 가정법원에 이혼심판을 제기한 후 이혼심판제기증명을 발급받아 고소장에 첨부하여야 하며 남편의 호적등본도 첨부하여야 한다. 간통죄로 고소한 후 이혼심판을 취하하면 그 고소는 취하한 것으로 간주되며 귀하가 남편에 대한 고소만을 취하한 경우에도 그 취하의 효력은 상간자인 A양에 대해서도 미친다.

고 소 장

고소인의 주거 · 성명
피고소인 C(남편)의 주거 · 성명
피고소인 A(상간자)의 주거 · 성명
고소의 죄명 : 간통

고 소 사 실

1. 고소인은 피고소인 C와 15년 전에 결혼하여 슬하에 2남 1녀의 자녀를 두고 있습니다.
2. 고소인은 남편인 피고소인 C가 미혼여성인 피고소인 A와 계속적으로 간통을 하여온 사실을 4년 전에 알았으나, 자식들의 장래를 생각해서 고소를 하지 아니하고 남편에게 A양과의 관계를 끊을 것을 수차 간청하였

116   2. 성범죄

습니다.
3. 그러나 피고소인 C는 A양과의 관계를 계속하면서 며칠 전에는 고소인에게 이혼을 요구하고 고소인이 이에 불응한다는 이유로 폭행까지 하기에 알아본즉, 피고소인 등은 4개월 전부터 서울 강남구 개포동에 있는 H아파트 12동 301호실에서 동거생활을 하여 온 사실을 확인하였습니다.
4. 이에 고소인은 더 이상 참을 수 없어 피고소인을 상대로 간통죄로 고소를 제기합니다.

첨부서류
　1. 호적등본 1통
　2. 이혼심판제기 증명원 1통

　　　　　　　　19　　　년　　　월　　　일

　　　　　　　　　　　　고소인　○　○　○　㊞

○○경찰서장 귀하

간통죄와 재결혼합의서의 효력

별거중 타여자와 재결혼 합의서를 작성한 경우의 법적 효력은?

저는 1986년 11월 1일 부모님의 강력한 유언에 따라 결혼한 후 7살난 여식을 두었습니다. 그런데 결혼초부터 우리 부부는 뜻이 맞지않아 항상 다투어 오던중 1993년 5월 20일경부터 11월 30일까지 별거했다가 다시 재결합 동거중 1994년 3월 1일 처의 강력한 요구로 또다시 별거하게 되었는데, 이혼은 해줄 수 없으

2. 간음 및 간통죄

나 다른 여자와 재결합하는데도 민·형사상 책임을 묻지 않겠으며 그저 혼자서 살겠다고 하여「다른 여자와 재결혼해도 이의가 없다」는 합의서를 받고 6개월 후 재결혼하여 살고 있습니다. 전처는 현재 모 요정에 다니고 있으며 제가 결혼한 사실도 알고 있지만 묵묵부답입니다.

1. 이런 경우 합의서의 법적 효력은 어떻게 되는지요?
2. 본처가 이혼도장을 찍어주지 않은 상태에서 쌍방합의서만 가지고 타여자와 결혼해서 살 경우 1년이나 2년 후라도 고소하면 형사처벌을 받게 되는 것인지요?
3. 만약 형사문제가 안되더라도 민사문제가 되면 보상은 얼마나 해야 되는지요?

답 이혼키로 합의 6개월 후 타녀와 동거해도 간통죄로 고소못한다.

유사사례

◆ 단순히 합의이혼서를 작성하려고 하였거나(대법 1983.11.22. 83도2504), 간통사실을 안 후에 일시 동침한 사실이 있다는 사실이 있다는 것만으로(대법 1973.3.13. 73도227) 간통을 종용 또는 유서했다고 볼 수 없다고 한다.

해 설 대법원 판례에 의하면 부부가 이혼에 합의한 경우에는 호적상의 부부관계가 해소되기 전이라도 그 이후의 다른 이성과의 정교관계를 종용하는 의사표시가 포함되어 있는 것으로 보고 있다.

그러므로 귀하의 질의서 내용대로 별거중인 처와 이혼하기로 합의서를 작성한 후 6개월 후부터 다른 여자와 동거를 하고 있는 것이 사실이라면 별거중인 처는 귀하의 동거여인을 상대로 간통죄로 고소를 제기할 수 없을 뿐만 아니라 설사 고소를 제기한다 하더라도 법률상 고소의 효력이 인정되지 않으므로 간통죄가 성립되지 않는다.

부부관계의 해소에 따른 위자료 등 손해배상은 그와 같은 판단에 이르게 된데 대해 책임이 있는 자가 부담하게 되므로 구체적으로 어느 쪽이

2. 성범죄

어느 정도의 손해배상을 하여야 하느냐는 사안에 따라 다르므로 당사자간 합의에 의해 결정하거나 법원의 심판을 구해 결정할 수 있다.

관련판례 및 법조문

□ 판 례 □
◎ 가. 이혼의 합의와 간통의 종용
　나. 이 사건 이전의 간통을 이유로 고소인이 피고인을 상대로 제기한 이혼심판의 심리기일에 피고인의 소송대리인이 이혼청구에 응하겠다고 진술하였을 때 고소인과 피고인 사이의 명백한 이혼의사의 합치가 있었다고 보는 것이 타당하고, 이는 그 이후의 간통에 대한 종용에 해당한다고 본 사례
　가. 이혼 당사자가 더 이상 이혼관계를 지속할 의사가 없고 이혼의사의 명백한 합치가 있는 경우에는, 비록 법률적으로 이혼관계가 존속한다고 하더라도 간통에 대한 사전동의인 종용에 관한 의사표시가 그 합의 속에 포함되어 있는 것으로 보아야 할 것이고, 그러한 명백한 합의가 없는 경우에는 비록 잠정적, 임시적, 조건적으로 이혼의사가 쌍방으로부터 표출되어 있다 하더라도 간통종용의 경우에 해당하지 않는다고 할 것이다.
　나. 고소인이 남편인 피고인과 상피고인을 이 사건 간통행위 이전의 간통행위를 이유로 고소하여 그들로 하여금 각 유죄의 확정판결을 받게 함과 동시에 이를 이유로 피고인을 상대로 제기한 이혼 및 위자료청구소송의 심리기일에 피고인의 소송대리인이 간통사실을 인정하고 이혼에 응하기로 진술하였으며 제1심에서 피고인과 고소인은 이혼한다는 판결이 선고되어 이 판결이 대법원에서 확정됨으로써 양인의 법률상 부부관계가 해소되었는데 피고인이 이혼에 응하기로 심리기일에서 진술한 이후에 이 사건 간통행위를 하였다 하여 고소인이 피고인을 고소하기에 이르렀다면, 피고인의 소송대리인이 위 이혼심판의 심리기일에 이혼청구에 응하겠다고 진술하였을 때 양인은 이혼관계를 더 이상 지속할 의사가 없는데다 명백한 이혼의사의 합치가 있었다고 보는 것이 타당하고 이는 간통종용의 경우에 해당한다고 할 것이다(대법 1991.3.22. 90도1188).

□ 법 령 □
◎ 형법 제241조, 형사소송법 제229조

2. 간음 및 간통죄   119

사실혼과 간통죄 고소

사실혼중에 남편이 간통한 경우

 질문 ➡ 남편과 결혼식을 거행하고 2년 동안 부부생활을 계속해 오고 있으나 아직 혼인신고는 하지 않았습니다. 그런데 최근에 남편이 다른 여자와 불륜의 관계를 맺고 있는 것을 알게 되었습니다. 그런 일로 부부 사이가 멀어지게 되었는데, 간통죄로 고소할 수 있는지요?

답 사실혼관계이므로 간통죄로 고소못한다.

──(유사사례)──

◆ 법률상의 혼인관계에 있는 한 사실상의 동거 여부는 간통죄의 성립에 영향을 미치지 않는다.

해 설   혼인신고를 하지 않으면 아무리 결혼식을 거행하고 부부생활을 계속하더라도 법률상 부부로 취급될 수 없다. 귀하는 남편과 법률상 부부관계가 아니기 때문에 남편이 다른 여자와 관계를 가졌더라도 형법상 간통죄가 성립되지 않고 따라서 간통죄로 고소할 수 없다. 귀하와 남편 사이는 사실혼관계에 있고 귀하는 남편의 부정행위를 이유로 법원에 사실혼해소를 청구할 수 있고 동시에 사실혼해소로 인한 손해배상청구를 함께 할 수는 있다. 그러므로 누구나 결혼생활을 하는 자는 먼저 혼인신고를 하여야 한다. 귀하의 경우, 남편이 혼인신고에 불응하면 법원에 사실혼관계존재확인청구를 하여 승소판결을 받아 확정되면 1개월 내에 판결등본과 확정증명서를 첨부하여 단독으로 혼인신고를 할 수 있는 방법은 있으나, 사실혼관계존재확인청구를 신청할 때 남편이 사실혼을 해소하겠다고 주장하면 혼인신고는 불가능해지는 것이므로 사실혼관계 부부 사이에 금이 간 후에는 이 방법도 전혀 실효성이 없는 것이다. 귀하는 현재 입장으로는 법원에 사실혼해소와 이로 인한 손해배상청구를 하여 부부관계를 청산하거나 남편의 일시의 실수를 용서하고 서로 화해하여 혼인신고를 하고 다시 원만한 부부생활을 영위하던가 두 가지 방법 중에 하나를 선택하여야 할 것이며, 후자를 선택하는 것이 현명한 방법임을 두말할 나위가 없다고 본다.

──────── 관련판례 및 법조문 ────────

□ 판 례 □
◎ 사실상 동거하지 아니하고 있는 배우자와 간통죄
  간통죄는 법률상 혼인관계에 있는 사람이 배우자 아닌 다른 사람과 정교관계를 한 때에 성립되는 것이므로 혼인관계에 있는 사람이 그 배우자와 사실상 동거하지 않고 있다 할지라도 이러한 사정은 간통죄의 성립에 아무런 소장이 없다(대법 1980.4.8. 79도1848).

□ 법 령 □
◎ 형법 제241조

간통죄와 협의이혼신고서의 효력

합의이혼 후 가정법원의 확인을 받고 호적 신고를 마치기 전에 남편이 간통한 경우

저는 남편 乙과 이혼하기로 하고 합의이혼신고서에 도장을 찍은 뒤 가정법원의 확인을 받았으나 아직 호적에 이혼신고를 하지 않았는데, 그 사이 남편 乙이 다른 여자와 간통했습니다. 남편을 고소할 수 있나요?

2. 간음 및 간통죄

답 간통죄가 성립한다.

유사사례

◆ 이혼소송을 취하한 때에는 스스로 이혼심판청구를 취하한 때 뿐만 아니라 취하 간주된 때도 포함된다.

해설 간통죄는 친고죄이므로 배우자의 고소가 있어야 한다(형법 제241조 제2항 본문). 간통죄의 고소는 혼인이 해소되거나 이혼소송을 제기한 후가 아니면 할 수 없다. 만일 다시 혼인하거나 이혼소송을 취하하면 고소는 취소된 것으로 간주한다(형사소송법 제229조). 이혼조정신청만 있고 이혼심판청구가 없는 경우에도 고소는 효력이 없다. 범인만이 고소인을 상대로 이혼심판청구를 하고, 고소인은 공소제기 후에 이혼심판청구를 하였으면 그 공소제기는 법률위반으로 무효라고 한다. 간통죄에 대한 1심판결선고 후에 이혼심판청구가 취하되면, 그 취하는 소급효를 갖게 되어 공소제기도 법률위반으로 무효가 된다. 수개의 간통행위 중 일부에 대한 고소는 다른 간통행위에 대해 그 효력이 미치지 않는다. 범인을 알게 된 날로부터 6월을 경과하면 고소할 수 없다(형사소송법 제230조 제1항).

배우자가 간통을 종용 또는 유서한 경우에는 고소할 수 없다(형법 제241조 제2항 단서). '종용'은 간통에 대한 사전동의이고, '유서'란 사후승낙이다.

부부가 이혼하기로 협의하고 가정법원의 협의이혼의사확인을 받았다고 하더라도 호적법에 정한 바에 의하여 신고함으로써 협의이혼의 효력이 생기기 전에는 부부일방이 언제든지 협의이혼의사를 처리할 수 있으므로 부부관계는 아직 존속한다. 그러므로 이 단계에서 다른 사람과 간음하면 간통죄가 성립한다.

2. 성범죄

관련판례 및 법조문

□ 판 례 □

◎ 가. 이혼의 합의와 간통의 종용

나. 이 사건 이전의 간통을 이유로 고소인이 피고인을 상대로 제기한 이혼심판의 심리기일에 피고인의 소송대리인이 이혼청구에 응하겠다고 진술하였을 때 고소인과 피고인 사이의 명백한 이혼의사의 합치가 있었다고 보는 것이 타당하고 이는 그 이후의 간통에 대한 종용에 해당한다고 본 사례

가. 이혼 당사자가 더 이상 이혼관계를 지속할 의사가 없고 이혼의사의 명백한 합치가 있는 경우에는, 비록 법률적으로 이혼관계가 존속한다고 하더라도 간통에 대한 사전동의 종용에 관한 의사표시가 그 합의 속에 포함되어 있는 것으로 보아야 할 것이고, 그러한 명백한 합의가 없는 경우에는 비록 잠정적, 임시적, 조건적으로 이혼의사가 쌍방으로부터 표출되어 있다 하더라도 간통종용의 경우에 해당하지 않는다고 할 것이다.

나. 고소인이 남편인 피고인과 상피고인을 이 사건 간통행위 이전의 간통행위를 이유로 고소하여 그들로 하여금 각 유죄의 확정판결을 받게 함과 동시에 이를 이유로 피고인을 상대로 제기한 이혼 및 위자료청구소송의 심리기일에 피고인의 소송대리인이 간통사실을 인정하고 이혼에 응하기로 진술하였으며 제1심에서 피고인과 고소인은 이혼한다는 판결이 선고되어 이 판결이 대법원에서 확정됨으로써 양인의 법률상 부부관계가 해소되었는데 피고인이 이혼에 응하기로 심리기일에서 진술한 이후에 이 사건 간통행위를 하였다 하여 고소인이 피고인을 고소하기에 이르렀다면, 피고인의 소송대리인이 위 이혼심판의 심리기일에 이혼청구에 응하겠다고 진술하였을 때 양인은 이혼관계를 더 이상 지속할 의사가 없는데다 명백한 이혼의사의 합치가 있었다고 보는 것이 타당하고 이는 간통종용의 경우에 해당한다고 할 것이다(대법 1991.3.22. 90도1188).

□ 법 령 □
◎ 형사소송법 제230조 제1항, 형법 제241조

허위혼인신고와 공정증서원본불실기재죄

위장결혼을 목적으로 허위로 혼인신고를 한 경우

질문 저는 乙을 미국인 丙과 위장결혼시켜 미국으로 이주하게 할 목적으로 주한 미대사관으로부터 발급받은 결혼증명서와 함께 동인들에 대한 혼인신고서를 그 곳 국제결혼 담당직원에게 제출하여 乙의 본적지 관할인 서초구청장에게 이 서류를 우송하게 하였습니다. 그리고 이 사정을 알지 못하는 서초구청 호적담당직원은 호적부에 乙과 丙이 마치 혼인한 것처럼 기재하였습니다. 저의 행위가 죄가 되나요?

답 공정증서원본불실기재죄로 처벌된다.

유사사례

◆ 해외이주의 목적으로 일시 이혼하기로 하고 이혼신고를 한 경우에는 본죄가 성립하지 않지만, 가장결혼을 하고 혼인신고를 한 때에는 혼인의 의사가 없다는 이유로 불실의 사실을 기재한 경우에 해당한다고 한다.

해설 공정증서원본불실기재죄는 공무원에 대하여 허위신고를 하여 공정증서원본(公正證書原本) 또는 이에 준하는 신빙력이 인정되는 공문서에 불실의 사실을 기재하게 함으로써 성립하는 범죄이다. 본죄의 주체에는 제한이 없고, 공정한 원본에는 호적부, 부동산등기부, 상업등기부, 화해조서 등이 해당되고, 면허장·감찰·여권도 본죄의 객체가 된다. 따라서 설문의 경우는 공정증서원본불실기재죄에 해당된다.

관련판례 및 법조문

□ 판 례 □

◎ 일시적으로 이혼신고를 하고 여권발급신청서에 독신기재와 공정증서원본불실기재죄의 성부

혼인 및 이혼의 효력발생 여부에 있어서 형식주의를 취하는 이상 피고인들이 해외로 이주할 목적으로 이혼하기로 하였다 해도, 이는 일시적이나마 법률상 부부관계를 해소하고자 하는 의사의 합치가 있었다 할 것이므로 이 이혼신고는 유효하고 따라서 여권발급신청서에 독신이라고 기재하였다 하여도 허위기재라고 할 수 없다(대법 1976.9.14. 76도1074).

□ 법 령 □

◎ 형법 제228조

혼인빙자간음죄

과거사를 알리고 혼인하기로 하여 동거하다가 낙태하고 파혼당한 경우

질문▶ 저는 과거를 다 알리고 호적까지 확인했음에도 乙은 결혼할 것을 약속, 동거를 시작하여 임신하게 되었습니다.

그런데 몇 가지 병이 겹쳐 입원을 하게 되었고 낙태하게 되자 양쪽 집안에서 서로 책임을 추궁하고 乙은 결혼할 수 없다고 합니다.

저의 아버지는 경찰서에 혼인빙자간음죄로 고소하였으나 경찰에서는 호적초본 등의 서류를 떼어오라고 보낸 후 구속한 乙을 내보냈습니다. 그리고 乙은 총각이고 저는 이혼한 여자이기 때문에 그 죄가 성립되기 어렵다고 말하는데, 혼인빙자간음죄의 처벌 가능 여부를 알고 싶습니다.

2. 간음 및 간통죄

[답] 혼인빙자간음죄로 처벌되는 수가 있다.

─(유사사례)─

◼ 혼인을 약속하고 동거하다가 성병 등을 이유로 파혼한 경우에는 혼인빙자간음죄가 성립되지 않는다.

[해설] 을남과 동거하기 전에 귀하가 전남편과의 전혼(前婚)관계를 고지하였고, 을남이 귀하의 호적등본까지 확인하였다면 을은 총각이고 귀하는 이혼녀라는 사유만으로서 혼인을 빙자한 간음죄의 성립이 안되는 것은 아니다.

전혼관계가 있었다 하더라도 귀하가 음행의 상습 없는 부녀자인데 을이 혼인을 빙자(약속)하여 기망의 방법으로 간음한 것이라면 일응 혼인을 빙자한 간음죄는 성립된다고 보아야 한다.

다만, 귀하에게 성병·폐병 기타 불치의 악성병질이 있는 등 민법 제804조에 규정한 약혼해제 사유가 있다면 혼인을 빙자한 간음죄는 성립되지 않는다고 보여진다.

─(관련판례 및 법조문)─

□ 판 례 □
◎ 단지 정교의 수단으로 혼인을 빙자하여 정교를 한 것이라고 인정 할만한 자료가 없다고 한 사례

 피고인이 피해자 갑과 혼인할 의사 없이 본처와 이혼하고 피해자와 혼인하겠다고 속여 이를 믿은 갑녀를 2회 간음한 사실이 인정된다 하여도 실질상 피고인과 본처간에는 화목한 가정생활을 계속하고 있고 또 장차 부부관계를 계속하리라는 정을 갑녀가 사전에 알고 있었다면 단지 정교의 수단으로 혼인을 빙자하여 정교를 한 것이라는 사실을 충분히 인정할 만한 자료가 없으므로 혼인을 빙자하여 정교를 한 것이라고 인정할 수 없다(대법 1982.2.9. 81도1982).

□ 법 령 □
◎ 형법 제304조

3. 기타 성범죄

성폭력특별법(1)

**음란전화 거는 사람을
처벌하고 싶은데……**

[질문] 저는 밤마다 음란전화에 시달리고 있습니다. 그래서 발신자 추적 장치를 달아서 상대방의 신원을 알게 되었습니다. 상대방 甲을 고소하여 처벌하게 하고 싶은데 어떻게 하면 되나요?

[답] 상대방은 성폭력특별법 제14조에 의거 처벌되므로 동법 제15조에 의거 고소하면 된다.

〔유사사례〕

◆ PC통신을 이용하여 음담패설을 하는 상대방을 처벌하려면 그 신원을 알아내어 고소하면 된다(성폭력특별법 제14조 참조).

[해 설] 통신매체이용음란죄는 자기 또는 다른 사람의 성적 욕망을 유발하거나 만족시킬 목적으로 전화·우편·컴퓨터 기타 통신 매체를 통하여 성적 수치심이나 혐오감을 일으키는 말이나, 음향 글이나 도화(圖畵), 영상 또는 물건을 상대방에게 도달하게 한 자가 범하는 범죄로서 성폭력범죄의처벌및피해자보호에관한법률 제14조가 규정하고 있다(1994.4.1. 효력발생, 법률 제4702호).

3. 기타 성범죄   127

―관련판례 및 법조문―

□ 법 령 □
◎ 성폭력특별법 제14조

성폭력특별법(2)

지하철 객차 속에서 추행하는 행위

질문> 저는 매일 2호선 지하철을 타고 강남에 있는 직장에 다니는 여성입니다. 하루는 지하철 객차 속에서 가볍게 책을 보고 있었고, 출근시간이라서 승객이 꽤 많았는데 甲이 자꾸 엉덩이를 만지면서 나중에는 가슴도 만지는 것이었습니다. 그래서 소리를 질렀더니 칼로 위협을 하는 것이었습니다. 이에 지하철 방범대원에게 甲은 붙잡혔습니다. 甲은 어떤 죄로 처벌되나요?

답 성폭력특별법 제13조에 의해 처벌된다.

―유사사례―

◈ 극장에서 애로물 영화를 감상하고 있는데, 옆좌석에 앉았던 갑이 자꾸 다리를 만지고, 나중에는 음부에 손가락을 넣는 순간 소리치어 경비원에 붙잡힌 경우

해 설 대중교통수단, 공연, 집회장소 기타 공중이 밀집하는 장소에서 사람을 추행한 자는 1년 이하의 징역 또는 300만원 이하의 벌금에 처하도록 성폭력특별법 제13조에서 규정하고 있다.
  이 성폭력특별법(약칭)은 성폭력범죄를 예방하고 그 피해자를 보호하며, 성폭력범죄의 처벌 및 그 절차에 관한 특례를 규정함으로써 국민의

인권신장과 건전한 사회질서의 확립에 이바지함을 목적으로 하고 있다.

―― 관련판례 및 법조문 ――

□ 법 령 □
◎ 성폭력특별법 제13조

음화의 판단기준

관람객 유치를 위해 영화의 일부를 선정적인 포스터로 제작유포한 경우

[질문] 저는 영화관대표로서 공연윤리심의위원회의 심의를 마친 성인영화를 관람객을 유치하기 위해 영화장면의 일부를 포스터로 제작하고 그 내용 중 선정적 측면을 특히 강조하였는데, 이것도 죄가 되나요?

[답] 음화 등의 반포등죄에 해당된다.

―― 유사사례 ――

◆ 전람회에 진열하거나, 영화상영, 녹음테이프의 재생도 공연전시에 해당되나, 친구 두 사람이 보는 앞에서 도색영화필름을 상영한 것은 공연전시라고 보기 어렵다.

[해설] 아무리 공연윤리심의위원회의 심의를 마친 작품이라 하더라도 이것을 영화관에서 상영하는 것이 아니고, 관람객을 유치하기 위하여 영화장면의 일부를 포스터나 스틸사진으로 제작하고, 제작된 포스터 등 도화가 그 영화의 예술적 측면이 아닌 선정적 측면을 특히 강조하여 그 표현이 과도하게 성욕을 자극시키고, 일반인의 정상적인 성적 정서를 해치

는 것이어서 건전한 성풍속이나 성도덕 관념에 반하는 것이라면, 그 포스터 등 광고물은 음화에 해당된다.

관련판례 및 법조문

□ 판 례 □
◎ 형법 제243조의 음란한 물건의 의미

형법 제243조의 음화 등의 반포등죄에 규정한 음란한 물건이라 함은 성욕을 자극하거나 흥분 또는 만족케 하는 물품으로서 일반인의 정상적인 성적 수치심을 해치고 선량한 성적 도의관념에 반하는 것을 가리킨다(대법 1987.12.22. 87도2331).

□ 법 령 □
◎ 형법 제243조

음화 등 반포등죄

고야의 나체화를 성냥갑에 축쇄하여 판매한 경우

 저는 어느날 미술전람회에 관람을 갔다가 그곳에서 고야의 나부(裸婦)라는 예술그림을 보고서 그것의 영인본을 샀습니다. 그리고 그 그림을 축소인쇄하여 성냥갑 표지에 넣어가지고 판매하였습니다. 저의 행위가 죄가 되나요?

답 귀하는 음화 등 반포·판매죄로 처벌된다.

유사사례

▣ 성교를 취급한 학술논문을 신문에 게재한 경우에도 음란성을 가질 수 있다는 독일 판례가 있다.

해 설 상대적 음란성이란 문서의 음란성은 문서의 내용 이외에 작자나 출판자의 의도, 광고·선전, 판매의 방법, 독자의 상황을 고려하여 상대적으로 판단하지 않으면 안된다는 이론이다. 이에 의하면 음란성이 인정되지 않은 예술작품이나 과학논문도 다른 방법으로 공개될 때 음란문서가 될 수 있다고 한다.

따라서 설문처럼 미술작품이라도 복제되어 일반에게 반포된 때에는 벌할 수 있게 된다. 음란성의 판단이 시대에 따라 변천할 수 있고 또 판단이 전체적인 고찰을 통하여 가능하다는 의미에서는 상대적이라고 할 수 있다.

관련판례 및 법조문

□ 판 례 □

◎ 명화인 나체화를 성냥갑 속에 넣어서 시판할 목적으로 복사 제조하거나 시판한 행위와 음화제조 판매죄의 성부

형법 제243조에 규정된 '음란한 도화'라 함은 일반 보통인의 성욕을 자극하여 성적 흥분을 유발하고 정상적인 성적 수치심을 해하여 성적 도의관념에 반하는 것을 가리킨다고 할 것이고, 이는 당해 도화의 성에 관한 노골적이고 상세한 표현의 정도와 그 수법, 당해 도화의 구성 또는 예술성·사상성 등에 의한 성적 자극의 완화의 정도, 이들의 관점으로부터 당해 도화를 전체로서 보았을 때 주로 독자의 호색적 흥미을 돋구는 것으로 인정되느냐의 여부 등을 검토·종합하여 그 시대의 건전한 사회통념에 비추어 판단하여야 할 것이며, 예술성과 음란성은 차원을 달리하는 관념이므로 어느 예술작품에 예술성이 있다고 하여 그 작품의 음란성이 당연히 부정되는 것은 아니라 할 것이고, 다만 그 작품의 예술적 가치, 주제와 성적 표현의 관련성 정도 등에 따라서는 그 음란성이 완화되어 결국은 형법이 처벌대상으로 삼을 수 없게되는 경우가 있을 수 있을 뿐이다(대법 2002. 8. 23. 2002 도 2889)

□ 법 령 □
◎ 형법 제243조

4. 유사사례

성범죄에 관한 유사사례 집중연구

특히, 여성독자를 위하여 성범죄에 관한 유사사례를 집중연구하고자 함.

질문 ▶ 여자가 여자를 강간했다면 어떻게 되나요?

답 강간죄의 주체는 남자인 것이 일반적이나 갑녀가 백치인 을남을 이용하여 간접적으로 병녀를 강간한 경우에는 갑녀는 의사결정능력이 없는 심신장애자인 을남을 자신의 범행의 도구로 이용한 간접정범으로서 강간죄가 성립할 수 있다. 왜냐하면 어느 행위로 처벌되지 아니하는 자를 이용하여 자신의 범행을 저지르는 것이 간접정범이며, 그 처벌도 교사 또는 방조의 예에 의해 처벌되기 때문이다(형법 제34조 제1항). 「범죄사실의 인식이 없는 타인을 이용하여 범죄를 실행케 한 자는 법률상 직접 공동정범으로 논할 수 없다 할지라도 간접정범으로 그 죄책을 지는 것이 당연하다.」

질문 ▶ 강간죄와 강제추행죄는 어디가 다른가요?

답 「강간과 강제추행은 폭행 또는 협박을 수단으로 하여 상대방의 자유의사를 억압하는 점에 있어서는 같은 것이나, 그 차이는 강간은 부녀를 간음할 목적으로 하는 것임에 반하여 강제추행은 사람에 대하여 추행을 목적으로 하는데 있다」(대법 1968.9.24. 68도 1039). 더군다나 여기서의 폭행 또는 협박의 정도는 강간의 경우 상대방의 저항을 억압할 정도를 요하나 강제추행은 그 정도까지는 요하지 않는 점에 차이가 있다.

질문 남편이 출장을 간 틈을 타서 밤에 甲男이 저의 침실에 들어와 잠결에 저의 남편으로 오인케 한 후 간음하였습니다. 이 경우에는 무슨 죄에 해당합니까?

답 이 경우를 나누어 생각해 보아야 한다.
먼저 잠에 취하여 의식이 없었다면 갑남에게 준강간죄가 성립한다. 그러나 남편으로 가장하여 오인케 한 후 간음하였다면 갑에게는 위계에 의한 혼인빙자간음죄가 성립하게 된다. 한편, 남편이 아닌 줄을 미리 알면서도 함께 성행위를 하였다면 두 사람에게는 간통죄가 성립하게 된다. 또한 남편의 입장에서 자식관계로 부인을 처벌하고 싶지 않으나 갑남을 처벌하고 싶다면 주거침입죄로 고소하면 된다(대법 1958.5.23. 4291형상117).
「아무리 남편이 없는 틈을 타서 그 남편으로 가장하고 침실에 들어갔다고 하지만, 그 뒤 성행위의 진행 도중에 두 사람 사이에 나눈 대화라든지 모든 정교상황을 종합해 볼 때 자기 남편으로 오인하였다고는 도저히 인정할 수 없으니 그들의 정교는 화간(和姦)이다」.

 저는 남편의 변태적이고 잦은 성교에 짜증이 납니다. 그러나 남편은 저의 몸상태는 아랑곳 하지 않고 매일 같이 요구합니다. 어제 밤에는 요구에 응하지 않자 남편은 저를 때려 변태적 행위를 했습니다. 이제는 더 이상 참을 수 없어 남편을 처벌받게 하고 싶은데요?

4. 유사사례   133

답 부부관계의 특수성을 고려하여 부부간에는 강간죄가 성립하지 않는다고 하는 것이 통설의 입장이다. 그러나 변태적인 행동으로 폭행하면서 자주 강간하듯 하는 성행위에 대해 강요죄로 고소하면 된다고 생각한다.

질문 언젠가 룸싸롱에 가서 술을 마시고 호스테스와 함께 호텔에 가서 잠을 잤습니다. 그리고 며칠 후에 보니 성병에 걸린 것을 알았습니다. 성병이 있다고 말하지 아니한 그녀가 괘씸하여 형사책임을 묻고자 하는데 가능한가요?

답 호스테스는 인체의 일부인 성기(性器)를 불량한 상태로 변경시켰기 때문에 그녀를 상해죄(형법 제257조 제1항)로 고소할 수 있다. 여기서 상해죄의 보호법익과 관련하여 상해의 의미에 관하여는 ① 생리적 기능의 훼손이라는 견해, ② 신체의 완전성을 침해하는 것이라는 견해, ③ 생리적 기능 및 신체의 외모에 대한 중대한 변화라는 견해가 대립하고 있다. 한편, 성병을 감염시킨 행위에 대하여는 형법상의 상해죄로 처벌할 수 있지만 보통은 윤락행위등방지법에 의하여 가중하여 처벌되게 된다(윤락행위등방지법 제18조).

질문 저는 오래 전부터 사랑하는 사람과 결혼을 전제로 동거 생활을 시작했는데 동거남의 부모가 사주를 보고 와서는 저를 역마살이 끼었을 뿐 아니라 가난하게 살거라면서 결혼을 반대하고 있고 동거남도 헤어지기를 바라는 눈치입니다. 이런 경우 만약에 결혼에 응해 주지 않으면 혼인빙자간음죄로 고소할 수 있나요?

답 혼인을 빙자하거나 기타 위계로써 음행의 상습이 없는 부녀를 간음함으로써 성립하는 것이 혼인빙자간음죄이다. 따라서 동거남이 처음부터 혼인할 의사가 없이 거짓으로 혼인하겠다고 말하였든가 혼인할 것 같은 태도를 보여 동거생활을 한 것이라면 본죄가 성립한다. 그러나 혼인할 생각을 가지고 동거생활을 시작했으나 애정이 식어 단순히 어떤 사정에 의해 혼인할 수 없게 된 경우에는 민사상의 문제는 몰라도 형사상은 본죄가 성립하지 않는다.

질문 평소 잘 지내던 이웃집 오빠가 갑자기 덤비길래 반항하였지만, 힘이 부족하였습니다. 목덜미에 키스자국이 생겼는데 처벌할 수는 없을까요?

답 키스자국이 피해자의 일상생활에 있어서 큰 지장을 주지 않고 사람의 건강을 해치는 정도가 아니라면 상해죄가 되지 않으나, 상당한 정도의 피하충혈을 가져오게 해서 인체의 생활기능에 장애를 주고 그 상처가 완치되려면 오래 걸리는 경우에는 상해죄가 될 수 있다.

판례에 따르면 「강간도중 흥분하여 피해자의 어깨를 입으로 빨아서 동전크기 정도의 반상출혈상이 생긴 경우 이는 인체의 생활기능에 장해를 주고 건강상태를 불량하게 변경하는 것이 아니어서 강간치상죄의 상해에 해당한다고 할 수 없다」(대법 1986.7.8. 85도2042).

질문 저는 A범죄의 혐의를 받고 B형사에게 불려갔습니다. 그 형사는 「나와 호텔에 한 번 가주면 잘 보아 줄 것이고 그렇지 않으면 구속하겠다」고 말하여 하는 수 없이 이에 정조를 제공하였습니다. 이 경우 형사에게 아무런 죄가 없나요? 그리고 만일 이 경우 제가 응하지 않으면 저는 정말로 구속되어지며, 한편 제가 응하지 않자 강제로 간음했다면 그 형사의 죄책은 어떻게 되나요?

답 뇌물의 대상에 정조제공도 포함되므로 B형사에게 수뢰죄가 성립되나, 강제로 간음한 경우에는 공무원의 가혹행위와 강간죄의 상상적 경합이 된다.

질문 저는 친구가 강간을 하는 현장을 보고 있었으며 직접 실행하지는 않았습니다. 저도 처벌을 받아야 되나요?

답 친구가 강간하려 함에 이를 제지하지 않고 단순히 방관한 경우에는 형법상 처벌되지 않는다. 다만, 강간하려 함을 공모한 후 망을 본 행위는 강간죄에 해당하게 된다. 한편, 「공범자 중 수인이 강간의 기회에 상해의 결과를 야기하였다면 다른 공범자가 그 결과의 인식이 없었더라도 강간치상죄의 책임이 없다고 할 수 없다」(대법 1984.2.14. 83도3120)

질문 저는 형부소개로 한 남자를 알게 되어 그의 덕택으로 그의 회사에 취직이 되었습니다. 어느 날 퇴근길에 우연하게도 그와 저는 레스토랑에 가서 저녁을 먹게 되었는데, 그는 저에게 사랑을 고백하고 자기는 상처(喪妻)하고 자식도 없으니 결혼하여 달라고 간청하면서 갑자기 저를 포옹하였습니다. 저는 한사코 반항하였으나 그의 힘에 못이겨 저의 귀중한 정조를 빼앗기고 말았습니다. 그 후 결혼식을 하고 살림을 하였는데, 어느 날 갑자기 본처가 나타나 저에게 온갖 모욕과 구타를 하더니 저를 간통죄로 고소하겠다고 위협을 하였습니다. 이런 일이 있은 후부터 남편은 잘 오지도 않고 생활비도 주지 않습니다. 이 경우 어떻게 하면 좋을까요?

답 귀하는 남편에게 호적상의 본처가 있다는 것을 알게 된 즉시 동거생활을 중지하면 간통죄의 책임이 없게 된다. 그러나 남편에게는 업무상 위력에 의한 간음죄, 혼인빙자간음죄가 성립할 수 있다. 그리고 민사상 손해배상책임도 면할 수 없다. 본처에게는 모욕죄, 폭행죄 및 경우에 따라 상해죄가 성립하고 민사상 손해배상책임도 발생한다고 생각한다.

 어느 날 제 남편이 간통한 사실을 알게 되었는데, 아이들 때문에 이혼하고 싶어도 이혼도 못하고 남편만 처벌하게 하여 사람다운 사람이 되었으면 합니다. 무슨 방법이 없나요?

답 간통죄로 고소가 가능하나 간통죄는 이혼을 전제로 하기 때문에 달리 방법이 없다.

질문 제가 바람을 피웠더니 저의 남편이 이혼하자고 하여서 이혼을 하기로 하고 별거중입니다. 그런데 남편은 가끔 저를 간통죄로 고소하겠다고 하면서 지난 일들까지도 추궁을 해 옵니다. 헤어지기로 한 마당에 왜 그같은 행동을 하는지 더 이상 참을 수가 없습니다. 어떻게 하면 좋겠습니까?

답 부부가 이혼에 합의했다면 호적상의 부부관계가 해소되기 전이라도 그 이후에 다른 이성과의 정교관계를 종용하는 의사표시가 포함되어 있는 것으로 볼 수 있을 것이다(대법 1977.10.11. 77도2701).

한편, 배우자에게 협의 이혼신고서에 서명날인하는 등 이혼합의가 내부적으로 성립한 때에는 앞으로 다른 이성의 정교관계를 종용하는 의사표시가 포함되었다고 할 것이다(대법 1991.3.22. 90도1188).

그러나 협의이혼의 확인이 있다하여 여기에 혼인생활중에 있었던 간통행위를 유서(宥恕)한다는 의사가 당연히 내포되어 있다고는 할 수 없다(대법 1986.6.24. 86도482).

질문 저의 집에 방이 남아 월세 20만원에 A녀에게 임대하여 주었습니다. 그런데 거의 매일같이 남자를 바꾸어 가면서 데리고와 석연치 않은 일을 하는 것을 알게 되었습니다. 그후 A녀는 경찰에 윤락행위방지법위반으로 연행조사를 받게 되었는데, 저의 경우도 죄가 되나요?

답 매음장소로 사용하도록 방을 빌려주면 매음을 시키기 위한 대실영업(貸室營業)으로서 윤락행위등방지법에 의하여 처벌을 받는다. 고의가 있어야 한다. 따라서 주택가이고 방세도 20만원으로서 터무니 없이 비싼 것이 아니라면, 매음목적으로 방을 빌려주었는지 여부에 대하여 수사기관에서 확증을 잡기가 어려울 것이다. 그러나 그 정을 전혀 모르고 방을 빌려 준 것이라고 완강히 부인하더라도 유죄의 증거는 결코 불가능한 것이 아닌 만큼 남녀관계가 문란한 사람에게는 방을 빌려 주지 않는 것이 자신을 위하여 좋은 일이라고 생각된다.

부부가 공모하에 재물의 욕심을 품은 남편이 자기의 처로 하여금 저와 상간(相姦)케 한 후 "돈을 내지 않으면 고소하겠다"고 협박하여, 하는 수 없이 돈을 주었습니다. 이런 경우에 저는 처벌을 받나요?

답   이른바 종용(慫慂)을 받은 경우에 해당하면 형법 제241조 제2항에 의거 간통죄로 고소할 수 없다. 부부는 공갈죄에 해당한다.

본처가 갑자기 나타나 그만 둘까 망설였으나 태아를 생각하여 첩 소리를 들으며 살았습니다. 본처도 이 점을 이해하여 한 집에서 본처와 함께 산 일도 있습니다. 그런데 아이를 낳은 후 본처는 돌연 남편과 제가 살고 있는 집에 와서 악을 쓰고 살림을 부수고 위자료 2,000만원을 주지 않으면 간통죄로 고소하겠다고 으름장을 놉니다. 가진 돈이 없어 이혼시키고 싶어도 하지 못하고 견딜 수가 없는 딱한 사정입니다. 제가 지금 남편과 살아온지가 2년 정도가 되었는데 간통죄가 가능한지요?

답   현재 동거하고 있는 이상 간통행위가 계속되고 있는 것이 되어 본처는 언제든지 간통죄로 고소할 수 있다. 첩이라는 지위를 청산하든지, 남편과 헤어질 수 없을 정도의 깊은 애정관계에 있다면 본 부인의 요구에 응하는 것이 좋다. 생각건대 2,000만원을 주고 지금의 남편과 자녀와 함께 행복하게 산다면 그것이 더 좋지 않을까 한다.

저는 시골에 사는데 남편과 사별하고 형편이 여의치 못하여 서울서 가정부나 할까하여 상경하였습니다. 서울역에서 어느 여인이

질문 ▶ 좋은 직장에 취직시켜 준다해서 따라가 보았더니 그 곳은 사창가였습니다. 저는 그곳에서 그만 일을 당하고 말았습니다. 소개해 준 여인이 원망스러워 처벌을 하고 싶은데요?

답 소개해 준 여인을 음행매개죄로 처벌할 수 있다. 특히, 다방·술집·요정 등에서 종업원에게 손님을 받도록 강권하여 간음시키는 경우에도 본죄가 성립한다.

질문 ▶ 고객들이 많이 다니는 혼잡한 대형백화점에서 약혼자와 키스를 하였는데 죄가 되나요?

답 사랑하는 남녀 사이의 애정의 표현으로서의 키스는 추행이 될 수 없고, 대중이 보는 데서 했다고 해서 선량한 풍속 기타 사회질서에 어긋나는 행위로 보느냐의 차이는 있겠으나, 법적으로 금지할 정도의 위법한 행동이라고 보기는 어려울 것이다. 그러나 여성의 저항을 억압해서 키스를 하면 강제추행죄가 될 것이다.

질문 ▶ 저는 망년회에 참석했다가 그 자리에서 알게 된 호스테스와 호텔에 간 일이 있습니다. 물론 인정상 몸값으로 수표를 떼어주었습니다. 그런데 나도 모르게 형사로부터 윤락행위를 했다고 조사를 받게 되었습니다. 저는 처벌을 받나요? 또 화대(花代)로 준 수표가 부도가 났는데 지급해야 합니까?

답 현실적으로 돈 있는 사람들이 여급(女給)이나 접대부를 데리고 나와서 정교를 하여도 대다수의 경우는 자유연애행위로서 덮어지기 때문에 좀처럼 매춘행위의 실증이 잡혀지지 않는다. 이처럼 실질상으로 매음이 외형상 연애라는 이름으로 횡행한다 해도 이를 근절시키기는 어렵기 때문에, 결국은 각자의 성도덕에 호소하는 수밖에 없는 실정이다.

그런데 윤락행위등방지법에서는 대가를 받거나 받기로 하고 성행위를 하는 여성과 그 상대 남성을 처벌하고 있는데, 여기서 여성

4. 유사사례

은 불특정 남성을 상대로 성행위를 하는 자라야 한다. 여기서 우리는 접대부를 다음과 같은 유형으로 나누어서 생각할 수 있다. 즉, ① 순수한 의미에서 고객의 접대에만 종사하다가 시간이 끝나면 자유시간을 가질 수 있고 특정한 남성 이외에는 성관계를 맺지 않는 부류, ② 접대부로서 시중을 들면서 때로는 주인의 권유로 혹은 자기 자신의 마음 내키는 대로 고객과 적당히 성관계를 하는 부류, ③ 매음을 주업으로 하는 명목상의 부류가 그것이다. 따라서 윤락행위방지법의 처벌대상이 되는 경우는 ②와 ③의 경우이기 때문에, 대가를 주고 성행위를 하였다고 하여도 접대부가 ②와 ③의 부류에 속하지 않는 한 윤락행위가 되는 것은 아니다. 바로 이 점이 이 법의 맹점이라고 하지 않을 수 없다.

다음으로 대가의 문제인데, 민법은 사회적 타당성을 잃은 행위는 무효로 하고 있고(민법 제103조), 또 불법한 원인으로 지급한 급부에 대하여는 그 반환청구권을 부정하고 있다(민법 제746조). 따라서 화대는 주지 않아도 무방하다. 그러나 인정상 몸값을 주었다면 이는 안 주어도 되는 것을 준 경우, 즉 불법원인급여가 되므로 이를 다시 자기에게 되돌려 줄 것을 요구할 수는 없게 된다.

부도가 난 수표금에 대하여는 이를 줄 필요도 없고, 갑도 이를 청구할 아무런 권원도 가지지 않는다. 그러나 갑이 수표금을 직접 청구하지 않고 배서하여 제3자에게 양도하였다면, 수표행위의 무인성(無因性)으로 인하여 종국적으로는 그 수표금에 대하여 책임을 질 수밖에 없을 것이다. 또 만약 그 수표에 대하여 부도를 낸다면 부정수표단속법에 의하여 처벌까지 받을 수도 있게 될 것이다.

한편, 폭행·협박을 가하여 성행위의 대가를 지불하지 않으면 공갈죄(형법 제350조)가 성립하게 된다(통설).

얼마 전 경부고속도로 안성휴게소에서 쉬고 있는데 「재미 있는 사진 있어요」하면서 음화를 파는 사람이 있었습니다. 이런 그림이나 비디오 필름을 팔아도 죄에 해당하지 않는가요? 산 사람은 어떻게 되나요?

답 파는 사람은 음화판매죄에 해당된다. 그리고 음화를 사는 사람에 대하여는 음화를 파는 사람의 행위에 가담하여 방조한 결과가 되므로 처벌해야 한다는 견해도 있으나, 통설에 의하면 처벌되지 않는다고 보고 있다.

질문 저는 정신박약자 여인 A를 간음하였습니다. 저는 무슨죄로 처벌되나요?

답 정신박약자를 간음하면 성폭력특별법으로 처벌되는 것이 아니라, 협법상 준강간죄로 처벌된다(대법원 1998. 3. 2 선고).

질문 저는 그녀를 강제추행하는 과정에서 젖가슴에 약 10일간의 치료를 요하는 좌상을 입히고 그 압통과 중창을 치료하기 위하여 주사를 맞고 3일간의 투약을 할 정도의 상처를 입혔습니다. 저는 무슨죄로 처벌되나요?

답 피해자는 위와 같은 상처로 인하여 신체의 건강상태가 불량하게 변경되었고 생활기능에 장애가 초래되었다 할 것이어서 이는 강제추행치상죄에 있어서의 상해의 개념에 해당된다(대법2000. 2. 11. 99도1791).

3
생명·신체·자유침해 범죄

생명 · 신체 · 자유침해범죄

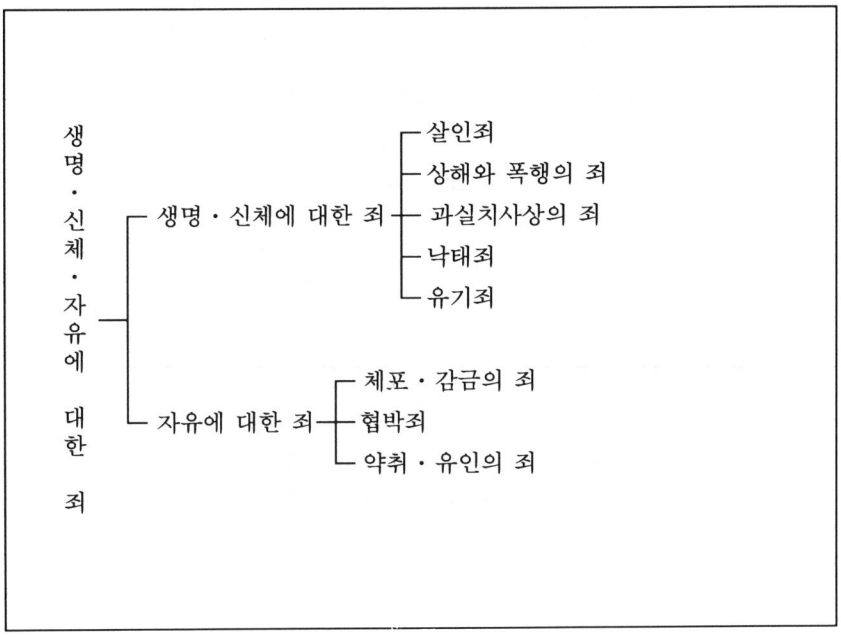

1. 살인의 죄

살인죄와 실행의 착수

**타인을 살해하려고 하였으나
제3자의 저지로 그 뜻을 이루지 못한 경우**

질문▶ 저는 격분하여 甲을 살해할 것을 마음먹고 밖으로 나가 웃방마루 밑 못그릇에 놓여있던 낫을 들고 들어오려고 하였으나, 乙 등이 이를 제지하자 그 틈을 타서 갑이 뒷문으로 도망을 하여 살인의 목적을 이루지 못한 경우 저의 행동은 처벌받나요?

답 귀하가 낫을 들고 갑에게 접근하여 살인의 실행행위에 착수하였으나 을의 제지로 장애미수에 그쳤다고 봄이 타당하다.

─유사사례─
◈ 적어도 죽지는 않는 소량의 독약으로 사람을 살해하려고 한 경우
◈ 해당 피해자에게 치사량 미달이었지만 일반적으로 사람을 살해할 수 있는 경우

해설 살인죄는 침해범이므로 살해행위로 사망의 결과가 발생한 때에 기수가 된다. 행위와 결과사이에는 인과관계가 있어야 한다. 그렇지 않을 때에는 이 죄의 미수범이 성립할 뿐이다. 그렇다고 그 행위가 사망의 유일한 원인일 필요는 없다.

범인이 자의로 실행에 착수한 행위를 중지하거나 그 행위로 인한 결과

의 발생을 중지한 때에는 형을 감경 또는 면제한다(형법 제26조). 따라서 위의 미수범은 장애미수인지 중지미수인지가 중요한 구별문제로 된다. 결국 Frank의 공식에 의거 "나는 원하나, 할 수 없는"이면 장애미수, "할 수 있으나, 원치 않는다"면 중지미수이다.

관련판례 및 법조문

□ 판 례 □
◎ **살인의 실행행위에 착수하였다고 본 사례**
 피고인이 격분하여 피해자를 살해할 것을 마음먹고 밖으로 나가 낫을 들고 피해자에게 다가서려고 하였으나, 제3자가 이를 제지하여 그틈을 타서 피해자가 도망함으로써 살인의 목적을 이루지 못한 경우, 피고인이 낫을 들고 피해자에게 접근함으로써 살인의 실행행위에 착수하였다고 할 것이므로 이는 살인미수에 해당한다(대법 1986.2.25. 85도2773).

□ 법 령 □
◎ 형법 제254조

살인죄의 고의

음주상태에서 차량탈취와 그 탈취차량의 운행으로 타인을 사망에 이르게 한 경우

질문▶ 저는 시위대원 3명과 같이 시내버스를 탈취한 후, 술에 취한 채 탈취한 버스를 운전하다 시위대를 진압하기 위해 차도를 차단하여 포진하고 있는 충남경찰국 기동대원을 향하여 시속 50킬로미터의 속력으로 돌진하였습니다. 이 때 차도에서 인도쪽으로 피하는 대원들을 따라 일부러 핸들을 우측으로 틀면서 돌진하여 위 버스 전면차체 부위로 피해자들을 들이받아 쓰러뜨려 대원 중 갑

3. 생명・신체・자유침해범죄

을 두개골 골절 등으로 사망케 하였습니다. 저의 경우 어떤 죄로 처벌받나요?

답 귀하의 경우는 미필적 고의에 의한 살인죄의 죄책을 면치 못한다.

─(유사사례)─

◈ 타인과 싸우면서 칼을 휘둘러 목을 찌르면 그 부분이 신체의 중요부분이며, 생명과 직결될 수 있고 죽음의 결과를 가져오리라는 인식이 있을 경우

해설 일반적으로 살인죄가 성립하기 위해서는 주관적 구성요건으로 고의가 있어야 한다. 고의의 내용은 객관적 구성요건요소인 사람을 살해한다는 사실에 대한 인식・인용이다. 반드시 확정적 고의일 필요는 없고 사망이라는 결과발생을 인용하는 미필적 고의로도 충분하다.

판례는 "자기행위로 인해 타인의 사망결과를 발생시킬만한 가능성 또는 위험성이 있음을 인식・예견하면 충분하고, 사망의 결과발생 또는 그것에 대한 희망은 필요치 않다. 그 인식・예견이 불확정적이더라도 소위 미필적 고의가 된다."고 하여 미필적 고의를 인정하고 있다(대법 1988.2. 9. 87도2564).

─(관련판례 및 법조문)─

□ 판 례 □
◎ 가. 살인죄에 있어서의 범의
　나. 시내버스로 사람을 사망케 한 운전자에 대하여 살인의 범의를 인정한 사례
　가. 살인죄에 있어서 범의는 자기의 행위로 인하여 타인의 사망의 결과를 발생시킬 만한 가능 또는 위험이 있음을 인식 또는 예견하면 족한 것이고 사망의 결과발생 또는 희망할 것은 필요치 않으며, 그 인식 또는 예견은 불확정적인 것이라도 소위 미필적 고의가 있다고 보아야 할 것이다.

나. 시내버스로 사람을 사망케 한 운전자에 대하여 살인의 범의를 인정한 사례(대법 1988.6.14. 88도692).

□ 법 령 □
◎ 형법 제250조 제1항

살인죄의 위법성조각사유

장기간 정조를 유린당한 자가 친구를 도와 의붓아버지를 살해한 경우

질문▶ 12살때부터 의붓아버지에게 정조를 유린당해온 저희 친척 甲은 남자친구 乙과 함께 의붓아버지 丙을 죽이기로 작정하고, 그가 술에 취해 잠들어 있는 동안 그의 양팔을 눌러 꼼짝 못하게 한 후 피해자 丙이 제대로 반항할 수 없는 상태에서 친구 乙이 식칼로 그의 심장을 찔러 살해하였던 것입니다. 甲, 乙은 어떤 죄로 처벌받나요?

답 갑, 을의 행위가 설령 공격의사로 행해진 것이 아니라도, 즉 방위목적으로 한 것이라도 정당방위가 되지 않는다. 따라서 상당성이 없으므로 정당방위 행위로 인정할 수 없어 을은 형법 제250조 제1항의 보통살인죄로, 갑은 그의 교사범으로 처벌될 것이다.

─(유사사례)─

● 전투경찰대원인 갑은 상관의 다소 심한 기합에 격분하여 총을 발사하여 그 상관을 살해한 경우

[해설] 형법에 나타난 위법성조각사유 가운데 피해자의 승낙과 긴급피난은 살인죄에 적용되지 않는다. 왜냐하면 생명이라는 법익의 특수성과 생명은 처분할 수 있는 법익이 아니기 때문에 피해자의 승낙을 받고 살해한 경우에도 촉탁·승낙살인죄(형법 제252조 제1항)에 해당된다. 그리고 생명은 다른 법익(생명을 포함한)과 비교함이 불가능한 법익이므로 긴급피난에 의한 위법성조각의 여지가 없다. 물론, 경우에 따라서 책임이 조각되는 경우는 있을 것이다.

정당방위는 아무런 제한 없이 살인죄에 적용된다. 정당방위 상황에서 행한 살해행위는 위법성을 조각한다. 정당행위로서 위법성이 배제되는 경우로는 군인의 전투행위, 교도관의 사형집행행위 그리고 경찰관의 총기사용(경찰관직무집행법 제11조)에 따른 경우를 생각해 볼 수 있다. 정당방위가 성립하려면 반드시 상당성이 있어야 하는데, 이른바 이 상당성은 일반국민의 도의관념 및 법감정에 합당한 그 무엇을 말한다. 그러나 설문의 경우에는 상당성이 없으므로 정당방위행위로 보기어렵다.

──── 관련판례 및 법조문 ────

□ 판 례 □
◎ 가. 정당방위의 성립요건
  나. 의붓아버지의 강간행위에 의하여 정조를 유린당한 후 계속적으로 성관계를 강요받아 온 피고인이 상피고인과 사전에 공모하여 범행을 준비하고 의붓아버지가 제대로 반항할 수 없는 상태에서 식칼로 심장을 찔러 살해한 행위는 사회통념상 상당성을 결여하여 정당방위가 성립하지 아니한다고 본 사례
  다. 심신장애의 유무 및 정도에 관한 판단방법
  가. 정당방위가 성립하려면 침해행위에 의하여 침해되는 법익의 종류, 정도, 침해의 방법, 침해행위의 완급과 방위행위에 의하여 침해될 법익의 종류, 정도 등 일체의 구체적 사정들을 참작하여 방위행위가 사회적으로 상당한 것이어야 하고, 정당방위의 성립요건으로서의 방위행위에는 순수한 수비적 방위뿐 아니라 적극적 반격을 포함하는 반격방어의 형태도 포함되나, 그 방어행위는 자기 또는 타인의 법익침해를 방어하기 위한 행위로서 상당

한 이유가 있어야 한다.

나. 의붓아버지의 강간행위에 의하여 정조를 유린당한 후 계속적으로 성관계를 강요받아 온 피고인이 상피고인과 사전에 공모하여 범행을 준비하고 의붓아버지가 제대로 반항할 수 없는 상태에서 식칼로 심장을 찔러 살해한 행위는 사회통념상 상당성을 결여하여 정당방위가 성립되지 아니한다.

다. 형법 제10조 소정의 심신장애의 유무 및 정도를 판단함에 있어서 반드시 전문인의 의견에 기속되어야 하는 것은 아니고 범행의 경위, 수단, 범행 전후의 피고인의 행동 등 기록에 나타난 제반자료와 공판정에서의 피고인의 태도 등을 종합하여 법원이 독자적으로 판단할 수 있다(대법 1992. 12.12. 92도2540).

□ 법 령 □
◎ 형법 제250조 제1항

존속살해죄

버려진 아이를 주워다 길렀더니 그 애가 커서 길러준 엄마를 살해한 경우

질문▶ 저는 저의 집 문전에 버려진 생후 몇 시간밖에 되지 않은 영아 甲을 주워다 기르고 저와 처 사이에 난 친생자인 것처럼 출생신고를 하였습니다. 이 때 성인으로 성장한 갑이 제 처 乙을 살해하였습니다. 이에 甲은 보통살인죄로 처벌받나요?

답 갑과 피해자 을 사이에 모자관계를 인정할 수 없기 때문에 존속살인죄가 되지 않는다.

3. 생명·신체·자유침해범죄

> **유사사례**
>
> ◆ 양자가 실친을 살해한 경우(다른 집에 입양하더라도 실부모와 친자관계는 그대로 존속하므로 존속살해죄로 된다.)

해 설 　존속살해죄(형법 제250조 제2항)의 존속은 법률상의 개념이기 때문에 사실상의 직계존속은 여기에서 제외된다. 사실상 부자관계가 있더라도 법적인 인지절차를 거치지 않은 한 직계존속으로 볼 수 없다. 그러나 특별한 관계가 없는 타인이라 할지라도 합법절차로 입양관계가 성립하면 직계존속이다. 따라서 양자가 양친을 살해하면 존속살해죄가 된다.

그러나 법률상 개념이라고 하여 반드시 호적의 기재가 그 기준이 되는 것은 아니다. 민법의 친자관계만 있으면 된다. 따라서 혼인 외 출생자와 생모 사이에는 이 죄가 성립하고 생부는 인지절차가 있어야 한다.

설문의 경우, 갑이 을의 친생자가 아닌 것은 분명하고 당사자간에 양친자관계를 창설하려는 명백한 의사를 확인할 수 없다. 이런 의사가 있고 기타 입양조건이 모두 구비된 경우에 입양신고 대신 출생신고를 하였으면 입양효력이 있는 것으로 해석할 수 있다.

관련판례 및 법조문

☐ 판 례 ☐
◎ 개구멍받이를 친생자로 출생신고하여 양육한, 사실상의 모가 존속인지의 여부
피살자(여)가 그의 문전에 버려진 영아인 피고인을 주어다 기르고 그 부와의 친생자인 것처럼 출생신고를 하였으나, 입양요건을 갖추지 아니하였다면 피고인과의 사이에 모자관계가 성립될리 없으므로, 피고인이 동녀를 살해하였다고 하여도 존속살인죄로 처벌할 수 없다(대법 1981.10.13. 81도2466).

☐ 법 령 ☐
◎ 형법 제250조 제2항

보복살인죄

자신을 강간한 사실을 부모에게 알리겠다고 한 부녀자를 살해한 경우

[질문] 저의 친구 甲은 乙을 2회 강간하여 2주간 치료를 요하는 질입구 파열창을 입힌 다음 乙에게 용서를 구하였으나, 乙이 이에 불응하면서 위 강간사실을 부모에게 알리겠다고 하자, 甲은 乙을 살해하여 위 범행을 은폐시키기로 마음먹고 철사줄과 양손으로 乙의 목을 졸라 질식, 사망케하였습니다. 甲은 어떠한 죄로 처벌받게 되나요?

[답] 강간치상죄와 보복살인죄의 경합범이 된다.

(유사사례)

◉ 강간고소인을 출소 후 찾아가 살해하고 도주하다가 자살하였다(1994. 11.15.경 사건).

[해설] 특정범죄가중처벌등에관한법률 제5조의 9 제1항에 따르면 「자기 또는 타인의 형사사건의 수사 또는 재판과 관련하여 고소·고발 등 수사단서의 제공, 진술·증언 또는 자료제출에 대한 보복이나 그렇게 하지 못하게 할 목적 또는 고소·고발을 취소하게 하거나 허위의 진술·증언·자료제출을 하게 할 목적으로 살인한 경우에는 사형, 무기 또는 10년 이상의 징역에 처한다」고 규정하고 있다. 최근 잇따라 일어나고 있는 사건에 관하여 국민의 관심이 모아지고 있다.

3. 생명·신체·자유침해범죄

―― 관련판례 및 법조문 ――

□ 판 례 □
◎ 강간치상을 범한 자가 범행의 은폐를 위하여 피해자를 살해한 경우, 동인의 죄책

피해자를 2회 강간하여 2주간 치료를 요하는 질입구파열창을 입힌 자가 피해자에게 용서를 구하였으나, 피해자가 이에 불응하면서 위 강간사실을 부모에게 알리겠다고 하자 피해자를 살해하여 위 범행을 은폐시키기로 마음 먹고 철사줄과 양손으로 피해자의 목을 졸라 질식 사망케 하였다면, 동인의 위와 같은 소위는 강간치상죄와 살인죄의 경합범이 된다(대법 1987. 1.20. 86도2360).

(그러나, 지금은 1990.12.31. 특정범죄가중처벌등에관한법률 제5조의 9 제1항이 신설되어 강간치상죄와 보복살인죄의 경합범이 된다.)

자살방조죄

분신자살의 실행을 용이하게 도와주고 유서를 작성해 준 경우

질문▶ 저는 분신자살을 하겠다는 생각을 갖고 있는 사람 乙에 대해, 그 실행을 용이하게 도와주겠다는 의도로 유서를 대신 작성하여 주고, 유서내용에 의해 사후문제를 책임진다는 것을 암시하는 방법으로 분신자살의 실행을 용이하게 도와주었습니다. 저의 경우도 죄가 되나요?

답 자살방조죄에 해당된다.

1. 살인의 죄

(유사사례)

◆ 자살하기 위해 치마끈으로 목을 졸라 그 실행중에 있는 사람을 도와 자살을 용이하게 한 경우

[해 설] 자살교사·방조죄는 살인죄에 대한 감경요건이다. 감경하는 이유는 자기가 직접 살해행위를 하지 않고 타인을 교사 또는 방조하여 자살하게 하였기 때문이다. 자살관여죄라고도 한다.

다만, 형법은 자살을 처벌하지 않는다. 따라서 자살은 종교적 범죄는 될 수 있을지라도 형법상의 범죄는 되지 않는다. "사람의 살해"(형법 제250조 제1항)에서 '사람'은 자기 이외의 타인을 의미하고, 자기 스스로 생명을 끊는 것은 여기에 포함되지 않는다.

자살교사는 자살의사가 없는 자에게 자살을 결의하게 하는 것을 말한다. 그 수단·방법에는 제한이 없고, 명시적인 것 뿐만 아니라 암시적인 방법도 가능하다. 그러나 위계·위력에 의한 방법을 쓰면 형법 제253조의 죄가 성립한다. 자살방조는 이미 자살을 결의한 자가 자살을 쉽게 할 수 있도록 도와주는 것을 말한다. 물질적·정신적·유형적·무형적 방법 등 어느 것이라도 상관없다.

(관련판례 및 법조문)

□ 판 례 □
◎ 가. 형법 제252조 제2항의 자살방조죄의 구성요건 및 그 방법
나. 분신자살을 하겠다는 생각을 갖고 있는 사람에 대하여 그 실행을 용이하게 도와주겠다는 의도로 1991.4.27.경부터 같은 해 5.8.까지의 어느 날에 서울 어느 곳에서 유서 2장을 작성하여 줌으로써 유서내용에 의하여 암시하는 방법으로 분신자살의 실행을 용이하게 도와주어 자살을 방조하였다는 공소사실은 자살방조죄의 공소장 기재로서 적법하다고 한 사례
다. 공소사실에 일시와 장소로서 "1991.4.27.경부터 같은 해 5.8.까지의 어느 날 서울 어느 곳에서"로 되어 있고, 유서 작성의 방법에 관하여 구체적인 기재가 없다 하더라도, 위 공소사실은 특정되어 있다고 봄이 상당하

고, 위 기재만으로는 현장부재 등의 증명 또는 방어권 행사에 장애를 초래한다고 단정할 수 없다고 한 사례

　라. 분신자살한 경위, 증거물인 수첩, 업무일지, 메모지 등이 피고인에 의하여 사후에 조작되었다는 점, 분신자살 전후에 나타난 피고인의 행적 및 진술 등에 비추어 피고인은 망인의 자살하려는 정을 알고 그 유서를 대필해 주었으며, 그 후 그 사실을 은폐하려 한 것이라고 보아 자살방조의 범죄사실을 인정한 사례

　가. 형법 제252조 제2항의 자살방조죄는 자살하려는 사람의 자살행위를 도와주어 용이하게 실행하도록 함으로써 성립되는 것으로서, 그 방법에는 자살도구인 총·칼 등을 빌려주거나, 독약을 만들어 주거나, 조언 또는 격려를 한다거나 기타 적극적·소극적·물질적·정신적 방법이 모두 포함된다.

　나. 공소사실은, 피고인은 망인이 공소장에 기재된 상황에서 분신자살을 하겠다는 생각을 갖고 있음을 알고 그 실행을 용이하게 도와주겠다는 의도로 1991.4.27.경부터 같은 해 5.8.까지의 어느 날에 서울 어느 곳에서 리포트 용지에 검은 색 사인펜으로 유서 2장을 작성하여 줌으로써 유서내용에 의하여 위 망인에게 그의 분신자살이 조국과 민족을 위한 행위로 미화될 것이며 사후의 장례의식을 포함한 모든 문제도 전국민족민주운동연합에서 책임진다는 것을 암시하는 방법으로 분신자살의 실행을 용이하게 도와주어 망인의 자살을 방조하였다는 내용이므로, 이는 결국 적극적·정신적 방법으로 자살하려는 사람에게 자살의 동인과 명분을 주어 자살을 용이하게 실행하도록 하였다는 것으로서 자살방조죄에 해당되는 공소임이 명백하여 공소장에 자살방조죄가 될 만한 사실이 포함되지 아니하였다고는 볼 수 없다.

　다. 공소사실에 일시와 장소로서 "1991.4.27.경부터 같은 해 5.8.까지의 어느 날 서울 어느 곳에서"로 되어 있고, 유서 작성의 방법에 관하여 구체적인 기재가 없다 하더라도, 유서 대필 여부가 문제로 되는 한, 이는 자살자와 유서 대필자 사이에 일어난 일이어서, 결국 그 유서가 대필되었는지 여부가 그 범죄성립의 핵심을 이루는바, 이처럼 자살이 이미 실행되어 버렸고 그 유서가 압수되어 특정되어 있는 경우, 그 일시와 장소는 범죄의 동일성 인정과 이중기소 방지, 시효저촉 여부, 토지 관할을 가름할 수 있는 범

위에서 그 유서대필사실을 뒷받침할 수 있는 정도로만 기재되어 있으면 충분하므로, 위 공소사실은 특정되어 있다고 봄이 상당하고, 따라서 위와 같은 정도의 기재만으로는 현장부재 등의 증명 또는 방어권 행사에 장애를 초래한다고 단정할 수 없다.

라. 망인의 분신자살경위, 증거물인 수첩, 업무일지, 메모지 등이 피고인에 의하여 사후에 조작되었다는 점, 망인의 분신자살 전후에 나타난 피고인의 행적 및 진술 등에 비추어 피고인은 망인이 자살하려는 정을 알고 그 유서를 대필해 주었으며 그 후 그 사실을 은폐하려는 것이라고 보아 자살방조의 범죄사실을 인정함(대법 1992.7.24. 92도1148).

□ 법 령 □
◎ 형법 제252조 제1항

존엄사(소극적 안락사)

의사의 가망 없는 환자에 대한 호흡기 제거 행위

 저는 A종합병원에 근무하는 의사로서 삶의 가망 없는 환자 甲에 대하여 호흡기를 제거하여 甲이 죽도록 했습니다. 피해자의 가족들은 저더러 사람을 죽였다고 하는데, 이 경우 제가 처벌되나요?

답 일정한 요건하에서 위법성이 조각되어 죄가 되지 않는다.

── 유사사례 ──
◈ 가망 없는 환자에 대하여 치료중단을 하는 경우

해 설 깨어날 가망이 없는 식물상태의 인간에게 차라리 인간답게 죽음을 맞이할 수 있도록 생명연장의 조치를 중단하는 것은 존엄사 내지 소극적 안락사라고 말한다. 이는 ① 환자에게 고통이 없고 존엄한 죽음이 목적이며, ② 환자에게 자기결정의 여지가 없고, ③ 사기가 임박해 왔다고 할 수 없으나, ④ 의사가 극한적인 상태에서 격심한 육체적 고통에 시달리는 환자의 의사에 반하여 의사가 그 생명을 연장시키는(고통을 연장시키는) 조치를 해야 할 의무는 없다고 할 것이므로 위법성의 조각이 더욱 용이해 진다.

---관련판례 및 법조문---

□ 법 령 □
◎ 형법 제250조, 형법 제20조(정당행위)

살인예비 · 음모죄

권총을 주면서 사람을 살해하라고 했으나 실행에 옮기지 않은 경우

질문 저의 친구 甲은 乙에게 권총을 건네 주면서 사람을 살해하라고 하였다. 그런데 乙은 범죄실행결의를 하지 않았고 아무도 살해하지 않았습니다. 이 경우에는 죄가 되나요?

답 살인예비죄를 구성한다. 왜냐하면 권총을 건네주면서 사람을 살해하라고 한 것은 실행행위에 대한 객관적 준비행위가 되기 때문이다.

---유사사례---

◆ 간첩 갑은 간첩활동을 방해하는 자를 살해할 목적으로 권총을 휴대하고 남하하였다. 그런데 갑은 살해대상인물을 결정하기도 전에 체포되고 말

왔다. 이 경우는 살인예비죄가 성립되지 않는다(대법 1959.7.11. 4292형상154).

[해 설] 살인예비·음모죄는 보통살인죄, 존속살해죄, 위계·위력에 의한 살인죄를 범할 목적으로 예비·음모함으로써 성립한다.

예비는 실행의 착수에 이르지 않은 범죄실행의 물적 준비행위를 말한다(실행의 착수가 있으면 미수 이상의 단계로 넘어간다). 범죄실행의 의사와 함께 준비행위가 실행행위를 객관적으로 가능하게 하거나 용이하게 하는 성질이 있어야 한다.

음모는 2인 이상이 범죄를 공모하는 심리적 준비행위를 말한다.

이 죄의 주관적 구성요건으로서 준비행위에 대한 인식과 함께 형법 제250조와 제253조의 죄를 범할 '목적'이 있어야 한다. 조건부 목적이라도 상관없으나, 살해대상은 구체적으로 특정되어 있어야 할 필요가 있다.

―【 관련판례 및 법조문 】―

□ 판 례 □
◎ 교사의 미수(실패한 교사)
권총 등을 교부하면서 사람을 살해하라고 한 자는 피교사자의 범죄실행 결의의 유무와는 관계없이 그 행위 자체가 독립하여 살인예비죄를 구성한다(대법 1950.4.18. 4283형상10).

□ 법 령 □
◎ 형법 제255조

정사(情死)

합의 정사키로 하였으나 한 사람이 살고 나머지 사람은 죽은 경우

[질문] 저는 저의 애인 乙과 함께 부모님이 반대하는 결혼에 합의하여 합의정사키로 마음먹고 쥬스잔에 수면제 가루를 넣어 같이 마셨습니다. 그래서 乙은 죽고 저만 살아남았습니다. 저의 경우 처벌되나요?

[답] 자살방조죄로 처벌된다.

유사사례

◉ 동반자살을 기도한 사람이 모두 죽으면 문제가 없으나, 한 사람이 살아남은 경우에는 경우에 따라 자살교사 또는 자살방조죄가 성립한다.

[해설] 설문에서 귀하는 을의 제의에 따라 자살에 합의하고 함께 결행함으로써 을의 자살의지를 강화하여 그 실행을 방조한 것으로도 볼 수 있으므로 귀하는 자살방조죄의 책임을 진다고 보아야 한다.

관련판례 및 법조문

□ 판 례 □
◎ 자살도중의 가공과 살인죄 성립 여부
　피해자가 자살도중이라도 이에 가공하여 살해의 목적을 달한 경우에는 살인죄가 된다(대법 1948.5.14. 4281형상38).

□ 법 령 □
◎ 형법 제252조 제2항

살인죄와 피해자 진술

고문에 의한 허위진술서가 공판정
에서 증거로서 효력이 있는지 여부

질문▶ 저는 살인용의자로 연행된 후 지독한 고문을 견딜 수 없어 담당 형사가 불러주는 대로 살인의 범행을 자백하는 내용의 진술서를 자필로 쓰고 서명한 후 손도장을 찍었습니다. 저는 살인죄로 기소되었으며 공판정에서 공소사실을 부인한 바 있습니다. 담당형사는 공판정에 증인으로 나와 고문한 사실이 없다고 증언하고 있으며 고문당한 사실의 입증이 불가능한 상태입니다. 위 진술서가 증거로서 효력을 갖게 되나요?

답 그 진술서의 증거능력은 부정된다.

―유사사례―

◉ 피의자에게 진술거부권이 있음을 고지하지 않고서 받아낸 자백은 증거능력이 없다.

해설 경찰수사 단계에서 수사경찰관의 요구로 피의자 자필로 작성한 자백진술서의 증거능력에 관해서 형사소송법 제313조 제1항이 적용된다고 해석하는 경우에는 귀하가 작성한 자백진술서가 유죄의 증거로 채택될 여지가 많다. 여기서 증거능력이란 증거로서 사용될 수 있는 자격을 말한다. 그 진술서는 피의자의 자필이고 서명·무인도 진정하여 성립의 진정이 증명되었고(형사소송법 제313조 제1항) 그 진술서가 특히 신빙(信憑)할 수 있는 상태에서 작성하였느냐 여부는 법관의 자유심증에 속한 문제이기 때문이다. 이는 전문법칙(형사소송법 제310조의 2 : 전문증거에 증거능력을 인정하지 않는 법칙)의 예외로서의 기능을 하고 있다.

그러나 1982년 9월 14일 김시훈 사건에 대한 대법원 판결은 경찰수사

단계에서 사법경찰관의 요구로 작성된 피의자진술서의 증거능력에 관해서는 형사소송법 제312조 제2항이 적용되어야 한다고 판시하여 종래의 대법원 판례를 변경하였다.

따라서 귀하가 공판정에서 피의자진술서에 기재된 자백을 부인(否認)하는 경우에는 그 자백의 임의성·신용성 유무를 불문하고 그 진술서의 증거능력이 부정된다.

【 관련판례 및 법조문 】

□ 판 례 □
◎ 사법경찰관에 의한 신문 과정에서 피의자에 의하여 작성 제출된 진술서의 증거 능력

증거능력의 부여에 있어서 검사 이외의 수사기관 작성의 피의자신문조서에 엄격한 요건을 요구한 취지는 그 신문에 있어서 있을지도 모르는 개인의 기본적 인권보장의 결여를 방지하려는 입법정책적 고려라고 할 것이고, 피의자가 작성한 진술서에 대하여 그 성립만 인정되면 증거로 할 수 있고, 그 이외에 기재내용의 인정이나 신빙성을 그 요건으로 하지 아니한 취지는 피고인의 자백이나 불이익한 사실의 승인은 재현불가능이 많고 또한 진술거부권이 있음에도 불구하고 자기에게 불이익한 사실을 진술하는 것은 진실성이 강하다는데에 입법적 근거를 둔 것이다. 따라서 위와 같은 형사소송법 규정들의 입법취지 그리고 공익의 유지와 개인의 기본권의 보장이라는 형사소송법의 기본이념들을 종합고찰하여 볼 때, 사법경찰관이 피의자를 조사하는 정도에서 형사소송법 제244조에 의하여 피의자신문조서에 기재됨이 마땅한 피의자의 진술내용을 진술자의 형식으로 피의자로 하여금 기재하여 제출케 한 경우에는 그 진술서의 증거능력 유무는 검사 이외의 수사기관이 작성한 피의자신문조서와 마찬가지로 형사소송법 제312조 제2항에 따라 결정되어야 할 것이고 동법 제313조 제1항 본문에 따라 결정할 것이 아니다.

(다수의견)

실체적 진실의 발견은 법관의 자유로운 증거판단에 맡겨진 것이며 이와 같은 증거법상의 기본원칙인 자유심증주의를 제한하는 규정은 자유심증주

의의 뜻과 효율성을 십분 살릴 수 있는 범위에서 특히 제한적으로 엄격히 해석해야 하고 그 규정의 본질을 벗어나서 입법취지나 목적에 반할 수 없는 것인바, 형사소송법 제313조 제1항 소정의 진술서 등은 동법 제12조 소정의 조서보다 소위 신용성의 정황적 보장이 강하여 그 내용의 진실성이 앞서며 한편으로는 재현이 불가능할 경우가 많다는 점이 이들을 달리 규정하는 이유이며 위 진술서는 피고인이 된 후에 작성되었거나 피의자로서 작성되었거나 또는 그 이전에 작성된 것인가를 불문하고 또 그 작성된 장소가 어디이고 누구의 면전에서 작성된 것인가를 가리지 않는다고 해석할 것이므로 다수의견과 같이 경찰에서 피의자 신문조서가 작성되는 기회에 작성되었다는 사정만으로 그 증거능력을 부인하는 것은 아무리 제한적인 해석이라 하여도 위 명문규정에 반함은 물론 위 규정은 이론적, 역사적 배경 등을 도외시하여 입법근거 및 입법취지에도 어긋나는 것이다.

(별개의견)—생략—(대법 1982.9.14. 82도1479, 전원합의체 판결).

□ 법 령 □
◎ 형사소송법 제312조 제2항, 제313조 제1항, 형법 제250조

부작위에 의한 살인죄

죽어가는 남편을 구호하지 않은 부인의 행위

 부인 甲은 남편이 수면제를 많이 먹고 죽어가는 것을 발견했으나 아무 구호조치도 하지 않았습니다. 甲의 행위가 죄가 되나요?

답 살인죄가 성립되지 않는다.

유사사례

◆ 살해의 의사로 10세인 조카를 위험한 저수지로 유인하여 조카가 물에 빠지자 구호하지 아니한 채 방치한 행위는 부작위에 의한 살인행위이다.

[해 설] 살해는 고의로 사람의 생명을 단절시키는 행위이다. 따라서 사람을 단지 사망에 이르게 하는 과실치사나 상해치사·폭행치사 등과 구별된다.

살해의 수단·방법에는 제한이 없다. ① 유형적 방법(타살·독살·자살(刺殺)·사살·교살 등), ② 무형적 방법(정신적 고통이나 충격에 의한 살해), ③ 직접적 방법, ④ 간접적 방법(간접정범에 의한 경우)을 묻지 않는다. 행위에 의한 경우가 대부분이겠으나 부작위에 의해서도 얼마든지 가능하다(유아, 감금된 자를 돌보아야 할 보증인적 지위에 있는 자의 부작위). 여기서 부작위란 아무것도 하지 않는 것을 말하나, 형법상은 무엇인가 요구되는 그 무엇을 하지 않는 것을 의미한다고 보겠다.

설문의 경우, 자살자가 행위무능력상태에 빠지게 된 시점부터는 보증인인 부인에게 작위의무가 발생하고 따라서 부인에게는 부작위살인행위가 인정된다고 하고 있으나(BGHST. 13, 166 독일연방대법원판결) "자살자의 자유책임에 의한 결정"이 있다는 점에서 생명을 보존할 보증인인 부인에게 구호조치를 할 법적 의무는 없다고 봄이 마땅하다.

관련판례 및 법조문

□ 법 령 □
◎ 형법 제250조, 제18조

영아살해죄(嬰兒殺害罪)

강간으로 임신한 후 치욕을 은폐하기 위해 분만중 영아를 살해한 경우

질문 ▶ 저는 강간으로 임신하였고 시병원에서 분만하였는데 그 치욕을 은폐하기 위해서 고민 끝에 목을 눌러 아이를 죽였습니다. 이 경우 저는 어떠한 죄로 처벌받나요?

답 영아살해죄로 처벌된다.

───(유사사례)───

◈ 임신 후 분만(해산)때에 아기 낳아 보았자 경제적으로 기를 가망이 없어 살해한 경우

해설 직계존속이 치욕을 은폐하기 위하거나 양육할 수 없음을 예상하거나 특히 참작할 만한 동기로 인하여 분만중 또는 분만직후의 영아를 살해한 경우가 바로 영아살해죄다. 여기서 직계존속이란 법률상의 직계존속뿐만 아니라 사실상의 그것도 포함한다. 그리고 분만중 또는 분만직후의 영아란 분만개시 후부터 분만완료시까지, 분만으로 인한 흥분상태가 계속되는 동안을 말한다. 특히, 사실상의 직계존속도 포함됨을 특별히 유념해야 한다.

여기서 유의할 사항은 일반 보통살인죄보다도 처벌을 약하게 하는데, 그 이유는 직계존속의 참작할만한 동기때문에 그렇다는 것이다.

───(관련판례 및 법조문)───

□ 법 령 □
◎ 형법 제251조

살인죄와 무죄판결

살인죄로 구속 기소되어 대법원에서
무죄판결을 받은 경우의 구제책은…

질문 저는 살인범으로 구속기소되어 1심에서 징역 15년을 선고받았으나 항소심에서 무죄 판결이 선고되고 대법원에서 검사의 상고를 기각함으로써 구속된지 1년만에 석방되었습니다. 이제 정신적·물질적으로 막대한 손해를 입었으므로 이를 보상받고자 하는데 어떻게 해야 하나요?

답 형사보상에 의한 방법과 국가배상법에 의한 방법이 있다.

― 유사사례 ―

◆ 살인죄로 구속기소되어 대법원에서 사형판결이 확정되었으나, 재심청구하여 무죄판결을 받은 경우(형사보상법 제2조 제2항)

해설 형사보상법에 의한 보상청구는 무죄판결이 확정된 날로부터 1년 이내에 무죄판결을 선고한 법원에 서면으로 하여야 하며(형사보상법 제6조, 제7조, 제8조), 이 경우에는 1일 5,000원 이상 대통령령이 정하는 금액 이하의 비율에 의한 금원이 보상금으로 지급된다. 따라서 귀하의 경우는 최저 1,825,000원(5,000원×365일)의 보상금을 받게 된다.

국가배상법에 의한 배상청구는 배상책임의 성립요건(국가배상법 제2조), 배상의 범위(국가배상법 제3조) 등에 있어서 형사보상법에 의한 보상청구와 다르다. 무죄판결을 선고받은 자는 형사보상법에 의한 보상청구를 하지 아니하고 국가배상법에 의한 손해배상을 청구할 수 있으며(형사보상법 제5조) 이 경우에는 피고인을 구속한 공무원의 고의·과실과 손해액을 입증하여야 한다. 또한 국가배상법에 의해서 손해배상청구의 소송을 제기하기 전에 배상심의회의 심사결정을 거쳐야 하며, 배상심의회의 결정에 대해서 불복인 때에 한하여 법원에 소송을 제기할 수 있다(국가배상법 제9조 참조).

살인죄와 보호실유치

경찰서 보호실에 강제로 유치되어 5일만에 풀려난 경우

[질문] 저는 살인용의자로 시내에 있는 경찰서에 연행되어 낮에는 담당 형사로부터 조사를 받고 밤에는 경찰서의 보호실에 강제로 유치되었다가 경찰서에 연행된지 5일만에 진범인이 검거됨으로써 풀려났습니다. 경찰관들이 저를 영장 없이 5일간 경찰서의 보호실에 강제로 억류한 것은 적법한 조치가 아니라고 생각되는데, 그런가요?

[답] 영장 없이 경찰서의 보호실에 5일간 강제로 유치한 것은 불법구금에 해당한다.

[유사사례]
- 피의자를 임의동행하여 부당하게 경찰서 보호실에 유치하고 48시간 이후 풀어준 경우

[해설] 우리나라는 오래 전부터 경찰서에 보호실을 두고 형사피의자를 보호실에 억류하는 것이 수사상 관행으로 확립되었으며 이것이 수사실무자의 일반적 사고방식이다. 그러나 수사경찰관이 피의자를 경찰서로 연행한 후 귀가시키지 아니하고 그 의사에 반해서 영장 없이 경찰서의 보호실에 유치한다는 것은 불법구금에 해당한다는 것이 1985.7.29. 대법원 판례의 태도이다.

설사 수사경찰관이 귀하를 형사소송법 제206조에 의하여 긴급수속을 한 것이라 할지라도 피의자를 긴급구속한 경우에는 일정한 기간(귀하의 경우는 48시간) 이내에 구속영장을 발부받아야 하는데 귀하의 경우에는 5일간 영장 없이 신체의 자유를 박탈하였으며, 사후 구속영장을 청구하지도 아니하였으므로 적어도 48시간을 초과한 기간은 불법구속에 해당한다. 수사기관이 피의자를 경찰서보호실에 불법구금하는 사례는 시정되어야 할 사항이라고 본다. 최근 임의동행과 보호실 유치 등 탈법적 수사관행을 근절하고 적법한 수사절차를 확보하기 위해 체포영장제도의 도입과 영장의 실질심사제도 도입을 골자로 하는 형사소송법 개정안이 입법예고된 바 있다(1994.10).

관련판례 및 법조문

□ 법 령 □
◎ 경찰관직무집행법 제3조

무죄와 석방

무기징역이 구형된 1심에서 무죄판결을 받은 경우 즉시 석방 여부

질문→ 저의 딸 甲은 살인죄로 구속기소되어 검사의 무기징역구형을 받았으나 1심법원인 A법원으로부터 증거불충분으로 무죄판결을 받았습니다. 그런데 검사가 2심인 B고등법원에 항소하였다는 이유로 석방되지 못하고 있습니다. 이런 경우 저는 어떻게 해야 하나요?

답 현행 형사소송법상으로는 법원에 보석을 청구하여 보석허가결정을 받거나, 법원의 구속집행정지결정에 의해서 석방될 수 있다. 그러나 형소법이 개정되면 이 경우는 당연히 석방되게 된다.

1. 살인의 죄

─(유사사례)─
◆ 구속중에 피고인에 대한 면소판결이 있는 경우(구속영장이 실효된다)

[해설] 구속중인 피고인에 대하여 무죄, 면소, 형의 선고유예, 형의 집행유예, 공소기각 또는 벌금 등의 판결이 선고된 때에는 판결의 선고와 동시에 구속영장은 실효되므로 판결의 선고 후 지체 없이 피고인은 석방되고 검사의 석방지휘가 필요없다(형사소송법 제331조).

그러나 검사로부터 사형, 무기 또는 10년 이상의 징역이나 금고의 형에 해당한다는 취지의 의견진술(구형)이 있는 사건에 대하여는 구속영장이 실효되지 않는다(형사소송법 제331조 단서).

하지만, 이 법조문은 헌법상의 적정절차의 원칙과 과잉입법금지의 원칙에 위배되므로 위헌이라는 결정이 헌법재판소로부터 있었다(헌재결 1992.12.24. 92헌가8).

이에 따라 형사소송법 개정안에서는 현행 형사소송법 제331조 단서를 삭제키로 하였다. 따라서 형사소송법이 개정되면 귀하는 즉시로 석방되게 된다.

─(관련판례 및 법조문)─

□ 판 례 □
◎ 형사소송법 제331조 단서규정의 위헌 여부

검사로부터 사형, 무기 또는 10년 이상의 징역이나, 금고의 형에 해당한다는 취지의 의견진술이 있는 사건에 대하여는 예외적으로는 무죄, 면소, 형의 면제, 형의 선고유예, 형의 집행유예, 공소기각 또는 벌금이나 과료를 과하는 판결이 선고된 때라도 구속영장은 효력을 잃지 않는 것으로 규정한 형사소송법 제331조 단서규정은 첫째, 구속의 개시 또는 종료시점에 있어서의 구속영장의 효력을 법관이 아닌 형사소송의 당사자로서의 지위를 가지는 검사의 양형에 관한 의견진술에 따라 좌우시키는 것이 되므로, 헌법 제12조 제1항, 제3항 본문의 영장주의와 적법절차의 원칙에 위배되고, 둘째 형사소송법 제93조 등의 구속취소와 이에 대한 검사의 즉시항고절차 등을 비교하거나 상급심에서도 필요에 따라 재구속할 수 있는 형사소송법상의 관계규정 등을 아울러 검토하여 보면 기본권제한 입법의 기본원칙인 목적의 정당성, 방법의 적절성, 피해의 최소성, 법익의 균형성의 원칙에도 반하는 것이므로 헌법 제37조 제2항의 과잉입법금지의 원칙에 위배된다.

보충의견 (3인)

위헌결정에 소급효를 인정하는 헌법재판소법 제47조 제2항 단서의 "형벌에 관한 법률 또는 법률의 조항"이라 함은 범죄의 성립과 처벌에 관한 실체적인 형벌법규를 말하고 형사소송절차에 관한 절차법적인 법률은 이에 포함되지 않는 것이므로 형사소송법 제331조 단서는 위 "형벌에 관한 법률 또는 법률의 조항"에는 해당되지 아니한다 할 것인바, 이 사건 위헌결정의 법규적 효력은 이 사건 위헌법률심판을 제청한 법원이 담당하는 당해 사건에는 당연히 미치는 것이고, 더 나아가 당해 법률이 재판의 전제가 되어 현재 법원에 계속중인 모든 동종의 피고사건에도 위 당해 사건에 준하여 구속영장의 효력이 실효된다 할 것이다(헌법재판소결정 1992.12.24. 92헌가 8).

□ 법 령 □

◎ 형사소송법 제331조 단서

2. 상해와 폭행의 죄

상해죄의 고의

3명과 싸우던중 식칼을 들고 휘두르다 말리던 사람을 찔러 상해를 입힌 경우

질문▶ 저의 친구 甲이 乙 등 3명과 싸우다가 힘이 달리자 포장마차에서 길이 30센티미터의 식칼을 들고 나와 이들 3명을 상대로 휘두르다가 옆에서 이를 말리던 제3자 丙의 귀를 찔러 상처를 입혔습니다. 이때 甲은 어떻게 처벌되나요?

답 상해고의가 인정되어 형법 제257조의 상해죄에 해당된다.

―〔유사사례〕―
◉ 상해부위를 명시하고 있는 이상, 그 치료일수가 미상이라 하여도 상해죄의 성립에 아무런 지장이 없다.

해설 상해죄의 주관적 구성요건으로 고의가 있어야 한다. 그 보호법익은 사람의 생리적 기능 또는 외부적 완전성을 보호하는 것이다. 미필적 고의도 가능하다. 폭행의사로 상해결과를 발생시킨 경우에는 폭행치상죄(형법 제262조)가 성립하고, 상해의사로 폭행결과를 가져온 경우는 상해미수죄(형법 제257조 제3항)가 된다.

설문의 경우 갑의 행위가 상해죄인가 과실치상죄인가가 문제가 된다.

170   3. 생명・신체・자유침해범죄

그러나 상해의 고의로 상해결과를 발생시켰기 때문에, 비록 상해를 입은 사람이 목적한 사람이 아니라도 상해의 고의는 인정된다고 본다.

관련판례 및 법조문

□ 판 례 □

◎ 가. 목적한 사람이 아닌 다른 사람에게 상해를 입힌 경우 상해죄의 성부
   나. 폭력행위등처벌에관한법률 제3조 제1항 소정의 "전조의 죄" 또는 "그 죄"의 의미

   가. 갑이 을 등 3명과 싸우다가 힘이 달리자 식칼을 가지고 이들 3명을 상대로 휘두르다가 이를 말리면서 식칼을 뺏으려던 피해자 병에게 상해를 입혔다면 갑에게 상해의 범의가 인정되며 상해를 입은 사람이 목적한 사람이 아닌 다른 사람이라 하여 과실상해죄에 해당한다고 할 수 없다.

   나. 폭력행위등처벌에관한법률 제3조 제1항 소정의 "전조의 죄" 또는 "그 죄"는 제2조 제1항 게기의 각 형법 본조의 죄만을 가리키는 것이고, 제2조 제1항 게기 각 형법 본조의 죄의 상습범을 가리키는 것은 아니다 (대법 1987.10.26. 87도1745).

□ 법 령 □
◎ 형법 제257조

상해죄의 동시범특례

이시(異時)의 독립된 상해행위가 경합하여 사망의 결과가 일어난 경우

 저의 친구 甲은 술에 취한 피해자 丙의 어깨를 주먹으로 1회 때리고 쇠스랑 자루로 머리를 2회 강타하고 가슴을 1회 밀어 땅에

2. 상해와 폭행의 죄   171

넘어 뜨렸다. 그 후 3시간 가량 지나서 乙은 피해자의 멱살을 잡아 평상에 앉혀 놓고 피해자의 얼굴을 2회 때리고 손으로 2~3회 피해자의 가슴을 밀어 땅에 넘어 뜨린 다음, 나이론 슬리퍼로 피해자의 얼굴을 수회 때렸는데, 피해자는 그로부터 6일 후 뇌출혈을 일으켜 사망하였습니다. 甲, 乙은 어떻게 처벌되나요?

[답] 상해치사죄의 공동정범으로 처벌된다.

유사사례

◆ 이시의 독립된 행위가 경합하여 사망의 결과가 일어난 경우(그 원인된 행위가 판명되지 아니한 때에는 공동정범의 예에 의하여야 한다.)

[해 설] 이 경우 갑, 을이 형법 제263조의 적용을 받아 상해치사로 처벌될 수는 없다. 만일 중한 결과(사망)에 대한 과실이 있으면 개별적으로 상해치사의 책임을 질 뿐이다. 따라서 검사는 이 사실을 밝혀야 한다. 그러나 형법 제263조를 적용할 때는 검사가 이런 개별적 책임관계를 입증할 필요 없이 상해치사의 공동정범으로 처벌할 수 있게 된다(논증의 생략). 만일 검사가 누구에게도 상해치사에 대한 책임을 규명하지 못하면 갑, 을은 상해죄의 죄책을 부담할 뿐이다. 뿐만 아니라 결과적 가중범의 공동정범이 인정되지 않는 논거(위의 상해치사죄 참조)도 반대의 이유가 될 수 있다. 왜냐하면 긍정할 경우 공동정범의 예에 따라서 처벌하므로 상해·폭행치사라는 결과적 가중범의 공동정범을 인정하는 것이 되기 때문이다.

보호법익을 달리하는 다른 상해유형(예컨대 강간치상, 강도치상죄)에 대해서도 특례는 적용되지 않는다. 마찬가지로 '제한적용'의 취지에 어긋날 뿐만 아니라 법문의 '상해'명문규정에 포섭될 수 없다.

관련판례 및 법조문

□ 판 례 □
◎ 이시(異時)의 독립행위가 경합하여 사망의 결과가 일어난 경우와 공동정범에 의한 처벌

이시의 독립된 상해행위가 경합하여 사망의 결과가 일어난 경우에 그 원인된 행위가 판명되지 아니한 때에는 공동정범의 예에 의하여야 한다(대법 1981.3.10. 80도3321).

□ 법 령 □
◎ 형법 제263조

상해죄와 구속적부심사청구

**상해죄로 구속된 남편에 대한
구속적부심사청구를 하려고 하는데…**

질문▶ 저의 남편이 상해죄로 구속되었는데 남편을 석방시킬 목적으로 피해자에게 치료비를 지불하고 피해자로부터 합의서를 받았습니다. 변호인을 선임하지 아니하고 처인 제가 구속적부심사를 청구할 수 있나요?

답 구속된 피의자의 배우자는 피의자를 위하여 구속적부심사를 청구할 수 있으므로(형사소송법 제214조의 2 제1항) 귀하가 남편과 혼인신고가 되어있다면 귀하 명의로 구속적부심사를 청구할 수 있다.

─(유사사례)─

◆ 공범 또는 공동피의자의 순차청구가 수사 방해의 목적임이 명백한 경우에는 구속적부심청구가 기각되게 된다. 구속영장에 의하여 구속된 피의자 또는 그 변호인, 법정대리인, 배우자, 직계친족, 형제자매, 호주, 가족, 동거인 또는 고용주는 관할법원에 구속의 적부심사를 청구할 수 있다(형사소송법 제214조의 2).

해 설 심사를 청구하려면 그 심사청구서를 관할법원에 제출하여야 하며 그 청구서에는 구속된 피의자의 성명 등 인적 사항, 청구의 이유 등 형사소송규칙 제102조에 규정된 사항을 기재하여야 한다. 또한 귀하가 법률상 처(妻)되는 사실을 인정할 수 있는 서류, 예를 들면 주민등록등본이나 호적등본과 귀하가 피해자로부터 받은 합의서를 그 청구서에 첨부하여야 한다. 귀하는 법원으로부터 신문기일의 통지를 받으면 그 신문기일에 출석하여 남편의 석방을 위하여 유리한 자료를 법원에 제출할 수 있다(형사소송규칙 제105조). 또한 남편을 신문할 수도 있다. 법원에서는 귀하의 남편을 신문한 때로부터 24시간 이내에 귀하의 남편을 석방할 것인가 여부를 결정하여야 하며(형사소송규칙 제106조), 법원이 석방결정을 하여야 귀하의 남편은 비로소 석방된다. 구속적부심사청구서의 서식은 다음과 같다.

구속적부심사청구서

구속자
  성명
  생년월일
  직업
  주거
청구인
  성명

청구의 취지

피구속자 ○○○의 석방을 명한다.
라는 재판을 구함.

청구의 이유

1. 피구속자의 처는 피해자에게 치료비를 지불하고 피해자로부터 합의서를 받았습니다.

2. 피구속자는 처와 자녀를 거느리고 있는 세대주로서 주거가 확실하고 큰 회사의 회사원으로 근무하고 있으므로 도주의 염려가 없으며 피구속자는 범행일체를 순순히 자백하고 있으므로 증거인멸의 우려도 없습니다.
3. 피구속자는 술김에 우발적으로 본건 범행을 저지른 것이므로 그 범행동기에 참작할 여지가 있고 전과도 없습니다.
4. 이상과 같은 정상을 참작하시어 피구속자의 석방을 명하는 결정을 내려 주시기 바랍니다.

첨부서류
　1. 주민등록표등본　　1통
　2. 합의서　　　　　　1통
　3. 구속영장등본　　　1통
　4. 신병보증서　　　　1통

19　년　월　일
위 청구인　　○　○　○　㊞

서울형사지방법원　귀중

――――(관련판례 및 법조문)――――

□ 법 령 □
◎ 헌법 제12조 제6항, 형사소송법 제214조의 2, 형사소송규칙 제16조, 제96조, 제101조, 제105조

폭행과 보호처분

친구와 싸운 아들이 법원으로부터 보호처분을 받은 경우

질문 고등학교 다니는 저의 16세 된 아들이 얼마전 친구들과 싸움을 하다가 폭력행위등처벌에관한법률 위반죄로 구속되었었는데, 서울가정법원 소년부에 1호 처분이라는 것을 받고 석방되었습니다. 저의 아들은 이로써 전과자가 되는 것인가요?

답 법원소년부의 보호처분은 형사처벌과 달라서 소년원에 송치된다 하더라도 전과자가 되지 않는다.

해설 형법은 만 14세 미만자를 형사미성년자로 하여 처벌하지 않으나 소년법은 12세 이상 20세 미만의 소년을 보호대상으로 하고 있다(소년법 제2조).

소년법 제32조 제1항은 그 보호처분의 종류를 정하고 있는데 제1호는 보호자 등에게 위탁하여 그 소년을 선도하게 하는 처분이고, 제4호는 소년원에 보내는 처분이며, 제6호는 단기로 소년원에 송치하는 처분이다.

일반적으로 소년에 대한 보호처분은 형법법령에 저촉되는 행위를 하거나 그럴 우려가 있는 소년 또는 죄를 범한 소년 중 범행동기, 장래 개선가능성 등을 고려하여 형사처벌을 하는 것보다는 보호관찰 등을 통하여 선도를 하는 것이 좋다고 생각되는 소년에게 하게 된다.

따라서 설문의 경우는 부모에게 위탁함과 아울러 법원의 보호관찰을 받는 처분을 동시에 받은 것이다. 소년의 보호처분은 그 소년의 장래의 신상에 어떠한 영향도 미치지 아니한다.

소년부에서는 위와 같은 처분을 하면서 매월 반성문을 제출하라는 등 몇 가지 주의사항을 주었을 것이다.

그것을 잘 안 지켰을 때라든가 기타의 사정변경이 있었을 때 법원은 소년원에 보내는 처분 등 다른 처분으로 변경할 수가 있으므로 법원이 보호관찰의 일환으로 지시하는 일에 잘 따르도록 선도해야 한다.

다만, 법원 소년부의 보호처분은 형사처벌과 달라서 소년원에 송치된다 하더라도 형벌은 아니기 때문에 전과자가 되지는 않는다.

─(관련판례 및 법조문)─

□ 법 령 □
◎ 소년법 제30조

상해와 정당행위(징계행위)

교사가 징계의 목적으로 학생을 때리다가 크게 다치게 한 경우

 A국민학교 교사인 저의 친구 여교사 甲은 국민학교 5학년생인 乙을 징계하기 위해 양손으로 교탁을 잡게 하고 나무지휘봉(길이 50cm, 직경 3cm)으로 엉덩이를 두 번 때렸습니다. 그리고 무릎을 굽히며 허리를 옆으로 트는 乙의 허리부분을 다시 때려 전치 5주의 상처를 입혔습니다. 甲의 경우 처벌되나요?

[답] 상해죄가 성립한다.

─(유사사례)─

▣ 교장선생님이 버릇이 나쁜 학생의 뺨을 징계의 목적으로 한 대 때린 경우는 사회상규에 어긋나지 않은 행위로 벌하지 않는다.

[해설] 징계권자의 징계행위는 객관적으로 징계의 목적을 달성하는데

불가피하고 주관적으로 교육의 목적을 달성하기 위하여 행한 때에 위법성이 조각된다고 해야 한다. 그러나 징계권행사의 범위는 교육목적을 달성하는데 필요하고 적절한 정도에 그쳐야 하므로, 징계권의 행사로 사람의 신체를 상해하는 것으로 징계권의 범위를 넘었다고 보아야 하기 때문에 원칙적으로 상해죄의 위법성을 조각한다고 할 수 없다.

관련판례 및 법조문

□ 판 례 □
◎ 부하를 훈계하기 위한 폭행행위와 사회상규위배 여부

부하를 훈계하기 위한 것이라 하여도 폭행행위가 훈계권의 범위를 넘었다고 보여지고 그로 인하여 상해를 입은 이상, 그 행위가 사회상규에 위배되지 아니한 행위로서 위법성이 조각된다고 할 수 없다(대법 1984.6.26. 84도603).

□ 법 령 □
◎ 형법 제257조

중상해죄와 과잉방위

강간하려는 자의 혀를 절단시킨 행위

 저의 친구 丙이 귀가중 甲과 乙이 공동으로 인적이 드문 심야에 丙女(32세)에게 뒤에서 느닷없이 달려들어 양팔을 붙잡고 어두운 골목길로 끌고 들어가 담벽에 쓰러뜨린 후, 甲이 음부를 만지며 반항하는 丙女의 옆구리를 무릎으로 차고 억지로 키스를 하다, 丙은 엉겁결에 甲의 혀를 깨물어 절단하는 상처를 입혔습니다. 丙의 경우 처벌되나요?

> **답** 여자의 정조는 생명과 같기 때문에 그것을 지키려다 혀를 깨문 행위는 정당방위로서 처벌되지 않는다.

유사사례

◆ 정신신경쇠약에 걸린 부녀자가 자기를 강간하려는 자를 때려서 크게 다치게 하는 경우

해설 중상해죄(重傷害罪)는 사람의 신체를 상해하여 ①생명에 대한 위험을 발생하게 하거나, ② 불구에 이르게 하거나, ③ 불치와 난치의 질병에 이르게 함으로써 성립하는 범죄이다.

그러나 정당방위의 요건이 충족된 때에는 상해행위는 위법하지 않다. 설문의 경우는 자기의 정조를 지키기 위해 혀를 절단한 것이므로 과잉방위가 아니라 정당방위에 해당한다고 봄이 타당하다고 하겠다.

관련판례 및 법조문

□ 판 례 □
◎ **강제추행범의 혀를 깨문 행위가 정당방위에 해당된다고 본 사례**

갑과 을이 공동으로 인적이 드문 심야에 혼자 귀가중인 병녀에게 뒤에서 느닷없이 달려들어 양팔을 붙잡고 어두운 골목길로 끌고 들어가 담벽에 쓰러뜨린 후 갑이 음부를 만지며, 반항하는 병녀의 옆구리를 무릎으로 차고 억지로 키스를 하므로 병녀가 정조와 신체를 지키려는 일념에서 엉겁결에 갑의 혀를 깨물어 설절단상을 입혔다면, 병녀의 범행은 자기의 신체에 대한 현재의 부당한 침해에서 벗어나려고 한 행위로서 그 행위에 이르게 된 경위와 그 목적 및 수단, 행위자의 의사 등 제반사정에 비추어 위법성이 결여된 행위이다(대법 1989.8.8. 89도358).

□ 법 령 □
◎ 형법 제21조, 제258조

폭행죄의 위법성

사회상규에 위반되지 않은 폭행행위라고 본 사례

[질문] 저는 모기관에서 나온 丙의 강제연행을 모면하기 위해 팔꿈치로 뿌리치면서 가슴을 잡고 벽에 밀어부쳐 丙에게 전치 3주의 상처를 입혔습니다. 저의 행위가 처벌받나요?

[답] 귀하의 소극적 저항은 사회상규에 위반되지 않아 처벌되지 않는다.

─────[유사사례]─────

◐ 피해자가 피고인을 따라 다니면서 귀찮게 싸움을 걸어오는 것을 막으려고 피고인이 피해자의 멱살을 잡고 밀어 넘어 뜨린 경우

[해설] 폭행죄도 일반적 위법성조각사유에 의하여 위법성이 배제될 수 있다. 판례는 정당행위(형법 제20조)의 '사회상규'를 위법성조각의 근거로 사용한다(대법 1983.5.24. 83도942).

교사나 학교장이 징계권행사로 하는 체벌(폭행)은 허용될 수 없다. 그러나 판례는 체벌의 정당성을 부분적으로 인정한다. 즉, '학교장이 훈계목적으로 학생의 뺨을 몇 차례 때린 징계권행사'는 사회관념상 비난의 대상이 될 만큼 사회상규를 벗어난 것이 아니라고 한다. 그러나 '교사가 어린 학생의 전신을 구타하여 상해를 입힌 행위', '교사가 냉정을 잃은 상태에서 잘못이 없는 학생을 구타한 행위'는 그 위법성을 인정한다.

─────[관련판례 및 법조문]─────

□ 판 례 □
◎ **폭행행위가 사회통념상 허용될 만한 정도의 상당성이 있다고 본 사례**
여러 사람으로부터 포위·압박을 당하게 된 상황에서 벗어나려고 하다가

그중 1인의 가슴을 당겨 넘어지게 하여도(이로 인하여 상해를 입음), 이러한 행위는 사회통념상 허용될 만한 정도의 상당성이 있는 것으로서 위법성이 결여된 행위로 보아야 할 것이다(대법 1983.4.12. 83도327).

□ 법 령 □
◎ 형법 제20조, 제260조

폭행죄와 정당방위

어른에게 욕하는 자를 꾸중하다가 그가 날린 주먹을 피하면서 얼굴을 때려 탈치 1개를 낳은 행위

질문→ 저의 집 이웃에 사는 甲이란 총각이 동네 할아버지들한테도 예의 없이 구는 등 버릇없기로 소문난 사람인데, 몇일 전 옆집 할아버지에게 욕하는 것을 보고 제가 꾸중하니 甲은 저에게 주먹을 날렸습니다. 저는 주먹을 피하면서 엉겁결에 갑의 얼굴을 때렸는데 이빨 한 개가 빠졌습니다.
　甲은 저에게 손해배상하라고 함은 물론이고 저를 고소하겠다고 합니다. 이런 경우 저의 책임범위는 어떻게 되는지요. 이런 경우 저는 처벌되나요. 처벌안된다면 민사책임이 뒤따르나요?

답　귀하의 경우는 과잉방위로 폭행죄와 손해배상책임을 지게 된다.

유사사례

◉ 갑이 을에게 다가와 폭언을 하면서 피고인의 오른손 둘째 손가락을 물어 뜯으므로 을이 이를 피하려고 손을 뿌리치면서 두 손으로 피해자의 양어깨를 누른 행위는 위법성이 조각되어 폭행죄를 구성하지 않는다 (대법 1984.4.24. 84도242).

[해 설] 자기 또는 타인의 법익에 대한 현재의 부당한 침해를 방위하기 위한 행위는 상당한 이유가 있는 때에는 정당방위로서 벌하지 않게 되고 방위행위자는 그로 말미암아 생긴 손해를 배상할 의무가 없다. 그러나 위와 같은 방위행위는 사회통념에 비추어 침해를 방위하기 위해 부득이 행한 행위라고 용인할 만한 정도이어야 한다. 귀하의 질의에 나타난 내용만으로 보면 귀하는 갑의 가해행위를 쉽게 피할 수 없었던 것은 아니었고 나아가 귀하 스스로도 갑에게 가해행위를 하는 외에 달리 적절한 방법이 없었던 것은 아니라고 판단되어 귀하의 경우는 일반적·객관적으로 볼 때 법이 허용하는 상당한 방위의 정도를 넘을 과잉방위라 할 것이므로 이에 따른 형사책임과 갑에 대한 손해배상책임을 지게 된다. 다만, 귀하가 처했던 정황을 고려하여 그 형을 감경 또는 면제할 수도 있으며, 민사상 과실상계에 의하여 손해배상액도 경감할 수 있다고 사료된다.

관련판례 및 법조문

□ 판 례 □

◎ 절취행위를 방지하기 위한 행위가 긴박성과 상당성을 결여하여 정당방위가 되지 않는다고 본 사례

　피고인이 그 소유의 밤나무 단지에서 피해자 갑이 밤 18개를 푸대에 주워 담는 것을 보고 푸대를 빼았으려다 반항하는 피해자의 뺨·팔목을 때려 상처를 입혔다면, 위 행위가 비록 피해자의 절취행위를 방지하기 위한 것이었다고 하여도 긴박성과 상당성을 결여하여 정당방위라고 볼 수 없다(대법 1984.9.25. 84도1611).

□ 법 령 □

◎ 형법 제20조, 제260조

폭력행위등처벌에관한법률 위반

깨진 유리조각을 사람의 얼굴에 던진 행위

질문 제 친구 甲은 깨진 유리조각(소주·맥주병 등을 깨뜨린 것)을 들어 乙의 얼굴에 던졌습니다. 甲은 어떤 죄로 처벌되나요?

답 폭력행위등처벌에관한법률 위반으로 처벌된다.

(유사사례)

● 상대방의 시비를 만류하면서 조용히 얘기나 하자며 그의 팔을 2, 3회 끈 경우는 폭력행위등처벌에관한법률위반이라 할 수 없다(대법 1986.10. 14. 86도1796).

해설 단체 또는 다중의 위력을 보이거나 위험한 물건을 휴대하는 경우 특수폭행죄로 처벌된다. 여기서 '휴대'는 지니는 것을 의미한다. 그렇다고 범행 이전부터 지니고 있어야 할 필요는 없다. 범행현장에서 범행목적으로 소지한 경우도 휴대에 해당된다. 위험한 물건의 존재를 상대방에게 인식시킬 필요도 없다.

설문의 경우에 첫째, 병을 깬 유리조각이 '위험한 물건'에 해당하는가, 둘째 현장에서 주워 던진 것을 '휴대'라고 볼 수 있는가 하는 점이다. 두 가지 모두 인정된다. 유리조각은 얼마든지 생명·신체를 침해할 수 있는 위험한 물건이다. 그리고 휴대가 '언제나 소지'해야 하는 것이 아니고 범행현장의 소지도 포함해야 하므로 의문의 여지가 없다. 따라서 갑의, 행위는 특수폭행죄에 해당하고, 적용되는 법률은 폭력행위등처벌에관한법률 제3조 제1항(3년 이상의 유기징역)이다.

참고로 판례는 유리병 외에 '면도칼', '드라이버', '쪽가위', '곡괭이자루', '시멘트벽돌' 등도 위험한 물건으로 인정한다.

2. 상해와 폭행의 죄   183

┌─ 관련판례 및 법조문 ─┐

□ 판 례 □
◎ 깨뜨린 소주병 조각이 폭력행위등처벌에관한법률 제3조 제1항 소정의 흉기 기타 위험한 물건에 해당하는지 여부

 땅바닥에 때려 깨뜨린 2홉들이 소주병조각은 그 위험성으로 보아 폭력행위등처벌에관한법률 제3조 제1항에서 말하는 흉기 기타 위험한 물건에 해당한다(대법 1986.6.24. 86도947).

□ 법 령 □
◎ 형법 제261조, 폭력행위등처벌에관한법률 제3조

심신미약과 폭행·상해

**주벽이 있는 자가 술을 마시고 명정상태에서
상대방을 낫으로 상처를 입힌 경우**

질문▶ 저의 동생은 술주정이 심하여 평소에는 멀쩡하다가도 술만 마시면 항상 만취상태에 이르고, 만취하면 난폭해져서 아무도 말릴 수 없을 정도로 행패가 극심합니다. 동네사람들도 동생의 그러한 술버릇을 알고 가능하면 술자리를 같이 하지 않으려고 합니다. 그런데 집안에 잔치가 있던 날 동생이 낮부터 술에 취하여 이웃 손님 한 분과 시비가 붙어 갑자기 벽에 걸어둔 낫을 휘둘러 상처를 입혔습니다. 다른 때도 동생은 술만 취하면 제정신이 아닌데 보통 사람과 똑같은 처벌을 받게 되는지요?

답 행위자가 심신장애가 있었음을 주장하면 심신상실의 증명을 할 수 없는 경우라도 심신미약으로 인정되어 보통사람보다도 형이 경감될 수 있다. 그러나 경우에 따라서는 처벌될 수 있을 것이다.

184 3. 생명·신체·자유침해범죄

유사사례

◆ 술마시면 늘 남을 때리는 사람이 술에 취해 범행을 저지르는 경우(형법 제10조 제3항의 원인에 있어서 자유로운 행위로서 처벌된다)

해 설 형법은 심신장애(心神障碍)로 인하여 사물을 변별할 능력이나 의사를 결정할 능력이 없는 미약한 사람의 행위는 벌하지 않거나 형을 감경한다고 규정하고 있다(형법 제10조 제1, 2항). (이른바, 책임무능력자 내지 한정책임능력자)

왜냐하면, 심신장애자는 자기가 하는 행동이 옳거나 그르다는 것을 정상인처럼 판단할 수 없으므로 보통 사람과 똑같이 문책할 수 없기 때문이다. 형법은 심신장애의 경우를 둘로 나누어 심신상실자(心神喪失者)의 행위는 처벌하지 않고 심신미약자(心神微弱者)의 행위는 처벌을 하되 그 형을 감경하고 있다. "심신상실"이라 함은 정신기능의 장애에 의하여 사물의 옳고 그름을 모르거나 안다고 하여도 그 판단에 따라 자기의 행동을 결정할 수 없는 경우로서 예를 들면 실신(失神), 마취(痲醉), 정신병, 백치 등의 경우를 말하며, "심신미약"이라 함은 정신기능의 장애에 의하여 사물의 옳고 그름을 구별하여 자기의 행동을 결정하기가 현저히 곤란한 경우로서 예를 들면 정신박약, 신경쇠약, 명정(酩酊), 노쇠 등의 경우가 이에 해당한다.

구체적인 경우에 심신상실이냐 심신미약이냐를 가리는 것은 매우 어려운 문제로서 일반적으로는 생리학적·심리학적 그리고 형사정책적 고려 아래 일상생활의 경험에 비추어 판정할 수밖에 없고, 재판하는데 있어서 정신상태의 이상이 문제되는 경우에 전문의사의 감정을 얻어 판단할 수밖에 없다. 그러나 아무리 의사의 감정이 있다하더라도 법관이 최종적으로 결정하게 됨을 유의해야 한다(대법 1986.9.23. 86도1663).

설문의 경우에 행위시 심신장애가 있었음을 주장하면 심신상실의 증명을 할 수 없는 경우라 할지라도 적어도 심신미약으로는 인정되어 보통사람보다는 형이 경감될 수도 있을 것이다.

이와 같이 행위자에게 형법상의 책임을 지게 하는데는 그가 책임능력,

2. 상해와 폭행의 죄

즉 행위가 불법함을 통찰하고 이것에 맞추어 의사를 결정할 수 있는 능력을 가지고 있음을 요하는 것이다. 형법은 심신장애자 이외에도 14세가 되지 아니한 자는 형사미성년자(刑事未成年者)라고 하여 벌하지 아니하며, 또한 농아자(聾啞者)의 행위도 일반사람보다 사고능력이 떨어지고 있음을 고려해서 형을 감경하도록 규정하고 있다(형법 제9조, 제11조).

그런데 주의할 점은 현재 우리나라의 법원은 음주로 인한 심신장애의 주장을 잘 받아들이지 않는 것이 보통이고, "위험의 발생을 예견하고 자의(自意)로 심신장애를 야기한 자"의 행위는 보통사람의 경우와 마찬가지로 처벌되므로(형법 제10조 제3항), 술만 먹으면 늘 남을 때려 상해를 입히는 사람은 술에 취해서 범행을 했더라도 형이 감경되지 않는다는 것이다. 이를 원인에 있어서 자유로운 행위라고 한다.

(관련판례 및 법조문)

□ 판 례 □

◎ 연속방화범행자를 심신미약자로 인정한 사례

　피고인의 정신상태가 정신분열증세와 방화로 대한 억제하기 어려운 행동으로 말미암아 사물을 변별하거나 의사를 결정할 능력이 미약한 상태에서 불과 6일간에 여덟차례에 걸친 연속된 방화를 감행하였다면, 피고인을 심신미약자로 인정하고 형법 제10조 제2항을 적용하여 처단한 조치는 정당하다(대법 1984.2.28. 83도3007).

□ 법 령 □

◎ 형법 제260조, 제10조 제2항

폭행치사상죄

상대방을 폭행하여 쇼크심장마비로 죽게 한 경우

질문 ▶ 저는 乙을 2회에 걸쳐 두 손으로 힘껏 밀어 땅바닥에 넘어뜨리는 폭행을 가함으로써 그 충격으로 인한 쇼크성 심장마비로 사망케 했습니다. 저의 행동은 어떤 죄에 해당되나요?(그는 심관성동맥경화증 등 지병이 있고 만취된 상태에 있었습니다.)

답 귀하는 폭행치사상죄로 처벌된다.

유사사례

◆ 피해자가 술에 취해 시비를 걸면서 피고인의 팔을 잡는 것을 뿌리치자 넘어져서 사망하였다면, 이는 본능적 방어행위로서 사회상규에 어긋나지 않는 행위라고 하여 폭행치사의 위법성을 부정한 판례가 있다(대법 1980.9.24. 80도1898).

해설 폭행치사상죄는 폭행죄 또는 특수폭행죄의 결과적 가중범이다. 결과적 가중범의 기본구조는 고의의 기본범죄와 과실의 중한 결과의 결합이다. 따라서 이 죄가 성립하기 위해서는 폭행·특수폭행의 고의가 있어야 하고, 상해고의가 있을 때는 상해, 중상해 또는 상해치사죄가 성립한다. 그리고 폭행과 중한 결과(死傷) 사이에는 인과관계가 있어야 하고, 그 결과는 예견할 수 있는 것이어야 한다. 판례는 '지병'과 '의사의 수술 지연'이 공동원인으로 작용한 경우에도 인과관계를 인정한다.

설문의 경우, 비록 위 피해자에게 그 당시 심관성 동맥경화 및 심근섬유화증세 등의 심장질환의 지병이 있었고 음주로 만취된 상태였으며, 그것이 피해자의 사망에 영향을 주었다고 하더라도 피고인의 폭행과 피해자의 사망간에 상당인과관계가 인정된다. 따라서 갑의 행위는 폭행치사죄에 해당된다.

관련판례 및 법조문

□ 판 례 □

◎ 심장질환이 있는 자에 대하여 폭행을 가함으로써 그 충격으로 사망케한 경우, 위 폭행과 그 사망간의 인과관계 유무

 피해자를 2회에 걸쳐 두 손으로 힘껏 밀어 땅바닥에 넘어뜨리는 폭행을 가함으로써 그 충격으로 인한 쇼크성 심장마비로 사망케 하였다면 비록 위 피해자에게 그 당시 심관성 동맥경화 및 심근섬유화 증세 등의 심장질환의 지병이 있었고, 음주로 만취된 상태였으며, 그것이 피해자가 사망함에 있어 영향을 주었다고 해서 피고인의 폭행과 피해자의 사망간에 상당인과관계가 없다고 할 수 없다(대법 1986.9.9. 85도2433).

□ 법 령 □
◎ 형법 제262조

상해죄의 결과적 가중범

임신 7개월인 임산부의 복부를 강타하여 낙태케 하고 사망케 한 행위

질문➡ 저의 친구 甲은 임신 7개월의 피해자 乙과 언쟁하던중에, 乙이 욕설을 하면서 甲의 잠바자락을 잡아당기는 것을, 오른쪽 팔꿈치로 乙의 복부를 강타하여 그 자리에서 쓰러지게 하였다. 4일 후 피해자 乙은 병원에서 낙태하고, 그 다음 날 낙태로 유발된 심근경색증으로 사망하였습니다. 저의 친구는 어떻게 처벌되나요?

답 귀하의 친구의 경우는 상해치사죄로 처벌된다.

3. 생명·신체·자유침해범죄

⟨ 유사사례 ⟩

◆ 상해를 입힌 후 충분한 치료를 하지 않은 경우 사망에 이르렀다면 상해치사의 죄책을 인정할 수 있다.

[해 설] 갑의 복부강타행위(상해행위)와 을의 사망 사이에는 상당인과관계와 예견가능성을 인정할 수 있다. 즉, 임신 7개월인 임산부의 복부를 강타한 행위와 낙태, 그리고 낙태와 결부된 사망의 위험 사이에는 일반경험법칙에 따른 충분한 개연성·상당성(객관적 예견가능성)뿐만 아니라 주관적 예견가능성도 있다고 판단된다. 따라서 갑의 행위는 상해치사죄에 해당되고 단순상해죄나 낙태죄로 처벌되는 것은 아니다.

⟨ 관련판례 및 법조문 ⟩

□ 판 례 □
◎ 복부강타 행위로 임신한 부녀자를 낙태와 사망에 이르게 한 경우 구타행위와 사망의 인과관계 유무

피고인의 강타로 인하여 임신 7개월의 피해자가 낙태로 유발된 심근경색증으로 죽음에 이르게 된 경우, 피고인의 구타행위와 피해자의 사망간에는 인과관계가 있다(대법 1972.3.28. 72도296).

□ 법 령 □
◎ 형법 제259조

3. 과실치사상의 죄

임대차관계와 연탄가스중독사고

세든 집에서 연탄가스중독으로 세든 사람이 죽은 경우 집주인의 책임

질문▶ 제가 甲에게 세를 주었는데 어느날 밤 방에서 부엌으로 통하는 문과 벽 사이에 0.4㎝의 틈 사이로 그 방문과 80㎝ 떨어진 연탄 아궁이에서 나온 연탄가스가 스며들어와 그 방과 부엌의 임차인 甲과 그 가족들이 일부는 죽고 일부는 다쳤습니다. 이 경우 집주인인 제가 처벌받나요?

답 귀하의 과실은 인정되지 않아 처벌되지 않는다.

> **유사사례**
>
> ◆ 파도가 치는 바닷가 바위 위에서 곧 전역할 병사를 헹가레쳐서 장난삼아 바다에 빠뜨리려고 하다가 그가 발버둥치는 바람에 그의 발을 붙잡고 있던 피해자가 미끄러져 익사한 경우에 헹가레친 내무반원에게 과실치사 책임을 인정한 경우

해설 임차인이나 제3자가 임차한 방에서 연탄가스중독으로 상해 또는 사망했을 때, 그 결과에 대한 책임은 결과방지의 주의의무가 누구에게 있는가에 따라 향방이 달라진다. 방의 하자에 대한 보수의무가 주의의무의 핵심내용이다. 형법상의 주의의무로서 보수의무는 두 가지로 나누어 작은

하자에 대한 주의의무는 임차인에게 있다. 그리고 큰 하자는 임대인에게 보수의무가 있다. 판례에 의할 때, 문과 벽 사이에 난 0.4cm 가량의 틈, 방바닥에 난 97cm의 실금형태의 균열 등은 작은 하자에 속한다.

큰 하자가 발생해도 임차인이 임대인에게 통고하거나 임대인이 스스로 그 하자를 인지한 이후에 임대인에게 보수의무가 발생한다(민법 제634조).

설문의 경우, 틈은 문전체를 제작하여 붙이지 않더라도 다른 목재로부터 보수할 수 있는 정도로서 그 틈은 막을 수 있는 것이어서 귀하의 경우에 임대인만 수선의무가 대규모로 있다고 보기 어려워 갑 등의 사망과 상해에 대해 귀하의 과실은 인정되지 않는다.

관련판례 및 법조문

□ 판 례 □

◎ 방바닥의 균열로 인한 가스중독사고와 임대인의 수선의무의 범위

　피고인이 피해자에게 임대한 방의 바닥에 있는 균열(중앙에 97센치미터, 아궁이 쪽으로 30센치미터의 실금형태)은 위 방을 사용할 수 없을 정도의 파손상태라고 할 수 없고, 반드시 임대인에게 수선의무가 있는 대규모의 것이라고도 할 수 없어, 이는 임차인의 통상의 수선 및 권리의무에 속하므로 위 균열로 인해 가스중독사고가 발생한 경우 임대인에게 과실이 없다(대법 1983.9.27. 83도2096).

□ 법 령 □

◎ 형법 제266조

과실치사와 제3자의 책임영역

임대건물의 균열로 인한 가스중독사고와
임대인의 수선의무의 범위

질문 ▶ 저는 乙로부터 가옥 한 채를 매수하였습니다. 甲은 매수한 후 그 집에 거주하지 않았으며, 乙은 매수할 때 하자가 있으면 보수해 주기로 甲에게 약정해 주었다. 甲은 乙에게 대금을 완불한 뒤, 乙을 통하여 방 2칸과 부엌 1칸을 丙에게 임대하였습니다. 乙은 그 방을 약 3년 전 신축하였고, 그 후 아무 사고 없이 계속하였습니다. 丙이 그 집에 들어간 지 10여일이 지나, 丙을 찾아와 그 방에서 함께 잠자던 丁이 연탄가스중독으로 인한 심장마비로 사망하였습니다. 저의 행위가 처벌되나요?

답 귀하의 경우 과실치사로 처벌될 수 있다.

유사사례

● 임차목적물인 방의 균열로 스며든 연탄가스에 의한 사고에 대하여 임대인의 과실을 부정한 경우

해설 설문의 경우, ① 갑이 그 집에 거주하지 않았고, 하자가 있으면 을이 약정한 바에 따라 보수하였으리라 생각했고, ② 임차인으로부터 문틈과 마루사이에 길이 75cm, 너비 약 0.5cm의 틈(그 틈의 우측 끝부분 6cm가량은 너비 약 3cm가 되는 틈)을 수선해 달라는 요청을 받지 않았다는 점, ③ 그리고 병은 그 틈을 막는 조치를 취하지 않고, 사고가 난 날 연탄불이 꺼져 있는 상태에서 피해자 정이 찾아오자 다른 방에서 피우던 연탄불을 갈아넣어 주었고, 그 날의 날씨가 이슬비 오는 약간 춥고 촉촉한 날씨여서 연탄가스가 행여 스며들지 않을까 염려하고 문틈을 막는 조치를 취하였어야 함에도 하지 않았다는 점을 고려할 때, 병에게 과실이

있는지 심리한 후에 갑에게 과실치사를 논할 수 있다.

관련판례 및 법조문

□ 판 례 □

◎ 임대건물의 균열로 인한 가스중독사고와 임대인의 수선의무의 범위

임차목적물에 있는 하자가 임차목적물을 사용할 수 없는 정도의 파손상태라거나 아니면 반드시 임대인에게 수선의무가 있는 대규모의 것이 아닌 한 이는 임차인의 통상의 수선 및 관리의무에 속한다 할 것이므로 연탄가스 중독사고의 원인인 연탄가스가 방으로 스며들었다는 문틈이 어느 정도의 틈이며 또 그 하자는 그 방을 사용할 수 없는 정도의 것이거나 이를 보수하려면 상당히 대규모의 공사를 하는 방법밖에 없는 것인지, 아니면 통상의 간단한 수선정도로 가능한 것인지를 명백히 하지 않은 채 임대인에게 수선의무가 있다고 인정함은 심리미진의 위법을 면할 수 없다(대법 1984.1.24. 81도615).

□ 법 령 □

◎ 형법 제267조

교내학생사고와 교사의 책임

학생이 교실유리창을 닦다가 추락사한 경우 담임교사의 책임

▶질문▶ 국민학교에 봉직하고 있는 선생인 저는 학교방침에 따라 학생들에게 유리창을 포함한 교실청소를 시켰습니다. 저는 학생들에게 유리창을 청소할 때 교실 안쪽에서 닦을 수 있는 유리창만을 닦도록 지시하였는데, 학생 乙은 수업시간이 끝나자마자 베란다로 넘어갔다가 밑으로 떨어져 사망하였습니다. 저의 경우 처벌되나요?

[답] 처벌되지 않는다.

(유사사례)

◆ 교사가 징계목적으로 학생의 손바닥을 때리기 위해 회초리를 들어올리다가 옆에서 구경하려는 다른 학생의 눈을 찔러 상해를 입힌 경우에 업무상 과실치상죄가 되지 않는다(대법 1985.7.9. 84도822).

[해설] 이 사안에서 갑은 학생의 안전을 배려할 의무가 있다. 그러나 유리창 청소방법을 지시했으므로 주의의무에 위반한 것은 없다. 그러나 과실을 인정해도 피해자는 자율적인 결정에 의하여 스스로를 위태화하였으므로 을의 사망과 갑의 주의의무위반 사이에 인과관계가 인정될 수 없다.

(관련판례 및 법조문)

□ 판 례 □
◎ 학생이 교실 유리창을 닦다가 추락사한 경우 담임교사의 형사상 책임을 부정한 사례

　담임교사가 학교방침에 따라 학생들에게 교실청소를 시켜왔고 유리창을 청소할 때는 교실안쪽에서 닦을 수 있는 유리창만을 닦도록 지시하였는데도 유독 피해자만이 수업시간이 끝나자마자 베란다로 넘어 갔다가 밑으로 떨어져 사망하였다면 담임교사에게 그 사고에 대한 어떤 형사상의 과실책임을 물을 수 없다(대법 1989.3.28. 89도108).

□ 법 령 □
◎ 형법 제268조

과실의 공동정범

조수석에 동승하여 차량운전을
교정해 준 자와 과실범의 공동정범

질문 저는 운전자 乙의 부탁으로 乙이 모는 차의 조수석에 올라탔습니다. 이는 제가 乙의 차량운전행위를 살펴보고 잘못된 점이 있으면 지적하여 교정해 주려는 목적에서 였습니다. 그러다가 乙이 부주의하여 사고를 냈습니다. 이 경우 제게도 책임이 있나요?

답 귀하에게는 과실범의 공동정범책임을 물을 수 없다.

유사사례

◆ 운전병 갑이 운전하는 짚차의 선임탑승자 을은 갑의 안전운행을 감독하여야 할 책임이 있는데, 갑을 주점에 데리고 들어가서 음주한 다음 운전케 하였던바, 그 결과 사고가 발생하였다. 이 경우 을에게도 과실범의 공동정범이 성립한다(대법 1979.8.21. 79도1249).

해설 판례는 과실범(과실치사)의 공동정범을 인정한다.

설문의 경우, 귀하가 운전자의 부탁으로 차량의 조수석에 동승한 후, 운전자의 차량운전행위를 살펴보고 잘못된 점이 있으면 이를 지적하여 교정해 주려했던 것에 그치고 전문적인 운전교습자가 피교습자에 대하여 차량운전에 관해 모든 지시를 하는 경우와 같이 주도적 지위에서 동 차량을 운행할 의도가 있었다거나 실제로 그와 같은 운행을 하였다고 보기 어렵다면 그 같은 운행중에 야기된 사고에 대하여 과실범의 공동정범을 물을 수는 없을 것이다.

3. 과실치사상의 죄   195

관련판례 및 법조문

□ 판 례 □

◎ 조수석에 동승하여 차량운전을 교정하여 준 자와 과실범의 공동정범

피고인이 운전자의 부탁으로 차량의 조수석에 동승한 후, 운전자의 차량 운전행위를 살펴보고 잘못된 점이 있으면 이를 지적하여 교정해 주려했던 것에 그치고 전문적인 운전교습자가 피교습자에 대하여 차량운행에 관해 모든 지시를 하는 경우와 같이 주도적 지위에서 동 차량을 운행할 의도가 있었다거나 실제로 그 같은 운행을 하였다고 보기 어렵다면 그같은 운행중에 야기된 사고에 대하여 과실범의 공동정범의 책임을 물을 수 없다(대법 1984.3.13. 82도3136).

□ 법 령 □

◎ 교통사고처리특례법 제3조 제1항, 형법 제268조

업무상 과실치사상죄

업무상 과실치사상죄에 있어서 업무는 허가 받은 적법한 업무에 한하는지 여부

질문▶ 저는 골재채취를 업으로 하는 사람인데 골재채취허가 없이 채취작업으로 생긴 깊이 약 2m, 길이 약 60m, 폭 약 40m 크기의 타원형 웅덩이를 메우지 않은 상태에서 지나던 乙이 웅덩이에 빠져 익사하였습니다. 저의 행위가 처벌되나요?

답 귀하의 경우 업무상 과실치사죄가 성립한다.

─ 유사사례 ─

● 무면허 의사가 치료하다가 환자를 실수로 죽인 경우

[해설] 사무는 사람이 사회적 지위에서 계속적으로 하는 일이다. 그런데 사람의 생명신체를 침해할 위험이 높은 일에 국한된다. 예컨대, 자동차운전, 의료행위, 각종 위험시설물관리, 육아·보육원의 아동보호행위 등이 이에 해당된다. 학교 교사의 학생감독은 대체로 국민학생의 경우에 국한되고 중학교 이상 학생지도는 제외하는 것이 마땅하다. 자전거의 경우도 이 요건에서 제외된다. 업무의 종류도 가리지 않는다. 공무(公務)·사무(私務), 영리·비영리 그리고 주된 사무·부수적 사무의 어느 것이라도 상관 없다. 사무의 적법·위법도 가리지 않는다(예컨대, 무면허 운전자의 운전, 무면허 의사의 치료행위). 따라서 설문의 경우 골재채취허가 여부는 골재채취업무가 업무상 과실치사상죄에 있어서의 업무에 해당하는 사실에 아무런 영향을 주지 않는다. 결국 귀하는 업무상 과실치사상죄로 처벌된다.

─(관련판례 및 법조문)─

□ 판 례 □
◎ 업무상 과실치사상죄에 있어서 업무는 허가받은 적법한 업무에 한하는지 여부
 골재채취허가 여부는 골재채취업무가 업무상 과실치사상죄에 있어서의 업무에 해당하는 사실에 아무런 소장(消長)이 없다(대법 1985.6.11. 84도2527).

□ 법 령 □
◎ 하천법 제25조, 형법 제268조

업무상 과실치사상죄의 성립 여부

공장에서 일어난 안전사고에 대한 공장장의 형사책임 여부

[질문] 저는 X공업의 반월공장장으로 재직하고 있는데 재직기간중 그 회사 관리담당상무의 지휘감독을 받는 T.Q.C. 소속직원 40명이 작업을 하다 인사사고가 일어났습니다. 그 작업에 대한 안전관리책임은 안전관리과장 乙이 맡고 있었고, 저는 공장장으로서 그 공장의 모든 일을 통괄하고 있었습니다. 이 경우 제가 처벌되나요?

[답] 귀하는 업무상 과실치사죄의 책임이 없어 처벌되지 않는다.

[유사사례]

◆ 도시가스 폭발사고에 관하여 도시가스 공급사업의 안전관리자에게 업무상과실을 인정하고 있음(대법 1989.9.26. 88도1411).

[해설] 형법 제268조의 행위주체로서 업무자는 생명·신체를 침해할 위험이 높은 사회적 일을 '직접' 행하는 사람에 국한된다. 따라서 회사업무에 관여하지 않는 회장이나 공장을 직접 운영하지 않고 임대경영하는 자 등은 이 죄의 주체가 되지 않는다. 공장장은 직접 해당된다.

설문의 경우, 이 사고에 대해 직접 지휘감독을 받지 않는 T.Q.C.직원들이 안전수칙을 위반할지도 모를 것을 대비하여 개별작업에 일일이 세부적인 안전대책을 강구해야 할 구체적·직접적 주의의무가 없다. 따라서 귀하의 경우는 업무상 과실치사죄의 책임이 없다 하겠다.

198 3. 생명·신체·자유침해범죄

┌─ 관련판례 및 법조문 ─┐

□ 판 례 □

◎ 공장에서 일어난 안전사고에 대하여 공장장에게 세부적인 안전대책을 강구할 직접적인 주의의무는 없다고 한 사례

회사관리담당상무의 지휘 감독을 받는 소속 직원들의 작업중 일어난 안전사고로서 그에 관한 안전관리책임은 안전관리과장이 부담하고 있다면 공장장이 공장의 모든 일을 통괄하고 있다고 하더라도 직접적인 지휘감독을 받지 않는 위 직원들이 안전수칙을 위반할지도 모른다고 하여 이에 대비하여 개별작업에 일일이 세부적인 안전대책을 강구하여야만 할 구체적이고 직접적인 주의의무는 없다(대법 1989.1.31. 88도1683).

□ 법 령 □
◎ 형법 제268조

중과실치사상죄

디어헌터 게임중 상대방이 사망한 경우

질문 甲이 휴대하고 있는 3.8구경 리볼버를 보고 "디어헌터 영화에 나오는 총 아니냐, 한번 만져보자"는 등 호기심을 보였으나 甲은 乙의 요구를 묵살하였는데, 다음 날 甲과 乙 그리고 다른 경찰관 3명이 함께 술을 마셨습니다. 乙이 또다시 술자리에서 甲에게 같은 요구를 하였으나 거절하였습니다. 그러자 乙은 "임마, 디어헌트 게임 한번 하자, 사나이가 그렇게 겁이 많나, 사나이가 한번 죽지 두 번 죽나"라고 말했고, 그로 인해 甲과 乙은 모욕적인 말을 하며 시비를 벌였습니다. 甲이 순간 가슴에 차고 있던 리볼버를 뽑아 들고 실탄 1발을 장전하고 약실을 돌린 다음, "너

3. 과실치사상의 죄   199

> 임마, 그 말에 책임질 수 있냐"하자 乙은 "됐다 임마"라고 했고 甲은 먼저 자신 오른쪽 귀 뒷 부분에 총구를 들이대고 "후회없나"라고 재차 다짐한 후 피해자가 乙이 "됐다"라고 하자 1회 격발하였습니다. 그러나 불발이었고, 이어 乙이 총을 건네받아 오른쪽 귀에 대고 격발하였고 실탄이 발사되어 乙은 뇌손상으로 즉사하였습니다. 이때 저의 친구 甲은 어떤 죄로 처벌되나요?

[답] 갑은 중과실치사상죄로 처벌된다.

(유사사례)

◉ 섭씨 40도가 넘는 승용차 안에 3살난 아들을 놓아둔 채 쇼핑간 후 와보니 아이가 죽은 경우

[해설] 중과실치사상죄는 중대한 과실로 인하여 사람을 사상에 이르게 함으로써 성립하는 범죄이다.

중대한 과실이란 주의의무위반의 정도가 현저한 경우, 즉 조금이라도 주의하였더라면 결과의 발생을 회피할 수 있었음에도 불구하고 이를 게을리한 경우를 말한다. 중대한 과실이 있느냐의 여부는 결국 구체적 상황에 따라 건전한 사회의식에 비추어 판단해야 한다. 따라서 설문의 경우는 디어헌터 게임중 죽은 경우로 중과실치사상죄로 처벌된다.

(관련판례 및 법조문)

□ 판 례 □
◎ 주차장관리인의 관리소홀로 인한 피해와 중과실책임 유무

피고인이 관리하던 주차장 출입문 문기둥의 하단부분에 금이 가 있어 도괴될 위험성이 있었다면 피고인으로서는 소유자에게 그 보수를 요청하는 외에 그 보수가 있을 때까지 임시적으로라도 받침대를 세우는 등 도괴를 방지하거나 그 근처에 사람이나 자동차 등의 접근을 막는 등 도괴로 인한 인명의 피해를 막도록 조치를 하여야 할 주의의무가 있다 할 것이며, 주차장에는 사람이나 자동차의 출입이 빈번하고 근처 거주의 어린 아이들이 문

기둥 근방에서 놀이를 하는 사례가 많은데도 불구하고 소유자에게 그 보수를 요구하는데 그쳤다면 중대한 과실이 있다(대법 1982.11.23. 82도2346).

□ 법 령 □
◎ 형법 제268조

신뢰의 원칙과 교통사고

오토바이에 충격되어 도로에 전도된 후에 다른 차량에 치어 사망한 경우

질문 ➡ 저의 동생 甲은 오토바이를 구입한 다음 날 야간에 오토바이를 운전하다가 도로를 무단횡단하던 피해자 乙을 치어 도로상에 쓰러지게 하였습니다. 그로부터 약 40~60초 후에 다른 사람이 운전하던 타이탄 트럭이 도로 위에 쓰러져 있는 乙을 치어 사망케 하였습니다. 이 때 저의 동생은 어떻게 처벌되나요?

답 신뢰의 원칙이 적용되어 교통사고처리특례법 제3조 제1항 위반으로 처벌된다.

─(유사사례)─
◆ 정맥에 주사하다가 근육에 새면 조직괴사 등의 부작용을 일으킬 수 있는 마취제 에폰톨을 주사함에 있어서의 의사의 주의의무 - (과실인정)

해 설 현대사회에 있어서 교통기관의 사회적 의의를 고려할 때 자동차 운전자의 주의의무를 결정함에 있어서도 신뢰의 원칙을 적용하여야 한다. 신뢰의 원칙이란 스스로 교통규칙을 준수한 운전자는 다른 교통관여자가 교통규칙을 준수할 것을 신뢰하면 족하고, 그가 교통규칙을 위반할 것까지 예견하여 이에 대한 방어조치까지 취할 의무는 없다는 원칙이다. 현재 대법원은 자동차와 자동차 또는 자동차와 자전거의 충돌사고에 대하여는 신뢰의 원칙을 엄격하게 적용하고 있다. 그런데 설문의 경우 40~60초 동안 피해자를 오토바이로 넘어지게 하고 그대로 있게 한다면 후속차량의 운전자들이 조금만 전방주시를 태만히 하여도 피해자를 역과할 수 있음이 당연히 예상되므로 피해자 을의 사망과 갑의 과실행위는 인과관계가 있어 처벌된다고 하겠다.

관련판례 및 법조문

□ 판 례 □

◎ 피해자가 피고인이 운전하던 오토바이에 충격되어 도로에 전도된 후 다른 차량에 치어 사망한 경우, 피고인의 과실과 피해자의 사망 사이의 인과관계 유무(적극)

피고인이 야간에 오토바이를 운전하다가 도로를 무단횡단하던 피해자를 충격하여 피해자로 하여금 위 도로상에 전도케 하고, 그로부터 약 40초 내지 60초 후에 다른 사람이 운전하던 타이탄 트럭이 도로 위에 전도되어 있던 피해자를 역과하여 사망케 한 경우, 피고인이 전방좌우의 주시를 게을리한 과실로 피해자를 충격하였고 나아가 이 사건 사고지점 부근 도로의 상황에 비추어 야간에 피해자를 충격하여 위 도로에 넘어지게 한 후 40초 내지 60초 동안 그대로 있게 한다면 후속차량의 운전사들이 조금만 전방주시를 태만히 하여도 피해자를 역과할 수 있음이 당연히 예상되었던 경우라면 피고인의 과실행위는 피해자의 사망에 대한 직접적 원인을 이루는 것이어서 양자간에는 상당인과관계가 있다(대법 1990.5.22. 90도580).

□ 법 령 □

◎ 형법 제268조

뺑소니 후의 책임

교통사고를 낸 후 피해자에 대한
구호조치 없이 도주한 경우

질문 교통사고를 낸 저의 친구 甲이 약 40m 정도를 그대로 지나쳐 정차한 후, 피해자에 대한 구호조치를 취함이 없이 방관하다가, 경찰관에게 가해자가 아닌 것처럼 거짓말을 하고 현장을 떠나, 마치 자기가 피해자인 양 피해신고를 하러 경찰서에 갔습니다. 이때 저희 친구 甲은 어떻게 처벌되나요?

답 특정범죄가중처벌등에관한법률 제5조의 3의 도주차량죄에 해당된다.

─ 유사사례 ─
◉ 새벽에 차로 산책하다가 길에서 청소하던 환경미화원 갑을 치우고 뺑소니 친 경우

해설 대법원은 도주를 치사 내지는 상해 등 사실을 인식하고(미필적 인식 포함), 사고 후 구호조치를 취하지 않고 현장을 이탈한 경우로 해석한다.

도로교통법 제2조에 규정된 자동차, 원동기장치자전차 또는 괴도차의 교통으로 인하여 형법 제268조의 죄를 범한 당해 차량의 운전자가 피해자를 구호하는 등 도로교통법 제50조 제1항의 규정에 의한 조치를 취하지 아니하고 도주한 때에는 가중처벌한다. 또 사고운전자가 피해자를 사고장소로부터 옮겨 유기하고 도주한 때에는 전보다 더 가중처벌한다. 설문의 경우는 특정범죄가중처벌등에관한법률 제5조의 3의 도주차량죄의 '도주'에 해당된다.

관련판례 및 법조문

특정범죄가중처벌등에관한법률 제5조의 3 제1항 소정의 「피해자를 구호하는 등 도로교통법 제50조 제1항의 규정에 의한 조치를 취하지 아니하고 도주한 때」라 함은 사고 운전자가 사고로 인하여 피해자가 사상을 당한 사실을 인식하였음에도 불구하고 피해자를 구호하는 등 도로교통법 제50조 제1항에 규정된 의무를 이행하기 이전에 사고현장을 이탈하여 사고를 낸 자가 누구인지 확정될 수 없는 상태를 초래하는 경우를 말하는 것이므로, 사고 운전자가 사고로 인하여 피해자가 사상을 당한 사실을 인식하였음에도 불구하고 피해자를 구호하는 등 도로교통법 제50조 제1항에 규정된 의무를 이행하기 이전에 사고현장을 이탈하였다면, 사고 운전자가 사고현장을 이탈하기 전에 피해자에 대하여 자신의 신원을 확인할 수 있는 자료를 제공하여 주었다고 하더라도, 여전히 「피해자를 구호하는 등 도로교통법 제50조 제1항의 규정에 의한 조치를 취하지 아니하고 도주한 때」에 해당한다(대법 2002. 1. 11. 2001 도 5369)

□ 법 령 □
◎ 특정범죄가중처벌등에관한법률 제5조의 3 제1항

4. 낙 태 죄

의사 등의 낙태

**의사가 부녀낙태행위로 인한
전치 6개월의 부상을 입혔다면…**

질문▶ 저는 A병원의 의사로서 임신 4개월인 부녀 乙의 낙태수술을 하다가 의료과실로 과다출혈을 유발, 전치 6개월의 부상을 입혔습니다. 저의 경우 어떤 죄로 처벌받나요?

답 낙태치상죄로 처벌된다.

―〈유사사례〉―

◆ 부녀 몰래하거나 부녀의 무지를 이용하여 낙태수술하다가 부녀가 다친 경우

해설 업무상 낙태의 죄로 인하여 부녀를 치상한 경우에 성립되는 범죄가 바로 낙태치상죄이다.

업무상 낙태죄의 주체는 의사, 한의사, 조산원, 약제사, 약종상이다. 이들은 면허를 가진 자에 한한다.

설문의 경우는 낙태치상죄로 처벌되게 된다.

```
   ┌─ 관련판례 및 법조문 ─┐
```

□ 판 례 □
◎ 모체의 건강을 해칠 우려가 현저하고 기형아 내지는 불구아를 출산할 가능성 마저있어 부득이 취한 낙태수술행위와 위법성의 유무

　임신의 지속이 모체의 건강을 해칠 우려가 현저할 뿐더러 기형아 내지 불구아를 출산할 가능성마저도 없지 않다는 판단하에 부득이 취하게 된 산부인과 의사의 낙태 수술행위는 정당행위 내지 긴급피난에 해당되어 위법성이 없는 경우에 해당된다(대법 1976.7.13. 75도1205는 임신으로 인하여 임부의 생명에 현저한 위험을 초래할 우려가 있는 때에는 긴급피난에 의해 위법성이 조각되는 경우가 있다고 하고 있다.).

□ 법 령 □
◎ 형법 제270조 제3항

낙태죄의 위법성 조각사유

AIDS에 걸린 부녀의 낙태행위의 처벌 여부

질문▶ 저는 다른 사람으로부터 수혈을 받았었는데 최근 AIDS에 걸린 것이 얼마 전 판명이 났었습니다. 지금 임신 4개월인데 남편 몰래 산부인과에 가서 낙태시켰습니다. 저의 행위가 발각되면 처벌 받게 되나요?

답 모자보건법에 의해 처벌되지 않는다.

> **유사사례**
> ◉ 강간으로 임신한 부녀의 낙태행위, 혈우병환자 병력이 있는 집안의 부녀가 낙태한 경우

[해 설] 모자보건법 제14조는 의학적·우생학적, 윤리학적 적응이 있는 경우에 의사는 부인과 배우자의 동의를 얻어 인공임신중절수술을 할 수 있도록 하고 있다.

이는 적응방식에 의하여 낙태죄의 특수한 위법성조각사유를 규정하고 있다고 본다.

그 사유를 보면,

① 본인 또는 배우자가 대통령령이 정하는 우생학적 또는 유전학적 정신상태나 신체질환이 있는 경우

② 본인 또는 배우자가 전염성질환이 있는 경우

③ 강간 또는 준강간에 의하여 임신된 경우

④ 법률상 혼인할 수 없는 혈족 또는 인척간에 임신된 경우

⑤ 임신의 지속이 보건의학적 이유로 모체의 건강을 심히 해하고 있거나 해할 우려가 있는 경우

설문의 경우는, 모자보건법에 의해 처벌되지 않는다고 봄이 타당하다 하겠다. 최근 형법개정안에 따르면 낙태죄에 관하여 사회와 법의 괴리현상을 지적한 조문이 들어가 있음을 알 수 있다.

동의 낙태죄

**임부의 부탁을 받고 의사를
교사하여 낙태케 한 경우**

[질문] 아무런 의학상식이 없는 제가 임부 甲의 부탁을 받고서 의사 乙을 교사하여 낙태케 하였습니다. 저의 경우는 죄가 되나요?

[답] 귀하는 동의낙태죄의 교사범이 되어 동의낙태죄와 동일하게 처벌된다.

─(유사사례)─
◈ 임부에게 낙태를 교사·방조하는 것은 자기낙태죄의 공범이 된다.

[해 설] 부녀의 촉탁, 또는 승낙을 받아 낙태하는 것이다. 부녀란 임부를 말하며, 촉탁과 승낙은 낙태의 의미를 이해할 수 있는 능력이 있는 자의 자유로운 의사에 의하여야 한다.

낙태하게 하는 것은 스스로 낙태행위를 하는 것을 말한다. 따라서 임부에게 낙태를 교사하거나 이를 방조하는 것(예컨대, 낙태약을 구하여 주거나 의사를 소개하는 것)은 형법 제269조 제1항의 기타에 지나지 않는다.

결국, 설문의 경우는 동의낙태죄의 교사범이 된다.

5. 유기의 죄

유기죄의 성부

단순히 동행관계에서 한 사람이 크게 다친
경우에 유기하여 그가 죽은 경우에 관하여…

질문▶ 저와 친구 乙(41세)은 1994년 10월 26일 오후 4시경 우연히 같은 길을 가게 되었습니다. 두 사람 모두 술에 취한 탓으로 도로에서 실족하여 2미터 아래 개울로 굴러 떨어져 5시간 가량 잠을 자다가 도로 위로 올라 오려고 하였으나 이미 밤이 되었으므로 쉽게 길을 찾을 수 없었습니다. 길을 찾기 위해 개울을 헤매던중 피해자 乙은 후두부타박상을 입고 정상적으로 움직일 수 없는 상태가 되었습니다. 그 사이에 저는 피해자 乙을 방치한 채 길을 찾아 도로 위로 올라와서 귀가하였습니다. 당시는 섭씨 영하 15도의 추운 날씨였고, 40미터 떨어진 곳에는 민가가 있었습니다. 피해자 乙은 4~5시간 후 심장마비로 사망하였습니다. 이 경우 저는 처벌받나요?

답 무죄이다.

──(유사사례)──
◉ 집 앞에 거지가 있어 더럽다고 야단치고 들어와 있다가 아침에 일어나 보니 얼어 죽은 경우

[해설] 갑이 유기죄의 주체가 될 수 있는가 하는 점이 관건이다. 갑과 을은 단순한 동행관계에 지나지 않기 때문에 갑에게 을을 보호해야 할 '법률상·계약상의 의무'가 없다. 따라서 갑은 유기치사죄의 죄책을 져야 할 이유가 없고 무죄이다(판례도 같은 생각). 그러나 보호의무의 근거를 '공서양속·사회통념'까지도 포함시키게 되면, 갑은 당연히 유기치사죄의 책임을 져야 한다. 왜냐하면 이 개념은 비정한 갑에 대한 도덕적 심판을 가능하게 하기 때문이다. "섭씨 영하 15도의 추운 날씨에, 함께 위험을 당하고 어떻게 혼자 "빠져나올 수 있느냐, 직접 구조하기 힘들었다면 바로 인근에 민가에 가서 구조요청이라도 해야 할 것이 아니냐, 너도 '사람'이냐"는 도덕적 비난이 그 내용이 될 것이다. 그러나 현행 유기죄 규정으로 이 견해가 자리잡을 수 있는 여지가 없다. 법적 비난은 불가능하다.

관련판례 및 법조문

□ 판 례 □

◎ **일정거리를 동행한 사실만으로 유기죄의 주체가 될 수 있는지 여부**

현행 형법은 유기죄에 있어서 구법과는 달리 보호법익의 범위를 넓힌 반면에 보호책임 없는 자의 유기죄는 없애고 법률상 또는 계약상의 의무 있는 자만을 유기죄의 주체로 규정하고 있어 명문상·사회상규상의 보호책임을 관념할 수 없다고 하겠으니 유기죄의 죄책을 인정하려면 보호책임이 있게 된 경위, 사정, 관계 등을 설시하여 구성요건이 요구하는 법률상 또는 계약상 보호의무를 밝혀야 하고, 설혹 동행자가 구조를 요하게 되었다 하여도 일정거리를 동행한 사실만으로서는 피고인에게 법률상·계약상의 보호의무가 있다고 할 수 없으니 유기죄의 주체가 될 수 없다(대법 1977.1.11. 76도3419).

□ 법 령 □

◎ 형법 제271조

유기죄의 고의

애인에게 성관계를 요구하자 9층에서 뛰어내린 경우에 그대로 왔다면…

질문▶ 저의 친구 甲은 乙에게 A호텔 9층 1907호실에서 성관계를 요구하였습니다. 乙은 그 순간을 모면하기 위해 9층에서 뛰어내렸고, 甲은 혼자 호텔을 나와 돌아가버렸습니다. 이 경우 갑은 처벌받나요?

답 중유기죄가 성립한다.

(유사사례)

● 늙으신 어머니를 산에다 갖다 버리는 행위(설령 다른 사람에게 구조될 것이 분명한 경우에도 유기죄 성립)

해설 유기죄가 성립하려면 고의가 있어야 한다. 사실혼이나 애인관계의 사람들끼리는 묵시적 계약관계의 보호의무를 인정할 수 있다. 설문의 경우 갑이 을이 뛰어내린 사실을 알았다면 중유기죄가 성립할 수 있다. 그러나 갑은 그런 사실을 몰랐을 경우에는 유기죄의 고의가 없어 처벌할 수 없다.

(관련판례 및 법조문)

□ 판 례 □
◎ 유기죄의 주관적 요건
  유기죄에 있어서는 행위자가 요부조자에 대한 보호책임의 발생원인이 된 사실이 존재한다는 것을 인식하고, 이에 기한 부조의무를 해태한다는 의식이 있음을 요한다(대법 1988.8.9. 86도225).

□ 법 령 □
◎ 형법 제271조

유기치사죄

종교적 이유로 수혈거부하여 딸을 죽게한 경우

[질문] 여호와의 증인을 믿는 제친구 甲은 자기 딸 乙(11세)이 당장 수혈을 받지 않으면 생명이 위험하다는 사실을 알면서도 종교적 신념을 이유로 완강하게 수혈을 거부하여 결국 사망케 하였다. 환자인 乙 자신도 수혈을 거부하였다. 이때 甲은 처벌되나요?

[답] 유기치사죄의 책임을 진다.

―(유사사례)―

◉ 요부조자를 보호하고 있던 자가 그 자를 그대로 두고 떠난 경우

[해 설] 유기는 보호가 필요한 사람(요보호자)은 보호하지 않음으로써 그의 생명·신체에 위험을 가져오는 행위를 말한다. 이 죄는 추상적 위험범이다. 왜냐하면 유기결과 생명에 대한 구체적 위험이 발생하였을 경우에는 가중처벌하는 별도의 규정(형법 제271조 제3항, 제4항)이 있기 때문이다. 갓난아이를 경찰서나 고아원 문전에 버리거나 노인을 양로원 문전에 버리는 경우는 타인의 구조를 확실하게 기대할 수 있기 때문에 피유기자에 대한 구체적 위험은 없다. 그럼에도 형법 제271조 제1항, 제2항의 유기죄는 성립한다. 그리고 추상적 또는 구체적 위험발생과 침해결과의 발생은 구별된다. 유기로 생명·신체에 대한 현실적 침해가 발생하면 유기치사상죄(형법 제275조)로 처벌된다.

유기개념에는 다음의 셋이 있다.

1) 협의의 유기(적극적 유기)

피해자를 장소적으로 옮기는 것, 즉 적극적으로 갖다 버리는 유기를 말

한다.

2) 광의의 유기(소극적 유기)

소극적 유기뿐만 아니라 피해자를 장소적으로 두고 떠나는 장소적 격리까지도 포함시킨다.

3) 최광의의 유기(통설·판례)

적극적·소극적 유기와 함께 피해자의 생존에 필요한 보호조치를 하지 않는 부작위도 포함시킨다.

유기개념에 부작위에 의한 유기를 제외시켜야 할 이유가 없기 때문에 통설·판례의 견해가 옳다. 적극·소극의 유기행위가 아니면서 도움이 필요한 피해자의 생명·신체를 위태롭게 하는 것은 얼마든지 가능하기 때문이다.

설문의 경우, 딸의 수혈을 거부한 생모 갑의 행위는 유기에 해당한다. 결과적으로 요부조자를 위험한 장소에 두고 떠나는 소극적 유기와 다를 것이 없기 때문이다. 그리고 종교적 신념은 형법의 정당화사유가 되지 않는다. 나아가서 환자의 11세 나이는 사물을 변별할 수 있는 능력이 되지 않는다고 보아야 한다. 그러므로 환자자신의 수혈거부를 환자의 '진료거부권 행사'로 보기도 어렵기 때문에 생모 갑의 행위가 위법한 점에는 변함이 없다. 갑은 유기치사죄의 책임을 져야 한다.

―――――――(관련판례 및 법조문)―――――――

□ 판 례 □

◎ **생모가 사망의 위험이 예견되는 그 딸에 대한 수혈을 종교적 신념에 의하여 거부한 경우와 유기죄의 책임**

생모가 사망의 위험이 예견되는 그 딸에 대하여는 수혈이 최선의 치료방법이라는 의사의 권유를 자신의 종교적 신념이나 후유증 발생의 염려만을 이유로 완강하게 거부하고 방해하였다면 이는 결과적으로 요부조자를 위험한 장소에 두고 떠난 경우나 다름이 없다고 할 것이고 그때 사리를 변식할 지능이 없다고 보아야 마땅할 11세 남짓의 환자 본인 역시 수혈을 거부하였다고 하더라도 생모의 수혈거부 행위가 위법한 점에 영향을 미치는 것이 아니다(대법 1980.9.24. 79도1387).

5. 유기의 죄   213

□ 법 령 □
◎ 형법 제275조

유기죄의 보호의무

**죽어가는 거지를 그대로
버려두어 그 거지가 죽은 경우**

[질문] 저는 저의 집 문앞에 거지가 다 죽어가는 것을 보고 잘못하면 장례를 치뤄주어야 되겠다고 염려하고 그 거지를 이웃집 문앞에 옮겨다 놓았더니 얼마 있지 않아 죽었습니다. 저의 행위가 죄가 되나요?

[답] 귀하의 행위는 무죄다.

─(유사사례)─

◈ 통행인을 부상시킨 운전자는 부상자를 당연히 구호할 의무가 있다.

[해설] 보호의무의 발생근거를 넓게 해석하여 법률상 또는 계약상 보호의무자뿐만 아니라, 관습, 사무관리, 조리상 의무자도 포함한다고 보는 것이 통설이지만, 설문의 경우처럼 단지 거지를 이웃집 문앞으로 옮겨 놓은 행위를 유기죄 또는 유기치사죄로 문의할 수 없다. 다만, 경범죄처벌법 제1조 제7호 의거 처벌되는 경우가 생길 뿐이다.

─(관련판례 및 법조문)─

□ 판 례 □
◎ 일정거리를 동행한 사실만으로 유기죄의 주체가 될 수 있는지 여부
  현행 형법은 유기죄에 있어서 구법과는 달리 보호법익의 범위를 넓힌 반

면에 보호책임 없는 자의 유기죄는 없애고 법률상 또는 계약상의 의무 있는 자만을 유기죄의 주체로 규정하고 있어 명문상 사회상규상의 보호책임을 관념할 수 없다고 하겠으니 유기죄의 죄책을 인정하려면 보호책임이 있게 된 경위, 사정, 관계 등을 설시하여 구성요건이 요구하는 법률상 또는 계약상 보호의무를 밝혀야 하고 설혹 동행자가 구조를 요하게 되었다 하여도 일정거리를 동행한 사실만으로서는 피고인에게 법률상 계약상의 보호의무가 있다고 할 수 없으니 유기죄의 주체가 될 수 없다(대법 1977.1.11. 76도3419).

□ 법 령 □
◎ 형법 제271조, 제275조

6. 협박의 죄

협 박 죄

**언쟁중 위협적인
언사를 사용한 경우**

[질문] 저의 사촌 甲은 乙과 언쟁중 "두고 보자", "고소하여 구속시키겠다" 또는 "입을 찢어 버리겠다"고 해악을 고지하는 위협적인 언사를 사용하였습니다. 甲의 행위는 처벌되나요?

[답] 협박죄가 성립하지 않는다.

---유사사례---

● 지서에 연행되어 지서장에게 뺨을 맞자 항의조로 "내가 너희들의 목을 자른다"라는 취지의 말을 한 경우

[해설] 사람을 협박함으로써 의사결정의 자유를 침해하는 범죄로 행위의 객체는 자연인인 법인이다. 다만, 해악의 고지에 의하여 공포심을 느낄 수 있는 정신적 능력을 가진 자 이어야 한다. 따라서 심신상실자, 명정자(酩酊者), 수면중인 자, 영아 등은 행위의 객체가 될 수 없다.

해악내용은 조건부라도 상관없다(예컨대, "내가 ~이 된다면"). 해악의 발생시기도 현재·미래를 묻지 않는다.

이러한 언사(言辭)는 폭언에 해당되고, 폭언은 해악고지로 보기 어렵

다. 따라서 이런 말로 상대방이 공포심을 느끼더라도 협박죄가 성립하지는 않는다(판례도 같은 생각). "입을 찢어 버릴라"는 단순한 감정적 욕설에 지나지 않고, 상대방에게 해악을 고지하는 협박으로 보기는 어렵다. 협박이 되기 위해서는 해악내용이 상대방의 중요한 법익에 대한 상당한 정도의 것일 필요가 있다. 설문의 경우에는 피해자에게 "입을 찢어 버릴라"라고 한 말이 단순한 욕설에 지나지 않아 협박에 해당한다고 보기 어렵다.

┌─ 관련판례 및 법조문 ─┐

□ 판 례 □
◎ 피해자에게 "입을 찢어 버릴라"라고 한 말이 단순한 욕설에 지나지 않아 협박에 해당하지 않는다고 본 사례

  피해자와 언쟁중 "입을 찢어 버릴라"라고 한 말은 당시의 주위사정 등에 비추어 단순한 감정적인 욕설에 불과하고 피해자에게 해악을 가할 것을 고지한 행위라고 볼 수 없어 협박에 해당하지 않는다(대법 1986.7.22. 86도1140).

□ 법 령 □
◎ 형법 제283조

야간특수협박죄

야간에 사람의 목에 가위를 들이대어 찌를 듯하고 구타하여 상해를 입힌 경우

 저의 동생 甲은 야간에 한 마디 말도 없이 피해자 乙의 목에 위험한 물건인 가위를 들이대어 찌를 것처럼 하고 주먹과 발로 위 乙을 여러 차례 구타하여 상해하였습니다. 이 때 甲은 어떻게 처벌되나요?

> [답] 갑은 폭력행위등처벌에관한법률상의 야간특수협박죄와 상해죄의 경합범으로 처벌된다.

─(유사사례)─

◆ 야간에 폭력배를 자처한 3인이 길가던 행인을 때려 크게 다치게 한 경우

[해설] 갑의 행위는 전형적으로 '특수협박'에 속한다. 갑이 을의 목에 아무 말없이 가위를 들이 댄 행위는 이른바 거동에 의한 협박에 해당된다. 야간에 범하였기 때문에 야간특수협박죄(폭력행위등처벌에관한법률 제3조 제3항)를 구성한다. 그리고 주먹과 발로 구타한 행위는 새롭게 다른 법익을 침해하였기 때문에 협박에 흡수되지 않는 별개의 범죄행위이다. 이것은 양 행위가 같은 장소에서 동시에 또는 시간적으로 밀접하게 연결되어 행해졌더라도 마찬가지이다. 현실적인 상해가 협박의 수단이 될 수는 없는 것이다. 단체나 다중의 위력을 보이거나, 위험한 물건을 휴대하여 협박죄 또는 존속협박죄를 범함으로써 성립하는 범죄가 특수협박죄인데, 폭력행위등처벌에관한법률 제3조에서 가중처벌하고 있다. 설문의 경우 갑은 야간특수협박죄(폭력행위등처벌에관한법률 제3조 제2항)와 상해죄(형법 제257조 제1항)의 경합범으로 처벌된다.

─(관련판례 및 법조문)─

□ 판 례 □
◎ 협박죄에 있어서의 해악을 가할 것을 고지하는 방법
　협박죄에 있어서의 해악을 가할 것을 고지하는 행위는 통상 언어에 의하는 것이나, 경우에 따라서는 한마디 말도 없이 거동에 의하여서도 고지할 수 있는 것이다(대법 1975.10.7. 74도2727).

□ 법 령 □
◎ 형법 제283조, 폭력행위등처벌에관한법률 제3조

권리행사방해죄

폭력에 의한 해외도피방지를 위해 여권교부를 받게 하고 강제로 여권을 회수한 경우

질문▶ 저는 피해자 乙의 해외도피를 방지하기 위하여 乙을 협박하고, 乙이 겁을 먹고 있는 상태를 이용하여 乙소유의 여권을 교부받게 하였습니다. 그리고 저는 이 여권을 강제로 회수하였습니다. 이 경우 저는 처벌되나요?

답 귀하는 폭력에 의한 권리행사방해죄로 처벌된다.

유사사례

◆ 갑은 귀속재산에 관한 매매계약의 체결절차를 밟고 있는 을을 강제로 인취하여 폭행을 가하여 계약포기서에 날인케 하였으나, 을의 완강한 저항으로 실패한 경우(갑은 강요죄의 미수범이 되나, 처벌규정이 없어 폭행죄로만 처벌된다.)

해설 강요죄는 결과범이다. 즉, 상대방에게 폭행·협박을 하여 행사할 수 있는 권리를 행사하지 못하게 하거나(부작위), 의무 없는 일을 하게 하는 것(작위)을 말한다. 이것이 권리행사방해이다. 폭행·협박을 하였으나, 이와 같은 결과가 발생하지 않은 경우는 이론적으로 강요미수가 된다. 그러나 이 죄는 미수처벌규정이 없기 때문에 폭행·협박죄의 성립만 보충적으로 검토될 수 있을 뿐이다. 흔히 아들을 죽이겠다고 협박하여 그 부로 하여금 의무 없는 일을 하게 하는 것이 그 예이다.

폭행·협박의 대상인 '권리·의무'의 내용은 반드시 법률상의 것이 아니더라도 상관없다. 행위자의 자유에 속하는 사안에 대해 작위·부작위 또는 인용하도록 강제하는 모든 행위는 권리행사방해가 된다(예컨대, 계약포기의 강요나 법률상 의무 없는 자술서의 강제). 그러나 권리행사로 볼 수 없는 행위에 대한 폭행·협박은 단순한 폭행·협박죄에 불과하고 강요죄는 되지 않는다. 따라서 설문의 경우는 권리행사방해죄에 해당된다. 다만, 현행법은 강요의 죄를 폭력에 의한 권리행사방해라고 하여 권리행사방해죄 중에 규정하고 있으나, 이는 재산관리인 반면, 강요의 죄는 행동의 자유를 주된 보호법익으로 하고 있으므로 입법상 검토를 요한다고 하겠다.

관련판례 및 법조문

□ 판 례 □

◎ 피해자를 협박하여 여권을 강제 회수한 경우 형법 제324조 소정의 폭력에 의한 권리행사방해죄의 성부

　형법 제324조 소정의 폭력에 의한 권리행사방해죄는 폭행 또는 협박에 의하여 권리행사가 현실적으로 방해되어야 할 것인바, 피해자의 해외도피를 방지하기 위하여 피해자를 협박하고 이에 피해자가 겁을 먹고 있는 상태를 이용하여 동인 소유의 여권을 교부하게 하여 피해자가 그의 여권을 강제 회수당하였다면 피해자가 해외여행을 할 권리는 사실상 침해되었다고 볼 것이므로 권리행사방해죄의 기수로 보아야 한다(대법 1993.7.27. 93도901).

□ 법 령 □

◎ 형법 제324조, 제326조

강요죄

폭행·협박을 사용한 권리행사와 공갈죄의 성부

질문▶ 저의 친구 甲은 X산업을 경영하는 乙에게 돈 3천만원을 투자하였습니다. 乙은 X산업사의 물품대금을 유용하여 영업부장인 丙 그리고 丁과 함께 경남 창원에서 Y카바레를 인수·경영하다 X산업사가 부실해지고 채권자들이 X산업사의 경영진을 고소하게 되었습니다. 투자자금회수를 염려한 甲은 밤 7시 30분경 자신이 관리인으로 있는 건물 안에서 丁에게 얼굴을 5, 6회 구타하고 발로 전신을 여러 번 찬 뒤, 말을 듣지 않으면 대공분실 지하실에 데리고 가서 거꾸로 매달아 오줌물을 먹이고 쥐도 새도 모르게 죽여버리겠다고 위협하였습니다. 그로써 甲은 丁에게 乙, 丙, 丁이 Y카바레를 운영하기 위하여 X산업사를 상대로 7천만원 정도의 물건을 착복하였다는 자인서를 쓰게 하였습니다. 또 겁을 먹고 있는 상태를 이용하여 甲은 丁에게 대공실장의 지시라고 협박하면서 5천만원을 내놓되 우선 3천만원을 준비하여 오라고 하여 丁으로부터 2천만원을 주겠다는 승낙을 받았습니다. 그러나 甲은 丁으로부터 그 돈을 받지는 못했습니다. 甲은 어떻게 처벌되나요?

답 공갈죄로 처벌된다.

유사사례

◆ 갑과 을이 서로 논쟁하다가 을이 가버리려고 하자 갑이 그의 멱살을 잡고, "가버리면 패주겠다"고 으름장을 놓은 경우에 을이 떠날 수가 없다면 갑은 강요죄로 처벌된다.

6. 협박의 죄

해 설 강요죄는 자유침해의 일반구성요건이다. 따라서 특별구성요건에 해당하는 범죄가 성립할 때는 일반구성요건인 강요죄는 성립하지 않는다.

강요죄와 다른 재산범죄의 관계도 비슷하다. 강요행위에 의해 초래된 결과가 강도·공갈죄의 법익침해에 이르게 되면 강도죄나 공갈죄만 성립하고, 강요죄는 배제된다. 즉, 강요죄의 결과는 재산죄에 못미치는 결과이어야 한다.

법원은 갑에게 정으로부터 돈을 갈취하는 데에 고의가 있었던 한, 자인서 강요행위는 공갈미수에 포괄되어 공갈미수만을 구성하고, 갑이 장에게 채권을 가지고 있어도 폭행·협박 등 가혹한 행위를 하여 채권이행의 승낙을 받아낸 것이라면, 공갈은 성립하고 또 그런 권리행사는 사회통념상 정당화될 수도 없다고 판시하였다.

― 관련판례 및 법조문 ―

□ 판 례 □

◎ 가. 폭력에 의한 권리행사방해를 하고 이를 근거로 계속하여 갈취행위를 한 경우의 죄수

나. 폭행, 협박을 사용한 권리행사와 공갈죄의 성부

가. 피고인이 투자금의 회수를 위해 피해자를 강요하여 물품대금을 횡령하였다는 자인서를 받아낸 뒤 이를 근거로 돈을 갈취한 경우, 피고인의 주된 범의가 피해자로부터 돈을 갈취하는 데에 있었던 것이라면 피고인은 단일한 공갈의 범의하에 갈취의 방법으로 일단 자인서를 작성케 한 후 이를 근거로 계속하여 갈취행위를 한 것으로 보아야 할 것이므로 위 행위는 포괄하여 공갈죄 일부만을 구성한다고 보아야 한다.

나. 재물의 교부를 받거나 재산상 이익을 취득할 권리가 있는 자라고 할지라도 사회통념상 일반적으로 용인될 수 없는 정도의 폭행·협박의 방법을 사용하여 재물의 교부를 받거나 재산상 이익을 취득한 때에는 이는 정당한 권리행사라고 볼 수 없으므로 공갈죄를 구성한다(대법 1985.6.25. 84도2083).

□ 법 령 □

◎ 형법 제324조, 제350조

7. 체포・감금의 죄

감금죄

**폭행・협박을 사용한 권리행사와
공갈죄, 감금죄의 성부**

[질문] 저의 친구 甲은 자신이 투자한 회사의 간부인 乙을 1994.11.1. 자신이 관리인으로 있던 건설회사 3층 사무실에서 불렀습니다. 甲은 乙로 하여금 채무승인자인서를 쓰게 하기 위해 말을 듣지 않으면 대공분실 지하실에 데려가 거꾸로 매달아 오줌물을 먹이고 쥐도 새도 모르게 죽여버리겠다고 을렀으며, 저녁 7시 30분경 자인서를 썼으나 甲은 마음에 들지 않는다며 乙의 얼굴과 온 몸을 구타하고 다시 자인서를 쓰게 하였습니다. 甲은 어떠한 죄로 처벌되나요?

[답] 중감금죄로 처벌된다.

─(유사사례)─

◉ 차를 고속으로 운전한다던가 높은 곳에 올라가 있는 자로부터 사다리를 제거한다든가 목욕중의 부녀의 옷을 빼앗아 수치심으로 나오지 못하게 하는 행위

[해설] 불법하게 사람을 체포・감금함으로써 행동의 자유를 침해하는 범죄가 체포・감금죄다. 특히, 감금이라 함은 일정한 구획을 가진 장소

안에서 사람의 행동의 자유를 구속하는 것을 말한다. 대법원은 감금행위의 방법은 물리적인 장애를 사용하는 경우 뿐만 아니라, 무형적인 수단으로서 공포심에 의하여 나갈 수 없게 한 경우도 포함한다고 하여 갑의 (중)감금죄 성립을 인정하였다.

설문의 경우 감금죄에 있어서의 감금행위는 사람으로 하여금 일정한 장소 밖으로 나가지 못하도록 신체의 자유를 제한하는 행위를 가리키며 그 방법은 반드시 물리적인 장애를 사용하는 경우 뿐 아니라, 무형적인 수단으로서 공포심에 의하여 나갈 수 없게 한 경우도 포함한다.

관련판례 및 법조문

□ 판 례 □
◎ 감금행위의 방법

1. 형법 제276조 제1항에 규정된 감금죄에 있어서의 감금행위는 사람으로 하여금 일정한 장소 밖으로 나가지 못하도록 신체의 자유를 제한하는 행위를 가리키며, 그 방법은 반드시 물리적인 장애를 사용하는 경우 뿐만 아니라, 무형적인 수단으로서 공포심에 의하여 나갈 수 없게 한 경우도 포함한다(대법 1985 .6. 25. 84 도 2083).

2. 4일 가량 물조차 제대로 마시지 못하고 잠도 자지 아니하여 거의 탈진 상태에 이른 피해자의 손과 발을 17시간 이상 묶어 두고 좁은 차량 속에서 움직이지 못하게 감금한 행위와 묶인 부위의 혈액 순환에 장애가 발생하여 혈전이 형성되고 그 혈전이 폐동맥을 막아 사망을 이르게 된 결과 사이에는 상당인과관계가 있다고 인정한 사례(대법 2002. 10. 11. 2002 도 4315)

3. 정신병자도 감금죄의 객체가 될 수 있다(대법 2002.10.11. 2002 도4315)

□ 법 령 □
◎ 형법 제276조 제1항

감금죄의 위법성조각사유

수용시설에 수용중인 부랑인들에 대한 감금행위

질문 저의 친구 甲은 X복지원과 X정신요양원의 시설장으로서 생활보호법 등 관계법령과 부산직할시 재생원조례, 내무부훈령 제410호 등의 규정에 근거하여 부산직할시장으로부터 X복지원에 적법하게 수용의뢰된 부랑인들을 복지시설의 일부인 Y작업장에 수용하고, 피해자들의 야간도주를 방지하기 위하여 취침시간중 출입문을 밖에서 잠궜습니다. 그러나 Y작업장은 당시 당국에 초지전용허가신청만 한 단계였고 아직 시설이전허가는 받지 않은 상태였습니다. 다만, Y작업장의 시설 건립은 X복지원의 허가권자인 부산직할시장의 승인과 지원 아래 추진되었고, 그 시장이 관할 乙군수에게 Y작업장 건립에 적극 협조해 줄 것을 지시하였으며, 또한 그에 대한 사업예산으로 국고 및 지방비 예산까지 책정하였습니다. 이 경우에 저의 친구 甲은 처벌되나요?

답 무죄이다.

─ 유사사례 ─
◈ 차를 세워주지 않고 계속 질주하여 못내리게 하는 경우

해설 피해자의 승낙이 위법성을 조각한다는 견해도 있으나 체포·감금은 피해자의 동의가 없는 것을 그 요건으로 한다고 할 것이므로 이에 대한 피해자의 동의는 구성요건해당성을 조각하는 양해(諒解)라고 할 것이다. 또한 검사 또는 사법경찰관의 영장에 의한 구속, 현행범인의 체포, 친권자의 징계행위, 경찰관의 주취자보호조치, 치료를 위한 정신병자의 감금 등은 모두 형법 제20조에 의하여 위법성이 조각된다.

설문의 경우, Y작업장은 X복지원의 수용시설의 일부라 볼 수 있고 또한 야간도주방지를 위한 감금행위는 사회적 상당성이 인정되는 행위이므로 형법 제20조에 의하여 감금행위는 위법성이 조각된다.

┌─ 관련판례 및 법조문 ─┐

□ 판 례 □
◎ 수용시설에 수용중인 부랑인들에 대한 감금행위가 형법 제20조의 정당행위에 해당되어 위법성이 조각된다고 한 사례(세칭 형제복지원 사건)
　수용시설에 수용중인 부랑인들의 야간도주를 방지하기 위하여 그 취침시간중 출입문을 안에서 시정조치한 행위가 형법 제20조의 정당행위에 해당되어 위법성이 조각된다(대법 1988.11.8. 88도1580).

□ 법 령 □
◎ 형법 제276조

감금과 강간미수

강간의 목적으로 피해자를 차에 태워 주행, 외포케한 행위

질문▶ 화물자동차에 조개를 싣고 천안군 목천면으로 운행하던 저의 동생 甲은 피해자 乙(17세)이 아산군 신평리까지 태워달라고 하여 피해자를 운전석 옆에 태우고 갔습니다. 甲은 乙의 하차요구를 묵살한 채 계속 운행하고 가다가 乙을 강제로 추행하고, 평택시 X여관으로 데려가 여관방에서 강간하려 하였으나, 피해자가 화장실에 들어가 문을 잠그고 소리를 지르는 바람에 목적을 달성하지 못하였습니다. 이 경우 甲은 어떤 죄로 처벌되나요?

답 감금죄와 강간미수죄의 상상적 경합범이 된다.

3. 생명·신체·자유침해범죄

유사사례

◆ 생명·신체에 심한 해를 당할지도 모른다는 공포심에서 도피를 단념하고 있는 피해자를 호텔로 데리고 가서 함께 유숙한 후 그와 함께 항공기로 국외에 나간 행위

해 설 강간죄의 성립에 언제나 직접적으로 꼭 필요한 수단으로서 감금행위를 수반하는 것은 아니므로 감금행위가 강간미수죄의 수단이 되었다고 하더라도 감금행위는 강간미수죄에 흡수되어 범죄를 구성하지 않는다고 할 수 없으며, 감금행위와 강간미수행위는 시간적·장소적으로 중복되어 있고, 감금행위가 강간미수죄의 수단이 되어도 감금행위는 강간미수죄에 흡수되지 않는 것이므로 갑은 감금죄와 강간미수죄의 상상적 경합범이 된다. 형법 제40조는 과형상 1죄로 처벌함을 뜻하므로 을이 고소를 취하해도 갑의 감금죄(폭력행위등처벌에관한법률 제2조 제2항)에 대한 처벌에는 아무 영향없다. 이 점은 강요죄가 강간죄에 보충적으로 적용되는 것과 구별된다. 물론 감금 중에 강간을 한 경우라면 감금죄와 강간죄의 실체적 경합이 된다.

관련판례 및 법조문

□ 판 례 □
◎ 가. 감금행위가 강간미수죄의 수단인 경우에 감금죄의 성부 및 죄수
  나. 강간의 목적으로 피해자를 차에 태워 주행, 외포케 한 행위가 감금죄와 강간죄의 실행의 착수에 해당하는지 여부(적극)
  다. 상상적 경합관계에 있는 1죄에 관하여 고소취하가 있는 경우 타죄에 대한 처벌
  가. 강간죄의 성립에 언제나 직접적으로 또 필요한 수단으로서 감금행위를 수반하는 것은 아니므로 감금행위가 강간미수죄의 수단이 되었다하여 감금행위는 강간미수죄에 흡수되어 범죄를 구성하지 않는다고 할 수는 없는 것이고, 그 때에는 감금죄와 강간미수죄는 1개의 행위에 의하여 실현된 경우로서 형법 제40조의 상상적 경합관계에 있다.
  나. 피고인이 피해자가 자동차에서 내릴 수 없는 상태에 있음을 이용하여

강간하려고 결의하고, 주행중인 자동차에서 탈출불가능하게 하여 외포케 하고 50킬로미터를 운행하여 여관 앞까지 강제운행한 후 강간하려다 미수에 그친 경우, 위 협박은 감금죄의 실행의 착수임과 동시에 강간미수죄의 실행의 착수라고 할 것이다.

　다. 형법 제40조의 소위 상상적 경합은 1개의 행위가 수개의 죄에 해당하는 경우에는 과형상 1죄로서 처벌한다는 것이고, 또 가장 중한 죄에 정한 형으로 처벌한다는 것은 경한 죄는 중한 죄에 정한 형으로 처벌된다는 것이지 경한 죄는 그 처벌을 면한다는 것은 아니므로, 이 사건에서 중한 강간미수죄가 친고죄로서 고소가 취소되었다 하더라도 경한 감금죄(폭력행위등처벌에관한법률위반)에 대하여는 아무런 영향을 미치지 않는다(대법 1983.4.26. 83도323).

□ 법　령 □
◎ 형법 제276조

보복감금죄

폭력행위등처벌에관한법률 위반죄로 처벌받은 것에 불만을 품고 보복키 위해 감금한 행위

▶질문◀ 저는 피해자 乙의 신고로 폭력행위등처벌에관한법률 위반죄로 형사처벌을 받은 것에 불만을 품었습니다. 저는 이를 보복하기 위해 낮에 중화동 어느 정육점 앞에서 乙에게 "자동차에 타라, 타지 않으면 가만있지 않겠다"고 협박하면서 乙을 미리 대기시켜 놓았던 자동차 뒷 좌석에 강제로 밀어 넣어 앉혔습니다. 乙이 내려 달라고 애원했으나, 제가 乙을 태우고 망우리 공동묘지까지 약 20분간 자동차를 운전하였습니다. 저는 어떤 죄로 처벌되나요?

[답] 보복감금죄(특정범죄가중처벌등에관한법률 제5조의 9 제2항)에 의해 가중처벌된다.

유사사례

◆ 강간죄로 고소한 사건에 대하여 검사로부터 불기소처분을 받은 피고소인이 보복키 위해 찾아가 감금하고 사람을 치사케 한 경우

[해설] 체포 또는 감금의 죄를 범한 자가 자기의 형사사건의 수사 또는 재판과 관련하여 고소, 고발, 진술, 증언, 자료제출에 대한 보복의 목적인에게 가중처벌하는 것이 특정범죄가중처벌등에관한법률상의 보복범죄이다. 따라서 설문의 경우 보복감금죄로 처벌된다. 더욱이 감금을 하기 위한 수단으로서 행사된 단순한 협박행위는 감금죄에 흡수되어 따로 협박죄를 구성하지 않는다.

관련판례 및 법조문

□ 판 례 □
◎ 감금수단으로써 한 단순협박의 경우 협박죄 구성 여부(소극)
　감금을 하기 위한 수단으로서 행사된 단순한 협박행위는 감금죄에 흡수되어 따로 협박죄를 구성하지 아니한다(대법 1982.6.22. 82도705).

□ 법 령 □
◎ 특정범죄가중처벌등에관한법률 제5조의 9 제2항

아동혹사죄

15세 아들을 곡마단에 팔아 넘긴 아버지의 행위

질문▶ 저는 생활이 곤궁한 나머지 15세된 아들을 곡마단에 금 200만원을 받고 인도하였습니다. 저는 죄가 되나요?

답 16세 미만의 자를 위험한 업무에 사용할 영업자에게 인도하였으므로 아동혹사죄로 처벌된다.

유사사례

◆ 13세된 아들을 보건상 유해업소에 팔아 넘긴 행위

해 설 아동혹사죄는 자기의 보호 또는 감독을 받는 16세 미만의 자를 그 생명 또는 신체에 위험한 업무에 사용할 영업자 또는 그 종업자에게 인도하거나 인도받음으로써 성립하는 범죄이다.

본죄의 객체는 16세 미만의 자이다. 16세 미만의 자이면 누구나 여기에 해당하고 구체적인 발육상태를 묻지 않는다.

설문의 경우는, 16세 미만의 자를 위험한 업무에 사용할 영업자에게 인도하였으므로 아동혹사죄로 처벌된다.

관련판례 및 법조문

□ 판 례 □
◎ 4세인 아들을 닭장에 가두고 전신을 구타한 친권자의 행위
　피고인이 4세 밖에 되지 아니하는 그 아들을 대소변을 가리지 못한다고 닭장에 가두고 전신을 구타한 것은 민법 제915조에서 말하는 친권자가 그 아들을 보호 또는 교양(敎養)하기 위하여 필요한 징계행위에 해당한다고 볼 수 없다(대법 1969.2.4. 68도1793).

□ 법 령 □
◎ 형법 제274조

8. 약취와 유인의 죄

미성년자유인죄

하자 있는 피해자의 승낙과
미성년자유인죄의 성부

질문▶ 저는 15세 소녀 乙에게 독자적인 교리를 설파하고 저의 X복음전도회 B지부에 입관할 것을 호소하였습니다. 乙은 스스로 집을 나와 저의 지배 밑에서 제가 펼친 교리에서 말하는 소위 '주의 일'(껌팔이 등의 행상)을 하였습니다. 이 경우 저는 어떻게 처벌되나요?

답 귀하는 미성년자유인죄로 처벌된다.

─────유사사례─────

◆ 미성년자를 약취·유인할 목적으로 수면제나 마취제로 최면상태에 빠뜨리게 하여 다른 곳으로 데려가는 경우

해설 형법에서 약취와 유인의 죄를 벌하는 것은 개인의 자유를 보호하려는 것이며, 특히 미성년자의 자유권을 주로 보호하고 보호자의 감독권도 법적으로 보호하려 하고 있다. 약취·유인(引取)은 사람을 자유로운 생활관계·보호관계로부터 자기 또는 제3자의 실력지배에 옮기는 행위를 말하나, 약취(略取)는 폭행·협박을 수단으로 하고, 유인(誘引)은

기망·유혹에 의하는 점이 다르다. 여기에서 '기망'은 허위사실로 상대방을 착오에 빠지게 하는 것이고, '유혹'은 기망정도는 아니면서 감언(甘言)으로 상대방을 현혹시켜 판단력을 흐리게 하는 것을 말한다. 따라서 의사능력이 없는 유아(幼兒)에 대해서는 약취죄만 성립할 수 있다. 약취에서 폭행·협박의 정도는 미성년자를 실력지배에 둘 수 있는 정도이면 되고, 상대방의 반항을 억압할 정도일 필요는 없다.

설문의 경우, 을은 하자 있는 의사로 가출한 것이고, 귀하가 乙을 보호감독자의 보호관계에서 이탈시킨 이상 미성년자유인죄가 성립한다고 보겠다.

―― 관련판례 및 법조문 ――

□ 판 례 □

◎ 하자 있는 피해자의 승낙과 미성년자 유인죄의 성부

피해자가 스스로 가출하였다고는 하나 그것이 피고인의 독자적인 교리설교에 의하여 하자 있는 의사로써 이루어진 것이고, 동 피해자를 보호감독권자의 보호관계로부터 이탈시켜 피고인의 지배하에 옮긴 이상 미성년자 유인죄가 성립한다(대법 1982.4.27. 82도186).

□ 법 령 □

◎ 형법 제287조

영리목적유인죄

무작정 상경한 부녀를 창기업자에 팔아 넘기려고 유인한 행위

 저는 무작정 상경한 18세의 소녀 甲을 창기업자 乙에게 팔려고 甲을 유인한 후 乙에게 인도하려다 발각되었습니다. 저의 경우는 어떤 죄가 되나요?

3. 생명·신체·자유침해범죄

답 귀하는 영리목적 약취·유인죄로 처벌된다.

───(유사사례)───
◆ 피인취자를 일정한 업무에 종사케 하여 그 수입으로 채무를 변제하게 하는 경우

해설 추행·간음 또는 영리의 목적으로 사람을 약취 또는 유인한 자는 1년 이상의 유기징역에 처한다(형법 제288조 제1항). 본죄의 객체는 성년자·미성년자를 불문하며, 미성년자를 영리의 목적에 의해 약취·유인한 경우 본죄에 해당된다.

또 영리목적 유인죄(형법 제288조)는 목적범이므로 목적의 달성 여부는 본죄의 성립과 관계없다.

설문의 경우, 귀하는 영리목적 약취·유인의 죄로 처벌되게 된다.

───(관련판례 및 법조문)───

□ 판 례 □
◎ 하자 있는 피해자의 승낙과 미성년자 유인죄의 성부
피해자가 스스로 가출하였다고는 하나 그것이 피고인의 독자적인 교리설교에 의하여 하자 있는 의사로써 이루어진 것이고, 동 피해자를 보호감독권자의 보호관계로부터 이탈시켜 피고인의 지배하에 옮긴 이상 미성년자 유인죄가 성립한다(대법 1982.4.27. 82도186).

□ 법 령 □
◎ 형법 제288조

4
사생활침해죄

사생활침해범죄

<table>
<tr><td rowspan="4">명
예
·
신
용
·
비
밀
에
대
한
죄</td><td>명예에 관한 죄 :</td><td>명예에 관한 죄에는 공연히 사실을 적시하여 사람의 명예를 훼손하는 명예훼손죄와, 사실을 적시하지 않고 공연히 사람을 모욕하는 모욕죄가 있다(형법 제307조~제312조).</td></tr>
<tr><td>신용 · 업무와
경매에 관한 죄 :</td><td>사람의 경제적 생활활동을 침해하는 죄이다. 이에는 허위사실을 유포하거나 기타 위계로 타인의 신용을 훼손하는 신용훼손죄와 업무방해죄, 그리고 경매입찰방해죄 등이 있다(형법 제313조~제315조).</td></tr>
<tr><td>비밀침해의 죄 :</td><td>이에는 봉함, 기타 비밀로 장치한 타인의 신서·문서 또는 도서를 개피한 경우의 비밀침해죄와, 업무상의 비밀을 누설한 경우에 성립되는 업무상 비밀누설죄가 있다(형법 제316조~318조).</td></tr>
<tr><td>주거침입죄 :</td><td>사람의 주거 또는 간수하는 장소의 평온, 안전을 침해하는 범죄이다. 주거침입죄, 퇴거불응죄, 특수주거침입죄, 주거수색죄 등이 있다(형법 제319조~제322조).</td></tr>
</table>

1. 명예에 관한 죄

명예훼손죄의 전파성

**교사의 비행을 적은 진정서를
학교 이사장에게 제출한 경우**

[질문] 저는 乙이 교사로 근무하는 중학교의 학교법인 이사장 앞으로 "乙은 전과 6범으로 교사직을 팔아가며 이웃을 해치고 고발을 일삼는 악덕교사이다"라는 취지의 진정서를 제출하였습니다. 저의 행동이 죄가 되나요?

[답] 명예훼손죄가 되지 않는다.

―〈유사사례〉―

◆ 피해자의 친척 한 사람에게 피해자의 불륜관계를 이야기 한 경우와
◆ 피고인이 피해자와 동업관계에 있고 친한 사이인 사람에게만 피해자의 험담을 한 때에는 공연성을 부정하고 있다.

[해설] 전파성이론은 공연성(公然性)의 기준을 결과의 전파가능성에서 찾는 이론이다. 따라서 특정된 한 사람에게 한 말도, 그것이 결과적으로 불특정 또는 다수인에게 전파될 가능성이 있으면 공연성이 인정된다. 사실을 적시한 상대방은 비록 특정된 한 사람일지라도 결과면에서는 불특정 또는 다수인에게 한 것과 같다고 보기 때문이다. 판례가 발전시킨 이론으

로서 학계의 부분적인 지지도 있다. 이렇게 되면 거의 모든 경우에 공연성이 인정된다. 다만, 대법원은 ① 피해자와 신분관계에 있는 자, ② 피해자의 직장상사 또는 ③ 피해자의 동업자에 대하여 말한 경우에는 전파가능성이 없다고 본다. 개별적으로 한 사람에 대하여 사실을 유포하였다고 하여도 이로부터 불특정 또는 다수인에게 전파될 가능성이 있으면 공연성의 요건을 갖춘다고 대법원은 판시하고 있다(대법 1992. 5. 26. 92 도 445).

설문의 경우는, 을과 이사장 사이의 관계에 비추어 이사장이 그 내용을 전파할 가능성이 없다. 따라서 명예훼손죄가 성립되지 않는다.

──────── 관련판례 및 법조문 ────────

□ 판 례 □

출판물에 의한 명예훼손죄는 간접정범에 의하여 범하여질 수도 있으므로 타인을 비방할 목적으로 허위의 기사 재료를 그 정을 모르는 기자에게 제공하여 신문 등에 보도되게 한 경우에도 성립할 수 있으나 제보자가 기사의 취재·작성과 직접적인 연관이 없는 자에게 허위의 사실을 알렸을 뿐인 경우에는, 제보자가 피제보자에게 그 알리는 사실이 기사화 되도록 특별히 부탁하였다거나 피제보자가 이를 기사화 할 것이 고도로 예상되는 등의 특별한 사정이 없는 한, 피제보자가 언론에 공개하거나 기자들에게 취재됨으로써 그 사실이 신문에 게재되어 일반 공중에게 배포되더라도 제보자에게 출판·배포된 기사에 관하여 출판물에 의한 명예훼손죄의 책임을 물을 수는 없다(대법 2002. 6. 28. 2000 도 3045).

□ 법 령 □

◎ 형법 제307조 제1항

명예훼손죄의 사실적시

목사가 진위확인을 위하여 교회집사들에게 전임목사의 불미스런 소문에 관하여 물은 경우

[질문] 저의 형님 목사 甲은 교회갈등으로 목사직을 사임하였고, 그에 앞서 여전도사 乙도 전도사직을 사임하였습니다. 수습위원으로 위촉된 丙은 丁으로부터 그가 들은 소문 "甲이 乙의 무릎을 베고 누웠고, 乙이 甲의 흰머리를 뽑고 있을 때, 甲의 부인이 들어오자, 乙이 목사님의 옛애인이 들어온다"고 말했다는 소문을 다시 전해 듣고 丙은 戊와 대화하는 자리에서 우연히 甲의 이야기가 나오게 되자, 현직목사로서 그와 같은 소문의 진위를 알아보기 위해 戊에게 그것이 사실이냐고 물어봤습니다. 甲의 행위가 죄가 되나요?

[답] 명예훼손죄가 성립되지 않는다.

[유사사례]
- 피고인이 피해자에게 한 욕설을 피고인의 남편 외에 들은 사람이 없는 경우는 명예훼손을 인정하기 어렵다.
- 교수가 학생들에게 피해자의 이성관계를 암시하는 발언을 한 것에 대해 명예훼손죄를 인정한다.

[해설] 판례는 전파가능성이론(傳播可能性理論)에 의해 명예훼손죄가 지나치게 확대되는 것을 막기 위해 사실의 적시를 다음과 같이 제한한다. 첫째, 사실확인을 위한 질문이나 질문에 대한 대답은 '적시'개념에 속하지 않는다고 본다. 둘째, 명예훼손죄의 고의를 단지 타인의 명예를 훼손하는 데 적합한 사실을 적시한다는 점에 대한 인식과 의사로 해석하지 않고 마치 제309조의 비방 '목적'과 같은 것으로 해석한다.

설문의 경우, 병의 그런 질문성 발언은 사실적시가 아니며 또한 명예훼손고의로 인정할 수 없다. 경험칙상 충분히 있을 수 있는 일로써 명예훼손의 고의 없는 단순한 확인에 지나지 아니하며 사실의 적시라고 할 수 없다 할 것이다.

관련판례 및 법조문

□ 판 례 □
◎ 목사가 진위확인을 위하여 교회집사들에게 전임목사의 불미스런 소문에 관하여 물은 경우 명예훼손죄의 성부

명예훼손죄의 주관적 구성요건으로서의 범의는 행위자가 피해자의 명예가 훼손되는 결과를 발생케 하는 사실을 인식하므로 족하다 할 것이나, 새로 목사로서 부임한 피고인이 전임목사에 관한 교회 내의 불미스러운 소문의 진위를 확인하기 위하여 이를 교회집사들에게 물어보았다면, 이는 경험칙상 충분히 있을 수 있는 일로서 명예훼손의 고의 없는 단순한 확인에 지나지 아니하여 사실의 적시라고 할 수 없다 할 것이므로 이 점에서 피고인에게 명예훼손의 고의 또는 미필적 고의가 있을 수 없다고 할 수밖에 없다 (대법 1985.5.28. 85도588).

□ 법 령 □
◎ 형법 제307조

명예훼손죄와 정당행위

명예훼손죄의 위법성조각사유 (형법 제310조)의 적용 여부

▶질문◀ 저는 乙이 자신의 과수원에서 사과를 훔쳐가므로 乙을 꾸짖었으나 乙은 오히려 저에게 욕설을 하면서 행패를 부렸습니다. 저는

저의 자형이며 과수원 관리책임자인 丙에게 乙의 그런 소행을 알리면서 과수원을 잘 지키라고 부탁하고, 乙의 소행을 그녀의 남편이며 마을동장인 丁에게 알리기 위하여 그를 찾아갔으나, 만나지 못하고 돌아오는 길에 丁의 친구이며 같은 동네 새마을 지도자인 戊를 만나 그에게 乙의 소행을 말하고는, 그녀의 나쁜 버릇을 고칠 방법이 없겠느냐며 의논을 하였습니다. 저의 행위가 죄가 되나요?

답 귀하의 행위는 명예훼손죄에 해당되나, 사회통념상 위법한 것은 아닙니다.

유사사례

◆ 피해자에 대하여 "야! 이 개같은 잡년아 시집을 열두번을 간 년아, 자식도 못 낳은 창녀같은 년"이라고 큰소리친 경우는 형법상 모욕은 될지언정, 명예훼손은 되지 않는다.

해설 형사재판에서 검사의 기소요지 진술, 증인의 증언, 변호인의 변호권행사 내용이 사람의 명예를 훼손하더라도, 그것은 법령에 의한 행위로서 위법성이 조각된다. 그러나 허위변론은 권리남용으로 명예훼손죄(형법 제307조 제1항)가 된다. 언론·출판기관의 보도, 출판행위도 국민의 알 권리를 충족시키는 한 정당한 업무행위에 속한다. 학술·예술작품에 대한 공정한 논평도 정당행위이다. 그러나 사람을 비방할 목적으로 보도하거나 허위사실을 보도하여 사람의 명예를 훼손한 경우에는 출판물에 의한 명예훼손죄(형법 제309조)를 구성한다. 국회의원은 국회에서 직무상 행한 발언에 대해 국회 밖에서 책임을 지지 않는다(헌법 제45조).

설문처럼 과수원을 경영하는 귀하가 사과를 절취당한 피해자의 입장에서 앞으로 이와 같은 일이 재발되지 않도록 예방하기 위하여 과수원의 관리자와 같은 동네 새마을 지도자에게 각각 그들만이 있는 자리에서 개별적으로 피해자 을이 귀하 소유의 과수원에서 사과를 훔쳐간 사실을 말하였다 하더라도 통상적인 사회생활면으로나 사회통념상 귀하의 행위를 위법하다고 보기 어렵다.

관련판례 및 법조문

□ 판 례 □
◎ 사회통념상 위법성이 없어 명예훼손에 해당하지 않는다고 본 예
　과수원을 경영하는 피고인이 사과를 절취당한 피해자의 입장에서 앞으로 이와 같은 일이 재발되지 않도록 예방하기 위하여 과수원의 관리자와 같은 동네 새마을 지도자에게 각각 그들만이 있는 자리에서 개별적으로 피해자가 피고인 소유의 과수원에서 사과를 훔쳐간 사실을 말하였다 하더라도, 통상적인 사회생활면으로 보나 사회통념상 위와 같은 피고인의 소위를 위법하다고는 말하기 어렵다(대법 1986.10.14. 86도1341).

□ 법 령 □
◎ 형법 제307조

명예훼손죄와 사실의 증명

잡지에 개인에 대한 인신공격적 내용의 수기를 그대로 게재한 경우

저의 친구 甲은 변호사 乙에게 손해배상청구사건을 의뢰하여 패소하자, 패소원인이 乙이 소송위임에 따른 의무위반에 있었다는 점을 이유로 乙을 상대로 소를 제기하여 일부승소판결을 받아내었습니다. 甲은 약 반년뒤 자기가 발행인으로 되어 있는 모잡지에 '한국 최초로 변호사를 상대로 승소한 중학중퇴 기능공의 법정투쟁기'를 기고하였습니다. 거기에서 甲은 "乙이 날자까지 변조해 가며 나를 패소케 하였다", "법을 잘 아는 사람에게 법을 몰라 이용당한 꼴", "乙은 변호사로서 윤리를 저버리고 본분을

망각한 행동을 하였다"는 등의 표현을 사용하였습니다. 甲의 행위가 죄가 되나요?

답 갑의 수기는 '오로지 공공의 이익을 위한 것으로 볼 수 없다'고 보아 명예훼손죄가 성립한다.

─(유사사례)─
◈ 형사재판에서 한 변론이라 해도 허위의 사실을 적시한 경우에는 권리의 남용으로서 위법성이 조각되지 않고, 언론기관이라 해도 특별한 지위가 인정되지 않는다.

해 설 공공의 이익(公益性)은 국가, 사회 또는 국민의 이익을 말한다. 주로 문제가 되는 것은 개인의 명예훼손이 국민의 알 권리와 충돌하는 경우이다. 양자 사이에 명확한 한계를 긋는 것은 매우 어려운 일이다. 설문의 경우처럼 일정한 입장에 있는 인물에 관한 행위가 공적 비판의 대상이 된다고 하더라도 설문에 비하여 신속성의 요청이 덜한 잡지에 인신공격의 표현으로 비난하는 내용의 기사를 게재함에 있어서는 기사내용의 진실 여부에 대하여 미리 충분한 조사활동을 거쳐야 할 것인바, 위의 발행인의 행동으로 피해자의 사회적 평가가 저하되었다 할 것이므로 위 잡지 발행인과 갑은 명예훼손죄의 책임을 지게 된다.

─(관련판례 및 법조문)─
□ 판 례 □
◎ 가. 개인의 명예의 보호와 표현의 자유의 보장이란 두 법익이 **충돌할 경우 그 조정방법**
  나. 타인의 명예훼손행위와 위법성의 조각
  다. 잡지에 개인에 대한 인신공격적 내용의 수기를 그대로 게재한 경우 **발행인의 명예훼손으로 인한 손해배상책임의 유무**
    가. 구 헌법(1980.10.25. 개정) 제20조, 제9조 후단의 규정등에 의하면 표현의 자유는 민주정치에 있어 최대한의 보장을 받아야 하지만, 그에 못지

않게 명예나 사생활의 자유와 비밀 등 사적 법익도 보호되어야 할 것이므로, 인격권으로서의 개인의 명예의 보호와 표현의 자유의 보장이라는 두 법익이 충돌하였을 때 그 조정을 어떻게 할 것인지는 구체적인 경우에 사회적인 여러 가지 이익을 비교하여 표현의 자유로 얻어지는 이익, 가치와 인격권의 자유로 얻어지는 이익, 가치와 인격권의 보호에 의하여 달성되는 가치를 형량하여 그 규제의 폭과 방법을 정하여야 한다.

나. 형사상이나 민사상으로 타인의 명예를 훼손하는 행위를 한 경우에도 그것이 공공의 이해에 관한 사항으로서 그 목적이 오로지 공공의 이익을 위한 것일 때에는 진실한 사실이라는 증명이 있으면 위 행위에 위법성이 없으며 또한 그 증명이 없더라도 행위자가 그것을 진실이라고 믿을 만한 상당한 이유가 있는 경우에는 위법성이 없다.

다. 일정한 입장에 있는 인물에 관한 행위가 공적 비판의 대상이 된다고 하더라도 신문에 비하여 신속성의 요청이 덜한 잡지에 인신공격의 표현으로 비난하는 내용의 기사를 게재함에 있어서는 기사내용의 진실 여부에 대하여 미리 충분한 조사활동을 거쳐야 할 것인바, 잡지발행인이 수기를 잡지에 게재함에 있어 그 내용의 진실성에 대하여는 전혀 검사하지 아니한 채 원문의 뜻이 왜곡되지 않는 범위 내에서 문장의 일부만을 수정하여 피해자가 변호사로서의 본문을 망각한 악덕변호사인 것처럼 비방하는 내용의 글을 그대로 잡지에 게재하였다면 잡지발행인으로서는 위 수기의 내용이 진실한 것으로 믿는데 상당한 이유가 있었다고 할 수 없고, 잡지에 이 수기를 게재하여 반포하였다면, 위 피해자의 사회적 평가가 저하되었다 할 것이므로 위 잡지 발행인은 위 피해자에 대한 명예훼손의 책임을 면할 수 없다 (대법 1988.10.11. 85다카29).

□ 법 령 □
◎ 형법 제310조

명예훼손죄의 위법성조각

오로지 조합원을 위해 타인의 비리를 대자보에 붙힌 행위

[질문] 저의 이웃 甲은 乙운수주식회사의 시내버스 운전사로서 새로운 노동조합장이 된 후 조합의 운영을 공개하겠다는 선거공약에 따라 전임노동조합장 丙의 업무처리내용 중 의심의 여지가 있는 부분들을 조합원 운전사들이 대기실로 사용하는 배차실 벽에 다음과 같은 벽보로 붙였습니다. "丙은 체육복에 관하여 1벌당, 10,000원이면 구입할 수 있는 것을 터무니 없이 비싼 가격인 18,000원에 구입하였습니다." "수재의연금에 관하여, 지부에서 우리 조합원들의 수재현황을 보고받아 수재의연금을 지급한 사실이 있는데, 전 분회장 丙은 이러한 사실을 공고조차 하지 않고 전혀 피해를 입지 아니한 조합원들에게 극비에 5만원씩을 지급하였다." "조합비전별금 경조비에 관하여, 전임자 丙은 업무를 집행한 1988.7.1.부터 현재까지 불규칙적으로 조합비는 납부하였으나, 전별금 및 경조비는 한푼도 낸 사실이 없다." 甲의 행동이 처벌받나요?

[답] 갑의 행동은 조합원을 위한 '공공의 이익을 위한 것'에 해당하여 위법성이 조각된다.

유사사례

◆ 신문보도를 함에 있어 과장된 표현이 된 경우에는 명예훼손죄로서 처벌되지 않는다.

[해설] 형법 제310조는 「명예훼손행위가 진실한 사실로서 오로지 공공의 이익에 관한 때에는 처벌하지 않는다」고 규정하고 있다. 따라서 설문

의 경우는, 대자보의 표현방법이 을의 업무집행을 비난하는 형식을 취하였다 해도 대자보를 벽에 붙인 목적이 '주로' 위와 같은 사실들을 조합원들에게 알리기 위한 것인 이상 '공공의 이익을 위한 것'에 해당한다고 봄이 타당하다.

관련판례 및 법조문

□ 판 례 □

◎ 가. 형법 제310조에 있어서 적시된 사실을 진실한 것으로 믿었고 그렇게 믿을 만한 상당한 이유가 있는 경우 위법성 유무(소극)

나. 위 '가'항의 경우 적시된 사실이 공공의 이익에 관한 것인지 여부의 판단기준

다. 노동조합 조합장이 전임 조합장의 업무처리 내용 중 근거자료가 불명확한 부분에 대하여 대자보를 작성 부착한 행위가 공공의 이익을 위한 것이고 적시된 내용을 진실이라고 믿고 그렇게 믿은 데에 상당한 이유가 있다고 하여 위법성이 조각된다고 본 사례

가. 형법 제310조의 규정은 인격권으로서의 개인의 명예의 보호와 헌법 제21조에 의한 정당한 표현의 자유의 보장이라는 상충되는 두 법익의 조화를 꾀한 것이라고 보아야 할 것이므로, 두 법익간의 조화와 균형을 고려한다면 적시된 사실이 진실한 것이라는 증명이 없더라도 행위자가 진실한 것으로 믿었고 또 그렇게 믿을 만한 상당한 이유가 있는 경우에는 위법성이 없다.

나. 적시된 사실이 공공의 이익에 관한 것인지 여부는 사실 자체의 내용과 성질에 비추어 객관적으로 판단하여야 하고, 행위자의 주요한 목적이 공공의 이익을 위한 것이면 부수적으로 다른 사익적 동기가 내포되어 있더라도 형법 제310조의 적용을 배제할 수 없다.

다. 노동조합 조합장이 전임 조합장의 업무처리 내용 중 근거자료가 불명확한 부분에 대하여 대자보를 작성 부착한 행위가 공공의 이익을 위한 것이고 적시된 내용을 진실이라고 믿고 그렇게 믿은 데에 상당한 이유가 있다 하여 위법성이 조각된다고 본 사례(대법 1993.6.22. 92도3160).

□ 법 령 □
◎ 형법 제310조

사자(死者)의 명예훼손죄

사자(死者)에 대하여 빚 때문에 도망다니며 죽은 척하는 나쁜 놈이란 발언

질문▶ 저는 乙이 사망한 사실을 알면서 乙은 사망한 것이 아니고 빚 때문에 도망다니며 죽은 척하는 나쁜 놈이라고 공연히 허위사실을 적시하였습니다. 이것도 죄가 됩니까?

답 사자의 명예훼손죄가 성립한다.

⟨유사사례⟩

◨ 갑은 최근에 사망한 소설가 을을 얼마 전에 건강하다고 생각하였기 때문에 사망을 의심했지만, 을의 소설을 도작이라고 모신문에 발표했는데, 진짜 도작이였음이 나중에 밝혀졌다. 이 경우 갑은 사자명예훼손죄에 해당되지 않는다.

해설 공연히 허위사실을 적시하여 사자(死者)의 명예를 훼손함으로써 성립하는 범죄이다. 그러므로 진실을 기초로 한 역사적 인물에 대한 평가는 이 죄에 해당될 여지가 없다. 보호법익은 보통 '역사적 존재로서 사자의 인격적 가치'라고 한다. 그러나 죽은 사람은 형법상의 명예주체가 되지 않고 형법의 보호대상에도 속할 수 없기 때문에, 이 견해는 찬성할 수 없다. 비록 법문이 '사자의 명예'로 표현하고 있을지라도, 그 보호법익은 유족이 사자에 대해 가지고 있는 추모감정으로 보는 것이 옳다고 본다.

이 죄가 성립하기 위해서는 허위사실의 적시에 대한 확실한 인식이 있어야 한다. 미필적 인식으로는 부족하다. 이 죄는 친고죄로서 고소권자는 사자의 친족 또는 자손이다(형사소송법 제227조). 고소권자가 없을 때는 이해관계인의 신청에 의하여 검사가 10일 안에 고소권자를 지정해야 한다(형사소송법 제228조). 산 사람의 명예도 제대로 지켜지지 않는 상황을 생각하면 아무런 현실성도 없는 한가한 논의일 뿐이다. 인정한 판례도 없다.

특히, 사자(死者)의 명예훼손죄도 사자에 대한 사회적·역사적 평가를 보호법익으로 하는 것이므로 그 구성요건상의 사실의 적시는 허위사실이어야 한다.

(관련판례 및 법조문)

□ 판 례 □
◎ 가. 생존시를 작성일자로 한 사자 명의로 된 문서의 작성과 사문서 위조
　나. 채권자를 속여 채권의 추심승낙을 받아 이를 추심취득한 소위와 사기죄의 성부
　다. 추심한 어음금의 수령보관과 횡령죄에서의 타인의 재물보관
　라. "빚때문에 도망다니며 죽은 척하는 나쁜 놈"이란 발언과 사자에 대한 명예훼손

　가. 사자 명의로 된 문서를 작성함에 있어 사망자의 처로부터 사망자의 인장을 교부받아 생존 당시 작성한 것처럼 문서의 작성일자를 그 명의자의 생존중의 일자로 소급하여 작성한 때에는 작성명의인의 승낙이 있다고 볼 수 없다 할 것이니 사문서위조죄에 해당한다.

　나. 채권자에게 채권을 추심하여 줄 것 같이 속여 채권의 추심승낙을 받아 그 채권을 추심하여 이를 취득하였다면, 이는 채권자의 착오에 기한 재산처분행위라고 할 것이므로 이는 사기죄를 구성한다 할 것이다.

　다. 약속어음금의 추심의뢰를 받고 그 어음금을 수령하여 보관중인 때에는 횡령죄의 구성요건인 타인의 재물의 보관에 해당한다.

　라. 사자명예훼손죄는 사자에 대한 사회적·역사적 평가를 보호법익으로 하는 것이므로 그 구성요건으로서의 사실의 적시는 허위의 사실일 것을 요하는바 피고인이 사망자의 사망사실을 알면서 위 망인은 사망한 것이 아니고 "빚때문에 도망다니며 죽은 척 하는 나쁜 놈"이라고 함은 공연히 허위의 사실을 적시한 행위로서 사자의 명예를 훼손하였다고 볼 것이다(대법 1983.10.25. 83도1520).

4. 사생활침해죄

□ 법 령 □
◎ 형법 제308조

2. 신용·업무와 경매에 관한 죄

신용훼손죄

단순한 의견이나 가치판단의 표시가 신용훼손의 소정의 허위사실의 유포에 해당하는가

[질문] 저의 친구 乙은 6년 전 남편을 잃은 후 계를 조직·운영하여 생계를 꾸려왔으나, 계원들의 계금불입이 잘 이루어지지 않았습니다. 그리하여 乙은 저에게 5천만원을 빌리고 자신의 아파트 1채와 1,000만원 상당의 가재도구 일체를 저에게 담보로 제공하였습니다. 상황이 갈수록 악화되자 乙은 계원 16명에 대한 채권도 저에게 양도하고 제가 계주업무를 대행하겠다는 것을 묵인하였습니다. 그 후 저는 계원 몇명이 모인 자리에서 "乙은 집도 없고 남편도 없는 과부이며 계주로서 계불입금을 모아서 도망가더라도 어느 한 사람 책임지고 도와줄 사람 없는 알몸이니 乙에게 불입금을 주지 말고 나에게 달라", "나는 2억원 상당의 집이 있고 남편도 직장이 튼튼하므로 안심하고 계불입금을 주면 책임지고 계를 잘 운영하겠다"라는 말을 하였습니다. 이 경우 저의 행위가 죄가 되나요?

[답] 신용훼손죄가 성립되지 않는다. 따라서 무죄다.

유사사례

● 많은 사람 앞에서 을은 파산당한 자이므로 아무도 돈을 빌려 주지 않는 것이 좋을 것이라고 거짓말한 경우
● 허위의 계책을 사용하여 타인 명의의 우편엽서에 신용을 훼손하는 사항을 기재하여 거래처에 송부한 경우 신용훼손죄에 해당된다.

해 설 　신용훼손죄는 허위의 사실을 유포하거나 기타 위계로써 사람의 신용을 훼손한 때에 성립하는 범죄이다. '허위사실의 유포'는 객관적으로 진실이 아닌 사실을 여러 사람에게 전파하는 것을 말한다. 먼저 허위사실은 전부허위뿐만 아니라 일부허위도 포함되고, 스스로 조작한 것과 함께 다른 사람한테서 들은 사실이라도 상관없다. 과거・현재・미래의 사실을 묻지 않는다. 유포는 명예훼손죄의 '공연성'보다 넓은 개념이다. 즉, 불특정 또는 다수인에게 거짓사실을 말하는 경우 뿐만 아니라, 특정된 한 사람이라도 그가 거짓사실을 전파할 가능성이 있으면 유포행위가 인정된다. 유포방법에도 제한이 없다. 예컨대, 언어・문서 그리고 직접・간접의 어느 것이라도 상관없다. 판례는 단순한 가치판단이나 의견진술은 신용훼손행위가 되지 않는다고 한다. 또 위계는 상대방의 착오와 부지를 이용하는 일체의 행위를 말한다.

　설문의 경우, 귀하의 발설내용은 허위사실이 아니며, 동시에 을에 대한 개인적 의견이나 평가이므로 신용훼손죄가 되지 않는다.

관련판례 및 법조문

□ 판 례 □
◎ 가. 단순한 의견이나 가치판단의 표시가 신용훼손죄 소정의 허위사실의 유포에 해당하는지 여부(소극)
　나. 계 운영에 관한 업무방해와 계주의 승인
　가. 형법상 신용훼손죄는 허위사실의 유포 기타 위계로써 사람의 신용을 훼손할 것을 요하고, 여기서 허위사실의 유포라 함은 객관적으로 진실과 부합하지 않는 과거 또는 현재의 사실을 유포하는 것으로서(미래의 사실도

증거에 의한 입증이 가능할 때에는 여기의 사실에 포함된다고 할 것이다) 피고인의 단순한 의견이나 가치판단을 표시하는 것은 이에 해당하지 않는다고 할 것이므로, 공소 외 갑은 8년 전부터 남편 없이 세 자녀를 데리고 생계를 꾸려왔을 뿐 아니라 피고인에 대한 다액의 채무를 담보하기 위해 동녀의 아파트와 가재도구까지를 피고인에게 제공한 사실이 인정되니 위 공소 외 갑이 집도 남편도 없는 과부라고 말한 것이 허위사실이 될 수 없고, 또 공소 외 갑이 계주로서 계불입금을 모아서 도망가더라도 책임지고 도와줄 사람이 없다는 취지의 피고인의 말은 피고인의 위 공소 외 갑에 대한 개인적 의견이나 평가를 진술한 것에 불과하여 허위사실의 유포라고 볼 수 없다.

나. 피고인이 계원들로 하여금 공소 외 갑 대신 피고인을 계주로 믿게 하여 계금을 지급하고 불입금을 지급받아 위계를 사용하여 공소 외 갑의 계 운영업무를 방해하였다고 하여도 피고인에 대하여 다액의 채무를 부담하고 있던 공소 외 갑으로서는 채권확보를 위한 피고인의 요구를 거절할 수 없었기 때문에 피고인이 계주의 업무를 대행하는데 대하여 이를 승인 내지 묵인한 사실이 인정된다면 피고인의 소위는 이른바 위 공소 외 갑의 승낙이 있었던 것으로서 위법성이 조각되어 업무방해죄가 성립되지 않는다(대법 1983.2.8. 82도2486).

□ 법 령 □
◎ 형법 제313조

부정입학과 업무방해죄

출제교수가 대학원 입학시험문제를 가르쳐 준 행위

질문▶ 모대학 교수인 저의 친구 甲은 출제교수들로부터 대학원 신입생 전형 시험문제를 제출받아 乙·丙에게 그 시험문제를 알려 주었습니다. 그들은 답안 쪽지를 작성한 다음, 이를 답안지에 그대로 베껴써서 그 정을 모르는 시험감독관에게 제출하였습니다. 이 경우 甲의 행위는 죄가 되나요?

답 귀하의 친구의 행위는 업무방해죄에 해당된다.

─(유사사례)─

- 갑이 변호사 사무실 앞에서 붉은 색 페인트로 "무죄라고 약속하고 이백만원에 선임했다"라는 등 허위사실을 기재한 흰 까운을 입고 낚시용 의자에 앉거나, 그 장소주변을 배회한 경우
- 독자를 빼앗기 위해 다른 신문과 비슷하게 게재하는 행위

해 설 판례는 '사실상 평온하게 이루어진 사회활동'은 보호가치가 있는 업무라고 판시한다. 그러므로 형식적 적법성을 결한 사무(예컨대, 무효인 사무, 행정규칙을 위반한 사무, 내규를 위반한 사무 등)도 경우에 따라서는 얼마든지 업무가 될 수 있다. 특히, 여기서 업무는 주된 업무에 한정되지 않고 부수적 업무도 포함된다.

이러한 요건을 구비하고 사람이 직업적으로 사회적 지위와 계속성을 가지고 행하는 모든 사무는 업무가 된다. 따라서 경제적인 것에 국한되지 않고 정신적인 것도 얼마든지 업무가 될 수 있다.

설문의 경우, 위계로 입시감독업무를 방해하였으므로 업무방해죄에 해당된다.

어장의 해저에 장애물을 침몰케 함으로써 어망을 파손시키는 행위, 타인의 식당영업장소에 수인이 공동하여 대성방곡하여 식당 내를 소란케 하는 경우, 다만 가장 경쟁자를 조작하고 입찰에 관한 사전모의를 하는 경우에는 담합자간에 금품수수 여부를 불문하고 입찰방해죄가 성립한다(형법 제315조).

관련판례 및 법조문

□ 판 례 □

◎ **대학원 신입생전형 시험문제를 사전에 알려 준 교수와 미리 답안지 쪽지를 작성하여 답안지를 작성한 수험생의 죄책**(=위계에 의한 업무방해죄)

교수인 피고인 갑이 출제교수들로부터 대학원 신입생전형 시험문제를 제출받아 피고인 을, 병에게 그 시험문제를 알려주자 그들이 답안 쪽지를 작성한 다음, 이를 답안지에 그대로 베껴써서 그 정을 모르는 시험감독관에게 제출한 경우, 위계로써 입시감독업무를 방해한 것이므로 업무방해죄에 해당한다(대법 1991.11.12. 91도2211)

□ 법 령 □
◎ 형법 제314조

위장취업과 업무방해죄

노동운동을 할 목적으로 입사시험에 합격한 경우

질문▶ 저의 친구 甲은 고려상사주식회사의 공원모집에 지원하였습니다. 그런데 이 회사는 공원모집을 하면서 학력, 경력을 기재한 이력서와 주민등록등본, 생활기록부 및 각서 등 서류를 교부받고, 응모자를 상대로 중학교 2, 3학년 수준의 객관식 문제와 '노사분

규를 어떻게 생각하는가'라는 주관식 문제를 출제하여 시험을 보게하였습니다. 이것은 단순히 응모자의 노동력을 평가하기 위한 것만이 아니라 노사간의 신뢰형성 및 기업질서유지를 위한 응모자의 지능과 경험, 교육정도, 정직성 및 직장에 대한 적응도 등을 감안하여 위 회사의 근로자로서 고용할 만한 적격자인지 여부를 결정하기 위한 자료를 얻기 위한 목적이 있었습니다. 甲은 노동운동을 하기 위해 노동현장에 취업하고자 하였으나, 자신이 서울대학교 정치학과에 입학한 학력과 국가보안법 위반죄의 처벌전력 때문에 쉽게 입사할 수 없었습니다. 그리하여 甲은 친구 丙 명의로 허위의 학력과 경력을 기재한 이력서를 작성하고, 위 丙의 고등학교 생활기록부 등의 서류를 작성·제출하여 입사시험에 합격하였습니다. 이 경우 甲은 처벌되나요?

답 업무방해죄로 처벌된다.

―― 유사사례 ――

〈위계에 의한 업무방해의 예〉
◆ 상품의 품질을 악선전하는 내용의 인쇄물을 보낸 경우
◆ 종업원을 유혹하여 달아나게 함으로써 요정의 영업을 못하게 하는 경우

해설 업무방해죄는 업무방해의 우려가 있는 상태가 발생하면 충분한 위험범이기 때문에 설문의 경우, 회사의 근로자 채용의 업무가 피고인의 행위로 방해되었다고 볼 수 있다. 따라서 업무방해죄로 처벌된다(노동법상의 문제에서 다룰 것이며, 무죄라고 보는 견해도 있다).

―― 관련판례 및 법조문 ――

□ 판 례 □
◎ 가. 위계에 의한 업무방해죄에 있어서 '위계'의 의미
   나. 노동운동을 할 목적으로 자신의 신분을 숨긴 채 타인 명의로 허위의 학력, 경력을 기재한 이력서와 생활기록부 등을 제출하여 채용시험에 합격한 경우 위 '가'죄가 성립한다고 본 사례

다. 노동조합법 제12조의 2 및 노동쟁의조정법 제13조의 2 소정의 제3자개입금지의 규정취지 및 그 요건

라. 피고인이 자기 회사 노보의 노동자 소식란에 싣기 위하여 파업중인 다른 회사노동조합 사무실에 찾아가 그 조합원 2명에게 "열심히 투쟁하여 승리하기 바란다"는 요지의 인사말을 한 행위는 노동쟁의조정법 제13조의 2 소정의 개입행위에 해당하지 않는다고 본 사례

가. 위계에 의한 업무방해죄에 있어서 위계라 함은 행위자의 행위목적을 달성하기 위하여 상대방에게 오인, 착각 또는 부지를 일으키게 하여 이를 이용하는 것을 말하며, 상대방이 이에 따라 그릇된 행위나 처분을 하였다면 위계에 의한 업무방해죄가 성립된다.

나. 회사가 공원모집을 함에 있어 학력, 경력을 기재한 이력서와 주민등록등본, 생활기록부 및 각서 등 서류를 교부받고, 응모자를 상대로 문제를 출제하여 시험을 보게 한 것은 단순히 응모자의 노동력을 평가하기 위한 것만이 아니라 노사간의 신뢰 형성 및 기업질서 유지를 위한 응모자의 지능과 경험, 교육 정도, 정직성 및 직장에 대한 적응도 등을 감안하여 위 회사의 근로자로서 고용할 만한 적격자인지 여부를 결정하기 위한 자료를 얻기 위함인 것으로 인정되는데 피고인이 노동운동을 하기 위하여 노동현장에 취업하고자 하나, 자신이 대학교에 입학한 학력과 국가보안법 위반죄의 처벌 전력 때문에 쉽사리 입사할 수 없음을 알고, 타인 명의로 허위의 학력과 경력을 기재한 이력서를 작성하고, 동인의 고등학교 생활기록부 등 서류를 작성 제출하여 시험에 합격하였다면, 피고인은 위계에 의하여 위 회사의 근로자로서의 적격자를 채용하는 업무를 방해하였다.

다. 노동조합법 제12조의 2는 노동조합의 설립과 해산, 노동조합에의 가입, 탈퇴 및 사용자와의 단체교섭에 관하여, 노동쟁의조정법 제13조의 2는 쟁의행위에 관하여 각기 제3자가 관계당사자를 조종, 선동, 방해하거나 기타 이에 영향을 미칠 목적으로 개입하는 행위를 금지하고 있는바, 위 각 규정의 취지는 노사관계의 당사자가 아닌 제3자가 사용자와 단체교섭 등 또는 쟁의행위를 유발, 확대, 과격화, 제압 또는 중단시키는 등 당사자간의 자주적인 해결을 저해하는 것을 방지하기 위한 것이고, 또 그 요건으로서 위 각 법조가 금지하고 있는 선동 등 개입행위는 노사관계 당사자의 자주

적인 의사결정을 저해할 정도의 객관적이고도 구체적인 관여행위를 말한다.

라. 피고인이 그가 근무하는 회사의 노동조합 편집부원 7명과 함께 노보의 노동자 소식란에 싣기 위하여 쟁의중인 다른 회사를 방문하여 그 회사 노동조합 사무실에 들어가 그 조합원(규찰대원) 2명에게 파업과정을 물어보고 나서 "우리 회사에서는 우리가 회사측에 졌는데 당신 회사에서는 노동조합측이 열심히 투쟁하여 반드시 승리하길 바란다"는 요지의 인사말을 하고 그대로 돌아온 것이라면, 이와 같은 피고인의 행위는 노사관계 당사자의 자주적인 의사결정을 저해할 정도의 객관적이고 구체적인 관여행위에 해당된다고 볼 수는 없으므로 노동쟁의조정법 제13조의 2 소정의 개입행위에 해당하지 아니한다(대법 1992.6.9. 91도2221).

□ 법 령 □
◎ 형법 제314조

3. 비밀침해의 죄

비밀침해죄

친구의 편지를 몰래 뜯어보고 다른 친구에게 알린 경우

[질문] 저는 제 친구 乙에게 온 편지를 몰래 뜯어보고 거기 적혀있는 내용을 다른 친구에게 알려 주었습니다. 저의 행동이 죄가 되나요?

[답] 비밀침해죄가 성립된다.

─(유사사례)─
◨ 아들과 이름이 같은 채무자승계인 앞으로 송달된 대체집행결정 정본을 개봉한 집행채권자에게 신서개피(信書開披)의 고의가 인정된다.

[해 설] 봉함된 타인의 신서를 개피하여 개인의 비밀을 침해한 경우이므로 비밀침해죄가 성립한다.

본 죄는 통신의 비밀을 침해하는 모든 행위를 벌하는 것이 아니라 그 대상에 있어 '봉함 기타 비밀장치한 타인의 신서·문서 또는 도서'에 국한하고, 그 수단에 있어서는 '개피'에 국한하고 있다. 따라서 우편엽서, 무봉함 서장은 해당되지 않는다. 설문의 경우는 비밀침해죄에 해당된다.

관련판례 및 법조문

□ 법 령 □
◎ 형법 제316조

업무상 비밀누설죄

전도사가 신앙상담중 알게 된 신도의 비밀을 남에게 알린 경우

질문 모교회 전도사로 있는 저는 신앙상담중 알게 된 신자 乙의 비밀을 다른 사람에게 알렸습니다. 저의 행위가 죄가 되나요?

답 업무상 비밀누설죄에 해당된다.

유사사례

◆ 변호사가 변호의 필요상 부득이 그가 직무상 알게 된 비밀을 누설한 경우에는 무죄다.

해설 종교의 직에 있는 자가 그 직무상 지득한 타인의 비밀을 누설한 경우에는 업무상 비밀누설죄에 해당한다. 만약 비밀을 공연히 누설하여 그 사항이 동시에 사람의 명예를 훼손할 경우에는 업무상 비밀누설죄와 명예훼손죄의 상상적 경합범이 된다.

업무상 비밀누설죄의 주체는 의사·한의사·치과의사·약제사·약종상·조산원·변호사·변리사·공인회계사·공증인·대서업자와 그 보조자, 종교의 직에 있는 자 또는 그 직에 있었던 자에 제한된다.

관련판례 및 법조문

□ **법 령** □
◎ 형법 제317조

4. 주거침입의 죄

주거침입죄

평소 무상출입하던 주거에 범죄의 목적으로 들어간 경우

[질문] 저는 甲과 이웃 사이에서 평소 그 주거에 무상출입하던 관계에 있었는데, 하루는 甲의 물건이 탐나 훔치려고 甲의 집에 들어갔다가 발각되었다면, 그때도 저의 행동이 죄가 되나요?

[답] 주거침입죄가 성립한다.

─────(유사사례)─────
◈ 욕설을 따지기 위해 야간에 발설자의 집에 몰려간 행위

[해설] 주거침입죄는 사람의 주거 또는 간수하는 장소의 평온과 안전을 침해하는 것을 내용으로 하는 범죄다. 같은 주거에 수인이 거주할 때(가정부나 일시적으로 집을 보아주는 친지 등 주거권은 위탁받은 자도 포함), 각자는 모두 독립된 주거권을 가지고 다른 사람의 출입과 체재(滯在)를 통제할 수 있다. 다만, 이 경우에는 각자의 주거권은 다른 사람의 권리를 침해해서는 안된다는 제한을 받게 되고, 다른 주거권자의 동의를 기대할 수 없는 때에는 단독으로 출입을 허가할 수 없게 된다. 예컨대, 남편 부재중에 처와 간통하기 위해 처의 동의를 받고 주거에 들어간 경우에

는 주거침입죄가 성립한다(대법 1984.6.26. 83도685).
　주거권자의 의사는 명시적인 것 뿐만 아니라 묵시적인 것도 포함한다. 동의와 승낙을 구별하여 전자를 구성요건해당성을 조각하는 양해와 같이 보는 견해가 있다. 그러나 우리는 승낙과 양해를 구별하여 위법성조각사유와 구성요건해당성조각사유를 구별해야 할 필요가 없다고 생각한다. 묵시적 동의의 경우에 위법한 목적이 있으면 본 죄가 성립한다. 예컨대, 평소에 무상으로 출입하던 자라 할지라도 절도·강도·폭행의 목적으로 들어간 경우는 주거침입죄가 성립한다. 따라서 설문의 경우 주거침입죄가 성립된다.

관련판례 및 법조문

□ 판　례 □
◎ 평소 무상출입하던 주거에 범죄의 목적으로 들어간 경우와 주거침입죄의 성부
　피고인이 피해자와 이웃 사이어서 평소 그 주거에 무상출입하던 관계에 있었다 하더라도 범죄의 목적으로 피해자의 승낙 없이 그 주거에 들어간 경우에는 주거침입죄가 성립된다(대법 1983.7.12. 83도1394).

□ 법　령 □
◎ 형법 제319조

대리시험과 주거침입교사죄

입사시험볼 때 대리시험본 행위와 교사한 행위

 저는 X회사 입사시험에 응시하기 위해 서류를 내었으나 실력이 모자라 낙방할 것을 염려한 나머지 친구 乙을 교사하여 대리

시험을 치르도록 하였습니다. 그런데 시험장소에서 乙이 발각되어 제가 乙을 시킨 것이 탄로났습니다. 저는 어떤 죄로 처벌받나요?

답 주거침입교사죄로 처벌된다.

―――(유사사례)―――

◆ 대리응시자의 수험장 입장행위와 가출한 자가 절도목적으로 아버지집에 들어간 경우에는 주거침입죄 성립

해설 일반적으로 출입이 허용된 경우에도 부정행위를 할 목적이 있는 경우에는 주거침입죄가 성립된다.

다만, 점포 등과 같이 다중의 출입이 자유로운 장소에 들어가는 것은 주거권자의 명시적인 승낙이 없더라도 주거침입죄가 성립하지 않는다.

설문의 경우, 귀하는 주거침입교사죄로 처벌된다.

―――(관련판례 및 법조문)―――

□ 판 례 □
◎ 대리 응시자들의 시험장 입장을 교사한 자의 주거침입 교사의 죄책
　대리응시자들의 시험장에의 입장은 시험관리자의 승낙 또는 그 추정된 의사에 반한 불법침입이라 아니할 수 없고, 이와 같은 침입을 교사한 이상 주거침입교사죄가 성립한다(대법 1967.12.19. 67도1281).

□ 법 령 □
◎ 형법 제319조

4. 주거침입의 죄   263

주거침입죄의 성부

단지, 더위를 피하려고 백화점에 들어간 행위

질문▶ 저는 단지 더위를 피하고 화장실을 사용할 목적으로 B백화점에 들어가 3시간 동안 머물렀습니다. 그러다가 경비원에게 발각되었습니다. 이 경우에도 벌을 받나요?

답 무죄다.

─(유사사례)─

◆ 가옥을 더럽힐 목적으로 들어간 경우
◆ 술에 취하여 시비중에 상대방의 주거에 따라 들어가서 때린 이유를 따진 경우에는 위법하지 않다.

해설 예컨대, 식당, 이발관, 다방, 목욕탕, 백화점 등과 같이 다수인이 자유롭게 출입하는 것이 예상되는 건조물에서는 강도, 살인 등과 같이 명백한 불법한 목적으로 침입하는 경우를 제외하고는 출입에 관하여 점주(店主)의 명시적인 승낙이 없더라도 주거침입죄를 구성하지 않는다. 그러나 출입이 허가된 건물이라 할지라도 출입이 금지된 시간에 담벽을 넘어 들어가는 것과 같이 그 침입방법 자체가 일반적인 허가에 해당되지 않는 경우에는 본죄가 성립된다. 따라서 설문의 경우는 죄가 되지 않는다. 다만, 정당한 권한 없이 타인의 신체를 수색하는 행위는 주거침입죄에 속하고, 퇴거 요구를 받고 응하지 않는 경우에는 퇴거불응죄가 성립한다.

─(관련판례 및 법조문)─

□ 판 례 □
◎ 일반적으로 출입이 허가된 건물에 비정상적인 방법으로 들어간 것이 건

조물침입에 해당한다고 본 사례

일반적으로 출입이 허가된 건물이라 하여도 피고인이 출입이 금지된 시간에 그 건물담벽에 있던 드럼통을 딛고 담벽을 넘어 들어간 후 그곳 마당에 있던 아이스박스통과 삽을 같은 건물 화장실 유리창문 아래에 놓고 올라가 위 창문을 연 후 이를 통해 들어간 것이라면 그 침입방법 자체가 일반적인 허가에 해당되지 않는 것이 분명하게 나타난 것이므로 건조물침입죄가 성립되는 것이다 (대법 1990.3.13. 90도173).

□ 법 령 □
◎ 형법 제319조

남편부재중의 간통행위와 주거침입죄

**남편의 부재중 간통의 목적으로
처의 승낙하에 주거에 들어간 경우**

[질문] 제가 출장중에 저의 처가 평소 알고 지내던 외간남자 A와 동침하고 있는 것을 갑자기 출장이 취소되어 집에 돌아와 보고 알게 되었습니다. 분하고 원통했지만 아이들의 장래를 생각해서 처에 대하여는 용서해 주고 싶으나, A에 대하여 주거침입죄로 고소하고자 하는데, 이 경우에 A를 처벌할 수 있나요?

[답] 주거침입죄로 고소할 수 있다.

(유사사례)
■ 거주자 중 1인의 승낙은 있으나, 타주거자의 의사에 반하여 주거에 침입하는 경우에는 주거침입죄가 성립된다.

4. 주거침입의 죄

[해 설] 여기에 대해 학설과 판례는 대립하고 있다. 판례는 주거가 공동생활에 사용되는 공동관리의 주거인 경우 공동생활자 전원의 승낙이 필요하므로, 이 경우 처의 승낙만 있었고 공동생활자인 남편의 추정적 승낙이 있었다고 볼 수 없으므로 주거침입죄가 성립한다고 본다. 한편, 통설은 현재 거주하고 있는 자의 진실한 승낙이 있으면 주거침입죄가 성립하지 않는다고 해석하여 주거침입죄의 성립을 부정한다.

자기 부인을 처벌하고 싶지 않은 귀하의 생각에 따라 판례와 같이 처리하면 될 것이다.

───(관련판례 및 법조문)───

□ 판 례 □
◎ 가. 거주자 중 1인의 승낙은 있으나 타거주자의 의사에 반하여 주거에 출입하는 경우 주거침입죄의 성부
  나. 남편의 부재중 간통의 목적으로 처의 승낙하에 주거에 들어간 경우 주거침입죄의 성부(적극)

가. 형법상 주거침입죄의 보호법익은 주거권이라는 법적 개념이 아니고 사적 생활관계에 있어서의 사실상 주거의 자유와 평온으로서 그 주거에서 공동생활을 하고 있는 전원이 평온을 누릴 권리가 있다 할 것이나 복수의 주거권자가 있는 경우, 한 사람의 승낙이 다른 거주자의 의사에 직접·간접으로 반하는 경우에는 그에 의한 거주에의 출입은 그 의사에 반한 사람의 주거의 평온, 즉 주거의 지배, 관리의 평온을 해치는 결과가 되므로 주거침입죄가 성립한다.

나. 동거자 중의 1인이 부재중인 경우라도 주거의 지배관리관계가 외관상 존재하는 상태로 인정되는 한, 위 법리에는 영향이 없다고 볼 것이니 남편이 일시 부재중 간통의 목적하에 그 처의 승낙을 얻어 주거에 들어간 경우라도 남편의 주거에 대한 지배관리관계는 여전히 존속한다고 봄이 옳고 사회통념상 간통의 목적으로 주거에 들어오는 것은 남편의 의사에 반한다고 보여지므로 처의 승낙이 있었다 하더라도 남편의 주거의 사실상의 평온은 깨어졌다 할 것이므로 이러한 경우에는 주거침입죄가 성립한다고 할 것이다(대법 1984.6.26. 83도685).

주거침입죄와 권리행사

임대차 기간 종료 후 집주인이 임차인의 허락 없이 들어간 경우

□ 법 령 □
◎ 형법 제319조 제1항

질문: 저는 가옥임대차계약이 해제된 후에 세든 사람이 퇴거하지 않고 사실상 거기에 주거하고 있어 그 퇴거를 독촉하기 위하여 그 가옥에 들어갔는데, 주거침입죄가 되는지요?

답: 주거침입죄에 해당된다.

(유사사례)

◑ 임차인이 소유자가 폐쇄한 출입구를 뜯고 그 건물에 들어간 경우는 주거침입죄가 성립하지 않는다.

해설: 주거침입죄의 보호법익은 생활자의 사실상의 주거평온이다(통설). 이렇게 보면 주거침입죄의 핵심은 주거에 대한 사실상의 권리가 있는 사람이 생활하는 것을 보호하기 위한 것이므로 그 점유는 적법하게 하는 권리와 권능이 있을 필요는 없다. 다만, 그 점유가 적법하게 개시된 것을 요할 뿐이다. 그러므로 임대차에 의해 빌린 주거는 임대인 또는 그 가옥의 소유자에 대해서는 주거권이 임차인에게 있다. 임대차 기간이 종료되어 임차인이 점유할 권리가 없는 때에도 임차인이 주거를 계속 점유하고 있는 한은 역시 마찬가지다.

4. 주거침입의 죄

관련판례 및 법조문

□ 판 례 □

◎ 가. 타인점유하의 가옥에 대한 소유자의 침입과 주거침입의 성부
　나. 가옥소유자의 침입에 대한 피해자의 추정적 승낙

　가. 이 사건 가옥을 피해자가 점유관리하고 있었다면, 그 건물이 가사 피고인의 소유였다 할지라도 주거침입죄의 성립에 아무런 장애가 되지 않는다.

　나. 건물의 소유자라고 주장하는 피고인과 그것을 점유관리하고 있는 피해자 사이에 건물의 소유권에 대한 분쟁이 계속되고 있는 상황이라면 피고인이 그 건물에 침입하는 것에 대한 피해자의 추정적 승낙이 있었다거나 피고인의 이 사건 범행이 사회상규에 위배되지 않는다고 볼 수 없다고 한 원심의 조치는 수긍이 간다(대법 1989.9.12. 89도889).

□ 법 령 □
◎ 형법 제319조

권리행사방해죄

렌트카를 빌려주었는데 제시간에 갖다 놓지않자 실력으로 회수한 경우

 차량대여회사 사장인 저는 렌트카를 고객 A에게 빌려주었는데 제시간에 돌려주지 않자 실력으로 회수하였습니다. 저의 경우 죄가 되는지요?

답　권리행사방해죄에 해당된다.

268   4. 사생활침해죄

──(유사사례)──
◆ 회사의 부사장이 회사소유선박을 취거(取去)한 경우
◆ 다방영업권 양도인이 양수인 경영의 다방의 시설물 등을 손괴한 경우
◆ 전당포에 잡힌 자기시계를 훔치는 행위

[해설] 권리행사를 방해하는 죄란 타인의 점유 또는 권리의 목적이 된 자기의 물건에 대한 타인의 권리행사를 방해하거나, 강제집행을 면할 목적으로 채권자를 해하는 것을 내용으로 하는 범죄다. 따라서 자기소유 타인점유의 물건을 손괴하면 권리행사방해죄다. 설문의 경우, 타인의 권리목적물인 차량을 실력으로 회수했으므로 권리행사방해죄에 해당한다.

──(관련판례 및 법조문)──
□ 판 례 □
◎ 형법상 정당행위에 해당하지 않는다고 본 사례
  차량대여회사가 대여차량을 실력으로 회수한 행위가 정당행위에 해당되지 않고 권리행사방해죄에 해당한다고 본 사례(대법 1987.7.25. 88도410).

□ 법 령 □
◎ 형법 제323조

강제집행면탈죄

허위채무를 부담하고 가등기 및 본등기를 해준 경우

[질문] 저는 재단법인의 이사장으로 재직중인데 강제집행을 면탈할 목적으로 재단법인에 대해 채권을 가지는 양 가장하여 이것을 乙에

게 양도하여 재단법인으로 하여금 허위채무를 부담케 하고, 이를 담보한다는 구실로 재단법인의 소유 토지를 乙의 명의로 가등기와 본등기를 해 주었습니다. 이때 저의 행위는 죄가 되나요?

답 강제집행면탈죄에 해당된다.

유사사례

● 갑이 타인에게 채무를 부담하는 것을 가장하는 방편으로 갑 소유의 부동산에 관해 소유권이전청구권보전을 위한 가등기를 해 준 경우에는 무죄다. 그 이유는 위 가등기는 원래 순위보전의 효력밖에 없는 것이므로, 가등기를 해준 사실만으로 갑이 강제집행을 면탈할 목적으로 허위채무를 부담하여 채권자를 해한 것으로 볼 수 없다.

해설 강제집행면탈죄의 보호법익은 국가의 강제집행권이 발동된 단계에 있는 채권자의 채권이다. 강제집행면탈죄가 성립하려면 구체적으로 강제집행을 받을 우려가 있는 상태에서 강제집행을 면할 목적으로 행위가 행하여지는 것이므로, 현실적으로 강제집행 또는 민사소송의 제기가 없더라도 상관없고 채권자가 채권확보를 위하여 소송을 제기할 듯한 기세를 보이는 상태도 포함한다(대법 1973.10.31. 73도384).

관련판례 및 법조문

□ 판 례 □
◎ 허위채무를 부담하고 가등기 및 본등기를 경료케 한 경우 강제집행면탈죄의 성부

재단법인의 이사장인 피고인(갑)이 강제집행을 면탈할 목적으로 재단법인에 대하여 채권을 가지는 양 가장하여 이를 공동피고인(을)에게 양도함으로써 재단법인으로 하여금 허위의 채무를 부담케 하고 이를 담보한다는 구실하에 재단법인소유 토지를 공동피고인(을) 명의로 가등기 및 본등기를 경료케 하였다면 강제집행면탈죄를 구성한다(대법 1982.12.14. 80도2403).

□ 법 령 □
◎ 형법 제327조

5
재산범죄

재산범죄

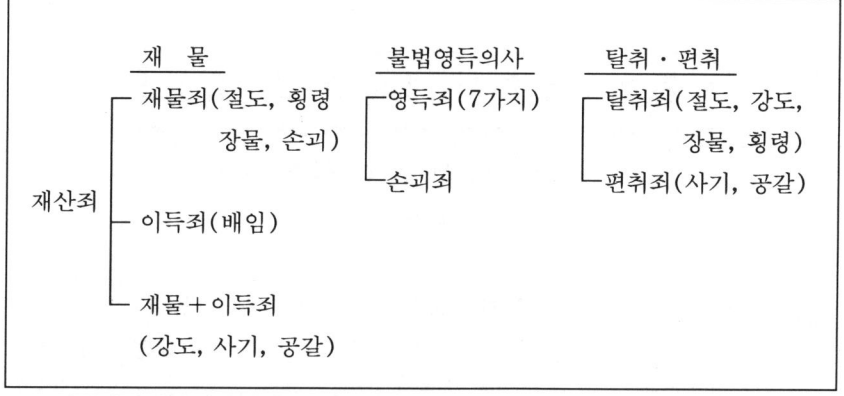

* 친족상도례 : 재산범죄에 관해 일정한 친족간에는 형을 면제하거나 친고죄로 규정한 것(예 : 아들이 아버지 시계를 훔친 경우)
◉ 비적용(적용안됨 : 강도죄, 손괴죄)

1. 절도의 죄

불법영득의사(不法領得意思)

절도죄에 있어서 불법영득의사와 사용절도

질문: 저는 며칠 전 한 괴한에게 쫓겨 도망가다가 마침 길거리에 놓아둔 시동킨 오토바이를 잡아타고 무사히 위기를 모면한 후, 3시간쯤 후에 제자리에 갖다 놓았더니 저를 절도죄로 고소하겠다고 주인이 그러는데 이때도 저의 행동이 죄가되나요?

답: 판례에 따르면 귀하의 행위는 절도의 불법영득의사가 없으므로 처벌되지 않는다.

유사사례

◆ 옆집 재봉틀을 잠깐 빌어 쓰려고 가져간 경우 절도죄가 되지 않는다(불법영득의사가 없으므로).

해설 절도죄의 성립에 필요한 불법영득의사라 함은 권리자를 배제하고 타인의 물건을 자기의 소유물과 같이 그 경제적 용법에 따라서 이용·처분한 의사를 말한다. 그 물건의 경제적 이익을 영구적으로 보유할 의사가 필요한 것은 아니다. 그러나 단순한 점유침해만으로는 절도죄를 구성할 수 없고, 소유권 또는 이에 준하는 본권을 침해하는 의사, 즉 목적물을 영득할 의사이거나 또는 그 물질의 가치만을 영득할 의사이든 적어도 그 재물에 대한 영득의사가 있어야 한다. 그러므로 피고인이 군무를 이탈할 때 총기를 휴대하고 있는지조차 인식할 수 없는 정신상태에 있었고, 총기는 어떤 경우라도 몸을 떠나서는 안된다는 교육을 지속적으로 받아왔다면, 사격장에서 군무를 이탈하면서 총기를 휴대하였다는 것만 가지고 피고인이 총기에 대한 불법영득의사가 있었다고 할 수 없다.

관련판례 및 법조문

□ 판 례 □

◎ 가. 절도죄에서의 불법영득의 의사
　나. 사격장에서 군무를 이탈하면서 총기를 휴대하였다는 것만 가지고는 피고인에게 총기에 대한 불법영득의 의사가 있었다고 할 수 없다한 사례

　가. 절도죄의 성립에 필요한 불법영득의 의사라 함은 권리자를 배제하고 타인의 물건을 자기의 소유물과 같이 그 경제적 용법에 따라 이용, 처분할 의사를 말하는 것으로 영구적으로 그 물건의 경제적 이익을 보유할 의사가 필요한 것은 아니지만, 단순한 점유의 침해만으로는 절도죄를 구성할 수 없고 소유권 또는 이에 준하는 본권을 침해하는 의사, 즉 목적물의 물질을 영득할 의사이거나 또는 그 물질의 가치만을 영득할 의사이든 적어도 그 재물에 대한 영득의 의사가 있어야 한다.
　나. 피고인이 군무를 이탈할 때 총기를 휴대하고 있는지조차 인식할 수 없는 정신상태에 있었고 총기는 어떤 경우라도 몸을 떠나서는 안된다는 교육을 지속적으로 받아왔다면, 사격장에서 군무를 이탈하면서 총기를 휴대하였다는 것만 가지고는 피고인에게 총기에 대한 불법영득의 의사가 있었다고 할 수 없다(대법 1992.9.8. 91도3149).

□ 법 령 □
◎ 형법 제329조

불가벌적 사후행위

절취한 자기앞수표로 음식대금을 지불한 행위

[질문] 저는 절취한 자기앞수표로 음식대금을 지불하고 거스름돈을 환불받았다. 이 경우에 절도죄 외에 다른 죄도 처벌되나요?

[답] 귀하의 행위는 절도죄 외에 별도로 사기죄가 성립하지 않는다.

―〔유사사례〕―
● 절취한 손가방을 불태우는 행위와 절취한 금반지를 매각하는 것(불가벌적 사후행위로서 벌하지 않는다)

[해설] 금융기관 발행의 자기앞수표는 그 액면금을 즉시 지급받을 수 있어 현금에 대신하는 기능을 하므로 절취한 자기앞수표를 현금대신 교부한 행위는 절도행위에 대한 위법평가에 당연히 포함되는 것으로 보기 때문에 이른바 위의 행위는 절도의 불가벌적 사후행위(不可罰的事後行爲)로서 사기죄가 되지 않는다. 판례에 따르면 열차승차권은 그 자체에 권리가 합체되어 있는 무기명증권이므로 이를 곧 사용하여 승차하거나 권면가액으로 양도할 수 있고 매입금액의 환불을 받을 수 있는 것으로서 열차승차권을 절취한 자가 역직원으로부터 그 대금의 환불을 받음에 있어서 비록 기망행위가 수반한다 하더라도 따로 사기죄로 평가받을 만한 새로운 법익의 침해가 있다고 할 실질을 가지지 못하여 절도의 불가벌적 사후행위로 보아야 한다고 한다(대법 1975.8.29. 75도1996).

―〔관련판례 및 법조문〕―
□ 판 례 □
◎ 절취한 자기앞수표를 현금 대신으로 교부한 행위의 사기죄 성부

금융기관발행의 자기앞수표는 그 액면금을 즉시 지급받을 수 있어 현금에 대신하는 기능을 하고 있으므로 절취한 자기앞수표를 현금 대신으로 교부한 행위는 절도행위에 대한 가벌적 평가에 당연히 포함되는 것으로 봄이 상당하다 할 것이므로 절취한 자기앞수표를 음식대금으로 교부하고 거스름돈을 환불받은 행위는 절도의 불가벌적 사후처분행위로서 사기죄가 되지 아니한다 (대법 1987.1.20. 86도1728).

□ **법 령** □
◎ 형법 제329조

야간주거침입절도죄

야간에 까페에서 내실에 침입하여 정기적금통장을 꺼내들고 까페로 나오던중 발각되어 돌려 준 경우

질문 〉 저의 친구 甲은 乙 경영의 A까페에서, 야간에 아무도 없는 그 곳 내실에 침입하여 장식장 안에 들어 있던 정기적금통장, 도장, 현금 20,000원을 꺼내서 들고 까페로 나오던중 발각되어 피해자에게 돌려줬습니다. 甲은 어떻게 처벌되나요?

답 야간주거침입절도죄로 처벌된다.

─(유사사례)─

◧ 갑은 밤중에 타인의 집에 들어가서 물건을 훔치는 습성을 가진 자인데 동일 창고에서 수차 이런 범행을 하였을 경우에 야간주거침입절도죄의 포괄적 1죄다.

278 5. 재산범죄

해 설 야간주거침입절도는 야간(일몰 후 일출 전)에 주거침입하여 절도하는 경우(야간주거침입죄＋강도죄의 결합범)이다. 단순절도죄의 가중 구성요건이다. 강도의사를 가지고 주거침입한 때 실행착수가 있다. 그러나 비독자적 변형이므로 주거침입의 기수·미수와 상관없이 재물강도에 따라서 기수가 결정된다. 이에 대해 이 죄가 소유권과 주거평온을 법익으로 하는 독자적 변형구성요건이라는 견해도 있다. 이렇게 되면 주거침입이 기수가 되어야 야간주거침입절도도 기수가 인정될 것이다. 또 야간에 과수원 창고에 침입하여 절취하였다면 사람의 주거에 침입한 것이 아니라 하더라도 야간주거침입절도죄에 해당한다.

──────(관련판례 및 법조문)──────

□ 판 례 □
◎ 야간에 까페에서 그 곳 내실에 침입하여 장식장 안에 들어 있던 정기적금통장 등을 꺼내 들고 까페로 나오던중 발각되어 돌려 준 경우 야간주거침입절도의 기수 여부(적극)

  피고인이 피해자 경영의 까페에서 야간에 아무도 없는 그 곳 내실에 침입하여 장식장 안에 들어 있던 정기적금통장 등을 꺼내들고 까페로 나오던 중 발각되어 돌려 준 경우, 피고인은 피해자의 재물에 대한 소지(점유)를 침해하고, 일단 피고인 자신의 지배 내에 옮겼다고 볼 수 있으니 절도의 미수에 그친 것이 아니라, 야간주거침입절도의 기수라고 할 것이다(대법 1991.4.23. 91도476).

□ 법 령 □
◎ 형법 제330조

절도죄와 피의자신문조서의 증거능력

**강요에 못이겨 한 자백이
공판정에서 증거로서의 채택 여부**

 저는 절도피의자로 경찰서에 연행된 후 甲형사의 강요에 못이겨 그 형사가 피의자신문조서를 작성할 때 절도사실을 자백하였으며, 乙검사에 의해 절도죄로 구속기소되었습니다. 강요에 의해서 자백했는데, 이것이 법원에서 증거로 채택되면 어떻게 되는가요?

답 귀하가 공판정에서 피의자신문조서에 기재된 자백을 부인하면 된다.

─(유사사례)─

◈ 검사작성의 피의자신문조서의 경우에는 원진술자의 진술에 의하여 성립의 진정함이 인정된 때에 증거로 할 수 있다(형사소송법 제312조 제1항).

해설 현행 형사소송법 제312조 제2항은 「검사 이외의 수사기관 작성의 피의자 신문조서는 공판준비 또는 공판기일에 그 피의자였던 피고인이나 변호인이 그 내용을 인정한 때에 한하여 증거로 할 수 있다」고 규정하고 있으므로 피고인이 공판정에서 피의자신문조서에 기재된 자백을 부인하면 그 자백은 이를 유죄의 증거로 사용할 수 없다. 이는 전문증거에 증거능력을 예외적으로 인정하려는 형사소송법의 태도이다. 그 자백의 임의성 또는 진실성이 다른 증거에 의해서 입증되는 경우에도 그 피의자 신문조서는 유죄의 증거로 삼을 수 없다. 이와 같이 경찰자백조서의 증거능력을 대폭적으로 제한한 것은 경찰수사 단계에서의 자백강요로 인한 인권침해를 방지함으로써 피의자의 인권보장(人權保障)을 도모하려는 데 그 이유가 있다.

피고인이 공판정에서 경찰자백을 부인하면 그 경찰자백이 기재된 피의자신문조서뿐 아니라 피의자의 경찰자백을 내용으로 하는 수사경찰관의 증언도 유죄의 증거로 허용되지 아니한다. 이는 대법원 판례의 확립된 견해이다.

관련판례 및 법조문

□ 판 례 □
◎ 수사기관에서의 조사과정에서 피의자였던 피고인이 작성한 진술서의 증거능력
　수사기관에서의 조사과정에서 피의자였던 피고인이 작성한 진술서는 그것이 진술서, 자술서 기타 여하한 형식을 취하고 있던간에 당해 수사기관이 작성한 피의자신문조서와 달리 볼 수 없다(대법 1987.2.24. 86도1152).

□ 법 령 □
◎ 형법 제329조, 형사소송법 제312조

2. 강도의 죄

강도상해죄

상대방의 반항을 억압할 수 있을 정도의 폭행에 해당하는 정도

[질문] 저의 친구 甲은 乙이 맞은 편에서 걸어오는 것을 발견하고 접근하여 미리 준비한 돌멩이로 안면을 1회 강타하여 전치 3주간의 안면부좌상 및 피하출혈상 등을 입히고 가방을 빼앗았다. 甲은 어떤 죄로 처벌되나요?

[답] 강도상해죄로 처벌된다.

(유사사례)

◉ 강도가 강취직후 현장에서 30미터 떨어진 지점에서 피해자를 상해한 경우
◉ 택시요금의 지급을 면할 목적으로 과도로 협박만 했으나, 이에 놀란 기사가 급회전하다가 과도에 찔린 경우

[해 설] 강도죄에 있어서의 폭행은 상대방의 반항을 억압할 정도의 폭행을 말한다. 피해자가 잠을 자거나 의식이 없어 행위자의 강제작용을 느끼지 못하는 경우, 즉 피해자가 폭력을 폭력으로 느끼지 못하는 경우는 엄격하게 말하면 '반항을 못하게 하는 것'에 포함되지 않는다. 그러나 통설·판례는 이 경우에도 폭행을 인정한다. 따라서 저항불능은 반항의 '일반

적 불가능'을 뜻한다.

설문의 경우, 갑의 행위는 피해자 을의 반항을 억압할 정도의 폭력행위에 해당되는 것으로 강도상해죄의 성립을 인정함이 마땅하다.

──────── 관련판례 및 법조문 ────────

□ 판 례 □
◎ 피해자의 반항을 억압할 수 있을 정도의 폭행에 해당한다고 본 예
　피해자가 맞은 편에서 걸어오고 있는 것을 발견하고 접근하여 미리 준비한 돌멩이로 안면을 1회 강타하여 전치 3주간의 안면부좌상 및 피하출혈상 등을 입히고 가방을 빼앗은 것이라면 피해자의 반항을 억압할 수 있을 정도의 폭행행위에 해당한다(대법 1986.12.23. 86도2203).

□ 법 령 □
◎ 형법 제337조

강도살인죄

택시요금을 면하려고 시비도중 도망 갔으나 나머지 친구 2명이 운전기사를 살해한 경우

질문▶ 저의 이웃 甲은 乙, 丙 등과 함께 합동하여 택시강도를 하기로 모의하고 피해자 B소유 4파1,000 소나타 택시를 불러 甲은 피해자 옆좌석에, 乙·丙은 뒷좌석에 승차하여 경기도 양평까지 요금을 30,000원으로 약정하여 양평군 강상면 도로상까지 가서 택시를 세우고 모두 내렸습니다. 乙·丙이 B에게 요금이 없으니 다음에 받아가라고 시비하는 사이에 甲은 피해자가 경찰서에 무임승차신고를 할 것이 두려워 겁을 먹고 乙의 가방을 넘겨 받아 산으로 도주해 버렸습니다. 이 때 B가 丙의 옷자락을 붙잡고

2. 강도의 죄

요금을 내놓으라고 하며 휴대하고 있던 공구(스파나)로 丙의 우측 두정부를 내리쳐 피가 나자, 乙·丙은 순간적으로 살의를 품고 합세하여 피해자를 살해하고 B 주머니에서 현금 100,000원과 택시 안에서 현금 40,000원을 꺼내어 강취하고, 택시요금 30,000원의 지급을 면하여 재산상 이익을 취하였습니다. 甲과 乙·丙은 어떻게 처벌되나요?

답 갑은 강도예비죄에 해당한다. 을·병은 강도살인죄로 처벌된다.

유사사례

◈ 강도에 사용할 흉기를 매입하거나, 흉기를 휴대하고 습격할 통행인을 대기하는 경우

해설 설문의 경우, 을·병에게 강도살인죄(형법 제338조)가 성립하는 것은 쉽게 인정할 수 있다. 강도의 결의를 하고 실행의 착수에 옮기지 않은 것을 강도예비죄라 한다. 결의의 존재가 객관적으로 인식할 수 있을 정도에 이른 것을 요한다. 강도의 목적으로 주거에 침입한 경우가 바로 그것이다.

여기서 갑의 행동이 합동범(合同犯)이 되는가가 문제된다. 그런데 합동범은 주관적 요건으로 공모가 있어야 하고 객관적 요건으로 현장에서 실행행위의 분담이라는 협동관계가 있어야 한다. 따라서 갑이 비록 을·병과 택시강도를 모의한 일이 있지만 피고인들이 피해자에 대한 폭행에 착수하기 전에 겁을 먹고 미리 현장에서 도주하였기 때문에 강도의 실행행위를 분담한 협동관계가 있다고 보기 어렵다. 따라서 갑을 강도의 합동범으로 다스린다는 것은 합동범의 법리를 오해한 위법이 있다. 또한 해설은 갑의 행위는 강도예비죄(형법 제343조)에 불과한 데, 이것도 검찰이 공소장에 특수강도 이외에 이 죄를 예비적 또는 택일적으로 청구하였을 경우에만 처벌가능하다.

┌─ 관련판례 및 법조문 ─┐

□ 판 례 □

◎ **실행행위를 분담한 협동행위가 없다 하여 특수강도의 합동범을 부정한 사례**

  형법 제334조 제2항에 규정된 합동범은 주관적 요건으로서 공모가 있어야 하고 객관적 요건으로서 현장에서의 실행행위의 분담이라는 협동관계가 있어야 하는 것이므로 피고인이 다른 피고인들과 택시강도를 하기로 모의한 일이 있다고 하여도 다른 피고인들이 피해자에 대한 폭행에 착수하기 전에 겁을 먹고 미리 현장에서 도주해 버렸다면 다른 피고인들과의 사이에 강도의 실행행위를 분담한 협동관계가 있었다고 보기는 어려우므로 피고인을 특수강도의 합동범으로 다스릴 수는 없다(대법 1985.3.26. 84도2956).

□ 법 령 □

◎ 형법 제343조

준 강 도

망보다가 도주한 후 다른 절도 공모자가 폭행·상해를 가한 경우

[질문] 저는 乙과 절도를 공모하고 빈 가게로 여겨지는 곳을 범행장소로 선택하였습니다. 乙이 담배창구를 통하여 가게에 들어가 물건을 절취하고 甲은 밖에서 망을 보던중 예기치 않았던 인기척이 나므로 甲은 도주해 버렸습니다. 이 때 乙도 도주하기 위해 나오다가 담배창구에 몸이 걸려 빠져 나오지 못하고 피해자에게 붙들리고 말았고, 乙은 체포를 면탈하기 위한 목적으로 피해자를 폭행하여 상해를 입혔습니다. 저와 乙은 어떻게 처벌되나요?

답 귀하는 특수절도죄, 을은 준강도상해죄로 처벌된다.

─────── 유사사례 ───────

● 오토바이를 끌고 가다가 추격하여 온 피해자에게 멱살을 잡히게 되자 체포를 면탈할 목적으로 피해자의 얼굴을 때리고 놓아 주지 아니하면 죽여버리겠다고 협박한 경우

해 설 절도가 재물의 탈환을 항거하거나 체포를 면탈하거나 죄적(罪跡)을 인멸할 목적으로 폭행 또는 협박한 때에 성립하는 범죄가 준강도다.

준강도가 성립하려면 절도가 절도행위의 실행중 또는 실행직후에 체포를 면탈할 목적으로 폭행·협박을 한 때에 성립하고 이로써 상해를 가하였을 때에는 강도상해죄가 성립하는 것이고, 공모합동하여 절도를 한 경우 범인 중의 하나가 체포를 면탈할 목적으로 폭행을 하여 상해를 가한 때에는 나머지 범인도 이를 예견하지 못한 것으로 볼 수 없다면 강도상해죄의 죄책을 면할 수 없다.

그러나 절도를 공모한 피고인이 다른 공모자 을의 폭행상대에 대하여 사전양해나 의사의 연락이 전혀 없었고, 범행장소가 빈 가게로 알고 있었고, 을이 담배창구를 통하여 가게에 들어가 물건을 절취하고 귀하가 밖에서 망을 보던중 예기치 않았던 인기척 소리가 나므로 도주해 버린 이후에 을이 창구에 몸이 걸려 빠져나오지 못하게 되어 피해자에게 붙들리자 체포를 면탈할 목적으로 피해자에게 폭행을 가하여 상해를 입힌 것이고 귀하는 그동안 상당한 거리를 도주하였을 것으로 추정되는 상황하에서는 귀하가 을의 폭행행위를 전면 예견할 수 없었다고 보여지므로 귀하에게 준강도상해죄의 공동책임을 지울 수 없다.

─────── 관련판례 및 법조문 ───────

□ 판 례 □
◎ 절도범인이 체포현장에서 절취가 아니고 자기소유물을 가져가는 것이라고 경비원과 시비하다가 폭행한 경우 준강도죄의 성부

　피고인이 점유자 또는 소유자의 승낙 없이 물건을 갖고 나오다 경비원에

게 발각되어, 동인이 절도범인 체포사실을 파출소에 신고전화하려는데 피고인이 잘해 보자며 대들면서 폭행을 가한 경우에는, 설사 그와 같은 행위가 피고인이 사장도 잘 안다하며 전화확인을 하자는 제의를 경비원이 거부하면서 내일이나 모래와서 확인한 후에 가져가라하자 피고인이 자기의 것이니 무조건 달라고 시비한 끝에 저질러진 것이라 하여도, 그곳이 체포현장이었고 주위사람에게 도주를 방지케 부탁한 상태 아래 일어난 것이라면 준강도 행위에 해당한다(대법 1984.7.24. 84도1167).

□ **법 령** □
◎ 형법 제30조, 제335조, 제337조

3. 사기의 죄

부작위에 의한 기망(欺罔)

토지에 대하여 도시계획이 입안되어 있어 장차
협의 매수되거나 수용될 것이라는 사정을
매수인에게 고지하지 아니한 행위

저는 A 토지에 대해 여객정류장시설 또는 유통업무설비시설을 설치하는 도시계획이 입안되어 있어 장차 위 토지가 정주시에 의하여 협의매수되거나 수용될 것이라는 점을 알고 있었습니다. 그럼에도 저는 이러한 사정을 모르는 피해자 乙에게 위 토지를 매각하였습니다. 이 경우 저는 처벌되나요?

귀하가 을에게 토지의 사정을 고지할 신의칙상 의무가 있으므로 이를 고지하지 않은 귀하의 행위는 부작위에 의한 사기죄를 구성한다.

─ 유사사례 ─
◆ 부동산계약자가 저당권설정사실을 고지하지 않은 경우
◆ 보험계약자가 보험회사에 대하여 피보험자의 질병에 대한 고지를 하지 않은 경우

해 설 부작위에 의한 기망을 상세히 살펴보기로 한다. 학설・판례는 신의성실원칙을 기초로 부작위에 의한 기망을 인정한다. 예컨대, 은행원이 청구금액을 초과하여 내주는 돈을 받는 행위, 지불능력이 없음을 알면

서도 계속 음식을 주문하여 먹는 행위, 부동산거래를 하면서 목적물의 하자나 담보설정을 알리지 않은 행위 등은, 행위자가 상대방이 착오에 빠지지 않도록 진실을 알려야 할 의무를 위반했다고 볼 수 있다.

설문의 경우, 토지에 대하여 도시계획이 입안되어 있어 장차 협의매수되거나 수용될 것이라는 사정을 매수인에게 고지할 신의칙상 의무가 있다고 할 것이므로 이러한 사정을 고지하지 않은 귀하의 행위는 부작위에 의한 사기죄를 구성한다 하겠다.

관련판례 및 법조문

□ 판 례 □
◎ 토지에 대하여 도시계획이 입안되어 있어 장차 협의매수되거나 수용될 것이라는 사정을 매수인에게 고지하지 아니한 행위가 부작위에 의한 사기죄를 구성한다고 본 사례

토지에 대하여 도시계획이 입안되어 있어 장차 협의매수되거나 수용될 것이라는 사정을 매수인에게 고지하지 아니한 행위는 부작위에 의한 사기죄를 구성한다(대법 1993.7.13. 93도14).

□ 법 령 □
◎ 형법 제347조 제1항

사기죄의 착오

기망에 의한 물품판매행위와 사기죄의 성부

질문▶ 저는 1993년부터 회춘제, 살빼는 약, 발모제, 담배 끊는 약의 광고·판매를 시작했습니다. 저는 이 약 모두 아무 효과가 없고 아무 해도 없다는 점을 알고 있었습니다. 그러나 저는 이 상품이

3. 사기의 죄

> 놀라운 효과가 있는 것처럼 광고하였습니다. 예컨대, 헐리우드 리프팅 목욕(Hollywood-Lifting-Bath)은 살아있는 신선한 식물에서 추출한 재료로 만들어졌고, 12회 목욕으로 번개처럼 빠른 속도로 확실하게 다시 날씬하고 탱탱하게 젊어진다고 선전하였습니다. 발모제-이중머리털약(Haarverdicker-Doppelhaar)은 머리카락을 10분 이내에 2배로 늘이고, 동시에 비듬·얼룩·지방질·건조증이 100퍼센트 확실하게 제거된다고 선전하였습니다. 그는 이 약을 우송료 포함하여 아무 위험부담 없이 후불로 23,000원에서 38,000원에 팔았습니다. 그리고 구입자에게는 14일 이내에 완전히 환불받을 수 있는 계약해제권을 보장하였습니다. 저는 저에게 도움말을 준 사람들의 경험에 비추어 볼 때, 변상요구는 기꺼이 10퍼센트를 넘지 않을 것으로 예상하였습니다. 그러나 이 예상은 살빼는 약에서만 적중하였고, 그 고객은 모두 환불받아 갔습니다. 이 때 저의 행위가 사기가 되나요?

답 귀하는 사기죄로 처벌된다.

유사사례

◆ 절취한 예금통장으로 은행을 기망하여 예금을 찾거나 절취한 전당표로 전당물을 찾는 경우

해 설 기망과 상대방의 착오 사이에는 인과관계가 있어야 한다. 따라서 기망을 하였으나, 상대방이 불쌍하게 여겨 재물을 교부한 때에는 미수가 된다. 그리고 상대방의 착오는 행위자의 기망으로 발생하였거나 또는 보증인지위에 있는 사람의 부작위로 계속 유지되는 경우여야 한다. 인과관계가 없으면 사기죄의 미수에 지나지 않는다. 그러므로 사회생활 속에 침전되어 있는 판단규칙이 없을 경우에는 어떤 기준을 근거로 해야 할 것인가 문제된다.

이 사안에 대해 독일연방법원은 「비록 구입자들이 경솔한 판단으로 행동하였지만, 행위자의 기망행위성립에는 아무 지장이 없다」고 판시하였

다. 즉, 상대방이 순진하게 기망행위에 속아서 착오에 빠졌더라도 상대방은 사기죄의 보호를 받는다는 것이다. 다만, 기망당한 자가 행위자가 말한 사실의 진실 여부를 개의치 않았다면 착오는 인정되지 않는다.

관련판례 및 법조문

□ 법　령 □
◎ 형법 제347조

※미성년자의 지려천박(智慮淺薄 ; 모자람) 또는 사람의 심신장애를 이용하여 재물의 교부를 받거나 재산상의 이익을 취득한 자는 준사기죄에 해당한다(형법 제348조).

소 송 사 기

법원에 허위의 증거를 제출하여 승소판결을 받는 경우

질문　저는 乙이 그의 채무를 이미 오래 전에 변제하였음을 알고 있으면서, 乙을 상대로 1,000만원의 채무이행소송을 제기하였습니다. 乙은 소송에서 아무 영수증도 제출하지 못하였고, 저는 계약서를 제시하였습니다. 법관은 저에게 승소판결을 내렸고, 저는 乙의 재산을 강제집행하였습니다. 이때 저는 처벌받나요?

답　이른바 소송사기로서 사기죄로 처벌받는다.

유사사례

◨ 가집행선고부 지급명령에 의하여 채권압류 및 전부명령(轉付命令)을 받은 때에는 사기죄가 구성된다.

◈ 크레디트카드를 부정하게 사용한 때에도 삼각사기에 해당된다(피기망자와 피해자의 불일치)

[해 설] 법원을 기망하여 재산상의 이익을 취득한 경우가 이른바 소송사기다. 왜냐하면 피기망자와 재산상의 피해자가 반드시 동일인임을 요하지 않는다. 이 경우 학설·판례는 법관의 착오를 인정한다. 착오는 법관의 자유심증영역에서는 인정되지 않으나, 법관이 거증책임규칙(舉證責任規則)에 따라 판결을 내리고, 그 증거가 진실을 속이는 수단이었으면 인정될 수 있다는 것이다. 즉, 법관은 원고가 제출한 증거를 토대로 그의 주장사실이 진실인 것처럼 착오를 일으킨 것으로 본다. 여기서 법원의 승소판결을 받아낸 것이 바로 재산상의 처분행위에 해당된다.

관련판례 및 법조문

□ 판 례 □
◎ 민사소송의 피고가 소송사기죄의 주체가 될 수 있는지 여부
적극적 소송당사자인 원고가 아니라 방어적인 위치에 있는 피고라 하더라도 허위내용의 서류를 작성하여 이를 증거로 제출하거나 위증을 시키는 등의 적극적인 방법으로 법원을 기망하여 착오에 빠지게 한 결과 승소확정 판결을 받음으로써 자기의 재산상의 의무이행을 면하게 된 경우에는 그 재산가액 상당에 대하여 사기죄가 성립한다(대법 1987.9.22. 87도1090).

□ 법 령 □
◎ 형법 제347조

백화점의 변칙세일

백화점이 출하시부터 할인가격표시하여 막바로 세일에 들어가는 변칙세일을 한 경우

[질문] A백화점 숙녀의류부장인 저는 판매전술의 일환으로 종전에 출하한 일이 없었던 신상품에 대해 첫 출하시부터 할인가격표를 표시하여 막바로 세일에 들어가는 이른바 변칙세일을 자행하였습니다. 저의 행위가 죄가 되나요?

[답] 이른바 변칙세일은 사기죄가 된다.

[유사사례]

◆ 한문판독능력이 없는 피해자에게 백미 10가마를 변제한다면서 백미 10가마의 보관증을 백미 100가마의 보관증이라고 속여 교부한 행위는 이익사기죄에 해당된다(반대설 있음).

[해설] 사기죄의 요건으로서 기망은 널리 재산상의 거래관계에 서로 지켜야 할 신의성실의무를 저버리는 모든 적극적·소극적 행위로서 사람으로 하여금 착오를 일으키게 하는 것을 말한다. 사기죄의 본질은 기망에 의한 재물이나 재산상 이익의 취득에 있고, 상대방에게 현실적으로 재산손해가 발생할 필요는 없다. 일반적으로 상품의 선전·광고에서 다소의 과장·허위가 수반되는 것은, 그것이 일반 상거래의 관행과 신의칙에 비추어 시인될 수 있는 한 기망성이 결여된다고 하겠다. 그러나 거래의 중요한 사항에 관해 구체적 사실을 거래상의 신의성실의무에 비추어 비난받을 정도의 방법으로 허위로 고지한 경우에는 과장, 허위광고의 한계를 넘어 사기죄의 기망행위에 해당된다. 왜냐하면 현대산업사회에서 소비자가 갖는 상품의 품질, 가격에 대한 정보는 대부분 생산자 및 유통업자의 광고에 의존할 수밖에 없고, 백화점과 같은 대형유통업체에 대한 소비자들

의 정당한 품질, 정당한 가격에 대한 신뢰는 백화점의 대대적인 광고에 의해 창출된 것으로서 이에 대한 소비자들의 신뢰와 기대는 보호되어야 하기 때문이다.

(관련판례 및 법조문)

□ 판 례 □

◎ 가. 상품의 허위, 과장광고가 사기죄의 기망행위에 해당하는 경우
　나. 대형백화점에서의 이른바 변칙세일이 사기죄의 기망행위를 구성한다고 한 사례
　다. 통상적인 업무처리과정에서 위 '나'항의 변칙세일에 관여한 백화점직원에게 백화점을 위한 불법영득의 의사가 있었다고 본 사례

　가. 사기죄의 요건으로서의 기망은 널리 재산상의 거래관계에 있어서 서로 지켜야 할 신의와 성실의 의무를 저버리는 모든 적극적 및 소극적 행위로서 사람으로 하여금 착오를 일으키게 하는 것을 말하며, 사기죄의 본질은 기망에 의한 재물이나 재산상 이익의 취득에 있고, 상대방에게 현실적으로 재산상 손해가 발생함을 그 요건으로 하지 아니하는바, 일반적으로 상품의 선전, 광고에 있어 다소의 과장, 허위가 수반되는 것은 그것이 일반 상거래의 관행과 신의칙에 비추어 시인될 수 있는 한 기망성이 결여된다고 하겠으나 거래에 있어서 중요한 사항에 관하여 구체적 사실을 거래상의 신의성실의 의무에 비추어 비난받을 정도의 방법으로 허위로 고지한 경우에는 과장, 허위광고의 한계를 넘어 사기죄의 기망행위에 해당한다.
　나. 현대산업화 사회에 있어 소비자가 갖는 상품의 품질, 가격에 대한 정보는 대부분 생산자 및 유통업자의 광고에 의존할 수밖에 없고, 백화점과 같은 대형유통업체에 대한 소비자들의 신뢰(정당한 품질, 정당한 가격)는 백화점 스스로의 대대적인 광고에 의하여 창출된 것으로서 이에 대한 소비자들의 신뢰와 기대는 보호되어야 한다고 할 것인바, 종전에 출하한 일이 없던 신상품에 대하여 첫 출하시부터 종전가격 및 할인가격을 비교표시하여 막바로 세일에 들어가는 이른바 변칙세일은 진실규명이 가능한 구체적 사실인 가격조건에 관하여 기망이 이루어진 경우로서 그 사술(詐術)의 정도가 사회적으로 용인될 수 있는 상술의 정도를 넘은 것이어서 사기죄의

기망행위를 구성한다.

다. 피고인이 백화점의 직원으로 위 '나'항의 변칙세일에 통상적인 업무처리과정에서 접하게 되었다 할지라도 피고인에게 백화점을 위한 불법영득의 의사가 있었다 아니할 수 없다(대법 1992.9.14. 91도2994).

□ 법 령 □
◎ 형법 제347조

사기죄와 약속어음

채무를 변제할 의사나 능력이 없으면서 약속어음을 발행한 행위

▶질문▶ 저는 A주식회사 대표 갑으로부터 식료품 판매대금으로 약속어음을 받아 거래하여 왔습니다.

처음에는 액면도 적고 또 잘 지급해 왔으므로 신용하고 액면을 증가시켰던바, 속은 것을 알고 급히 서둘러 A회사에 가서 물품을 잡으려고 했는데 상품뿐만 아니라 값어치 있는 동산류는 이미 다른 사람의 손에 넘어갔고 그 채권자로부터 압류절차가 취해졌으며, A주식회사 대표자인 甲의 행방도 알 수 없습니다. 무척 계획적으로 저질러진것 같은데 어떻게 하면 좋겠는지요? 사실을 알아보니 甲은 전에도 부도를 내고 회사를 쓸어트린 일이 있으며 최근에는 경영상태가 부진해 원래 어음을 발행할 처지도 못되는데 이를 남발한 것 같습니다. 甲개인으로서는 상당한 재산을 제3자에게 신탁한 것으로 알고 있는데 확실한 것은 알 수가 없습니다. 민·형사사건으로 고소할 수 있을까요?.

(답)   채무변제의사나 능력이 없으면서 약속어음을 발행한 경우 사기죄로
고소할 수 있다.

─(유사사례)─

◆ 피해자를 기망하여 연대보증인으로 서명케 한 행위

[해 설]   귀하가 주식회사 A를 상대로 약속어음금 청구소송을 제기하여
그 승소판결을 받고 확정판결에 기해 강제집행을 하여 채권의 만족을 얻
을 수 있으나 주식회사 A소유의 재산이 없다면 강제집행에 의해 실효를
거둘 수 없게 된다. 다른 채권자에 의해 회사소유의 동산 등에 압류절차
가 취해지고 있을 때에는 귀하의 약속어음에 기해 법원의 가압류명령을
받은 후 압류동산 등의 매득금의 배당을 요구하여 다른 채권자와 평등하
게 배당을 받아 채권의 만족을 얻을 수 있다. 주식회사 A와 대표자 갑은
별개의 인격이어서 회사재산으로 전액변제를 받지 못하여도 대표자 갑에
대하여 민사상 책임을 물을 수는 없다. 채무를 변제할 의사나 능력이 없
음에도 불구하고 이를 속이고 상대방으로부터 재물을 편취한 경우에는 사
기죄가 성립된다. 만일 귀하의 질의내용대로 갑이 회사경영이 부진하여
채무를 변제할 수 없을 줄 알면서도 귀하를 속이고 약속어음을 발행한 것
이라면 갑에게 형사상 책임을 물을 수 있을 것으로 생각한다.

─(관련판례 및 법조문)─

□ 법 령 □
◎ 형법 제347조

미등기가옥 이중매매의 책임

채무상환의 대가로 대신 받은 가옥을 채무자가 이중매매한 경우

질문 ▶ 저는 乙에게 5천만원을 대여해 주었습니다. 반환기한이 지나도 乙은 돈을 갚지 않았기 때문에 할 수 없이 乙의 집을 대신 받기로하고 대여금 문제를 청산했습니다. 물론 서면계약서도 작성했습니다. 다만, 乙의 집이 등기가 되어있지 않아 이전등기만은 못했습니다. 그런데 乙은 그 집을 또 다른 채권자인 丙에게 넘겨주었고 丙이 먼저 입주해 버렸습니다. 丙에게는 빚이 3천만원이 있었답니다. 乙을 처벌할 방법이 없겠는지요?

답 사기죄 및 권리행사방해죄로 고소가 가능하다.

유사사례

◆ 부동산을 담보로 제공하여 주면 타처로부터 돈을 빌려 그중 일부를 차용하여 주겠다고 기망한 후 이를 담보로 빌린 돈 전부를 혼자 쓰는 경우에 사기죄 성립

해설 채무자가 원래의 금전채무 대신 자기소유의 가옥대지를 대물로 변제하는 일은 흔히 있다. 그러나 그 가옥이 등기된 것이라면 대물변제의 이행방법으로 소유권이전등기 절차를 하는 것이 상례인데 귀하가 받은 가옥은 무허가로서 등기가 없는 것이므로 그러한 경우에는 흔히 양도서와 함께 가옥의 명도를 받는 방법으로 처리하고 있다.

그런데 유감스럽게도 채무자는 귀하에게 가옥을 양도한 후 다른 채권자에게 2중으로 양도한 후 그 사람에게 명도까지 줌으로서 귀하의 권리를 방해하였다.

위와 같은 경우 귀하는 첫째, 형사상 사기죄 또는 권리행사방해죄로 채

무자를 고소할 수 있고, 둘째 민사상으로는 귀하의 양수일자가 현재 입주자보다 우선할 것이므로 채무자와 입주자를 공동피고로 하여「권리관계확인소송」을 제기하여 가옥의 권리가 귀하에게 있음을 판결로서 확인할 수 있다 하겠다.

─────[관련판례 및 법조문]─────

□ 판 례 □
◎ 이전하지 아니하고서는 계속 가동할 수 없게 된 프라스틱공장을 매도함에 있어 매도인측이 위와 같은 사정을 고지하지 아니하고 공장을 운영하는 데 아무런 문제가 없다고 말하였다면 매수인을 기망한 것이라고 본 사례

공장의 정상가동 여부는 매매계약의 체결 여부를 결정짓는 중요한 요소이므로 프라스틱 공장이 이를 이전하지 아니하고서는 계속 가동할 수 없게 된 경우, 신의성실의 원칙상 매도인에게 위와 같은 사정에 관한 고지의무가 있다고 보아야 할 것이어서, 매도인측이 위와 같은 사정을 고지하지 아니하고 공장을 운영하는 데 아무런 문제가 없다고 말하였다면 이는 매수인을 기망한 경우라고 보아야 할 것이다(대법 1991.7.23. 91도458).

□ 법 령 □
◎ 형법 제323조, 제347조

계금반환과 사기죄

**계가 파계되었는데도 계속 계원으로부터
계불입금을 받은 경우**

[질문] 저는 50만원짜리 20명 번호계의 15번에 가입하여 14회까지 계불입금을 불입하였습니다. 계금을 수령할 달에 계금을 주지 않아 알아보니 계는 이미 8개월 전에 파계되었다는 것입니다. 계가

5. 재산범죄

> 깨진 후로도 8개월 불입금 15만 6천원을 계주가 받아갔기 때문에 괘씸해서 경찰에 고소했는데 경찰에서는 계주를 조사한 후 구속시키지도 않은채 귀가시켜 버렸습니다. 계주를 형사처벌할 수 있는지요? 또한 계주를 구속하지 않고 돌려보낸 것은 부당한 처사가 아닐까요?

답 파계사실을 숨기고 계금을 받아갔다면 사기죄가 성립된다.

─────(유사사례)─────

◉ 타인의 위탁에 의하여 사무를 처리하는 자가 그 사무처리상 임무에 위배하여 본인을 기망하고 착오에 빠진 본인으로부터 재물을 교부받은 경우에는 사기죄 성립

해 설 계가 파계되었음에도 파계된 사실을 숨기고 계금을 받아갔다면 사기죄가 성립되고 이에 따른 형사처벌도 받게 된다. 귀하가 고소를 했으므로 경찰에서 수사가 종결되면 검찰청으로 송치되어 검사가 계주에 대한 형사처벌 여부를 결정하게 된다. 그리고 수사담당 경찰관이 계주를 조사하고 귀가시킨 행위는 부당한 처사라 나무랄 수밖에 없을 것이다. 구속영장이 발부되기 전에는 사람을 강제로 붙잡아 두거나 감금시킬 수 없는 것이고 또한 고소한 사건내용으로 보아 금액이 비교적 소액이고 민사관계에 관련된 내용이어서 설사 사기죄가 성립된다 하더라도 꼭 구속하는 것이 상당하다 볼 수 없고 오히려 불구속으로 처리되는 것이 통상이며 적정한 처리라 판단되기 때문이다. 수많은 형사사건 중 8할 이상이 불구속으로 처리되며 불구속으로 수사하는 것이 원칙이다. 설문의 경우, 지금까지 불입한 계금은 반환받을 권리가 있고 계주가 불응한 때는 계금반환청구소송을 제기할 수 있다.

3. 사기의 죄   299

관련판례 및 법조문

□ 판 례 □

◎ 계주가 피해자가 타게 될 계금에서 그가 보증한 다른 계원의 체납계불입금을 상계할 생각을 품고서 계속하여 피해자로부터 계불입금을 수납한 경우 사기죄의 성부(소극)

 사기죄는 기망행위로 인하여 상대방을 착오에 빠뜨리고 그 착오에 기한 상대방의 재산적 처분행위에 의하여 재물의 점유를 취득함으로써 성립하는 것인바, 계원인 피해자가 계금을 탈 때까지 매월 계불입금을 계주인 피고인에게 납부한 것이 유효하게 계속된 계의 계원으로서 그 계불입금 납부의무를 이행한 것이라 인정되는 경우라면 설사 계주인 피고인이 내심으로는 피해자가 타게 될 계금에서 동 피해자가 보증한 바 있는 다른 계원의 체납계 납입금을 상계할 생각을 품고 있었다 하더라도 위와 같이 계주가 계원으로부터 계불입금 납부의무의 이행으로 지급되는 금원을 수납한 것을 가지고 피해자를 기망하여 계불입금을 편취한 것이라고 볼 수 없다(대법 1982.10. 12. 82도1888).

□ 법 령 □

◎ 형법 제347조

불법영득의사와 크레디트카드범죄

대금지급의사나 능력이 전혀 없이 카드로 물품을 구입한 경우

▶질문▶ 저는 K카드회사로부터 카드를 발급받은 카드회원으로서, 카드를 사용하더라도 대금을 지급할 의사 및 능력이 전혀 없음에도 K사의 가맹점인 甲보석상에서 카드를 제시하고 시가 200만원 상당의 시계를 구입한 것을 비롯, 같은 수법으로 수차례에 걸쳐

600만원 상당의 물품을 구입하거나 서비스를 제공받았습니다. 저의 행위가 죄가 되나요?

답 현재로는 무죄다.

〔유사사례〕

◆ 도난·분실카드를 판매하거나 사용한 때에는 신용카드업법 제25조 제1항에 의거 처벌된다(7년 이하의 징역 또는 5천만원 이하의 벌금 ; 1994. 1.5. 개정).

해 설 기망행위의 대상은 사실로서 외적 사실이든 내적 사실이든 불문하므로 대금지급의 의사·능력의 부존재는 가맹점에 대한 기망행위 및 착오를 구성한다고 하든가 또는 부정사용자가 신용카드회사의 보증을 업고 가맹점을 기망하는 것으로 보기도 한다. 그래서 가맹점에서는 이것에 속아 특별한 의심 없이 상품을 제공하는 착오에 빠지므로 사기죄가 성립된다는 견해가 있지만 현재로서는 어렵다.

우리 사회에서 카드거래는 정형화되어 있다. 이러한 사정을 감안할 때 가맹점은 카드의 진위와 유효성, 서명과 본인의 일치 여부 등 형식적 요건만 확인하면 카드회사로부터 대금지급이 확실하게 보장되어 있다. 따라서 카드회원에게 대금지급의 의사·능력이 있는가 하는 경제적·실질적 요건에 대해서는 전혀 무관심할 뿐만 아니라 인식·표상조차 하지도 않는다. 그러므로 표상과 사실의 불일치라는 착오가 성립되지 않고, 사기죄의 구성요건도 충족될 수 없다. 설문과 같은 경우는 현행 형법에서는 무죄다. 다만, 가벌성을 인정해야 할 필요가 있다면 입법론적으로 검토해 볼 수는 있을 것이다.

〔관련판례 및 법조문〕

□ 법 령 □
◎ 형법 제347조

상소권회복청구와 사기죄

항소기간중 본인의 책임질 수 없는
사유로 그 기간이 지난 경우의 구제책

질문 ▶ 저는 1980년에 서울에서 사기죄로 구속되었다가 구속적부심사로 석방되었으며, 그 후 상경하여 결혼을 하고 현재의 주소지에서 계속 살고 있으나 그 동안 법원으로부터 공소장 부본이나 소환장을 송달받은 사실이 전혀 없습니다. 그런데 3일 전에 서울지방검찰청 직원이 와서 1991년 9월 7일에 결석재판으로 징역 8월이 선고되어 그 판결이 확정되었다고 통고하면서 형을 집행하였습니다. 무척 억울합니다. 풀려날 수 있는 길은 정말 없나요?

답 상소권회복청구와 동시에 항소제기를 하면 된다.

─── 유사사례 ───

◉ 요건이 미비되었음에도 불구하고 공시송달의 방법으로 판결절차가 진행되어 항소제기기간 안에 항소할 수 없는 경우

해 설 귀하에 대해서는 「소송촉진등에관한특례법」 제23조에 의해서 결석재판이 선고되었다. 1981년 3월 1일부터 시행된 동법 제23조는 제1심 공판절차에서 피고인에 대한 송달불능보고서가 접수된 때로부터 6월이 경과하도록 피고인의 소재를 확인할 수 없고 그 피고사건이 사형·무기 또는 단기 3년 이상의 징역이나 금고에 해당하는 사건이 아닌 경우에는 결석재판을 할 수 있다고 규정하고 있으며, 사기사건은 단기 3년 이상의 징역이나 금고에 해당하는 사건이 아니므로 귀하에 대해서 징역 8월이 선고된 사실을 알지 못하였으며 그로 인해서 항소기간 내에 항소를 하지 못한 것이므로 형사소송법 제345조에 의해서 상소권 회복의 청구를 할 수 있으며, 이 경우에는 동시에 항소를 제기하여야 한다(형사소송법 제346조).

상소권 회복의 청구가 있는 때에는 법원은 그 청구의 허부에 관한 결정까지 재판의 집행을 정지하는 결정을 하여야 하며(형사소송법 제348조), 법원의 형집행 정지결정에 의해서 귀하는 석방된다. 그러나 법원이 귀하를 구금할 필요가 있다고 인정한 때에는 법원이 구속영장을 발부할 수 있으며(형사소송법 제348조), 이 경우에 귀하는 다시 구금된다.

따라서 귀하는 형의 집행을 당한 날로부터 7일 이내에 항소권 회복청구서와 항소장을 원심법원에 제출하여야 하며, 또한 귀하의 주거가 일정하고 귀하가 도주 또는 증거인멸의 염려가 없다는 사실을 법원이 인정할 수 있도록 소명자료를 법원에 제출하여야 한다. 상소권회복청구의 서식은 다음과 같다.

상소권회복청구서

피고인의 성명 · 주거

위 피고인에 대한 사기피고사건에 관하여 대전지방법원은 1991.9.7. 결석 재판으로 징역 8월을 선고하였으며 위 판결은 항소기간의 경과로 확정되었으나 피고인은 아래와 같이 항소권 회복청구를 합니다.

청구의 취지

본건 상소권 회복청구는 이를 허가한다라는 재판을 구함.

청구의 이유

(1) 피고인(청구인)은 사기피의사건으로 구속되었다가 피해자에게 피해를 변상하고 합의한 후 1980. 4월경 구속적부심사에 의해서 석방되었으며 그 후 법원으로부터 공소장 부본을 송달받은 바 없으므로 청구인이 불구속으로 공소제기된 사실을 알지 못하였습니다.

(2) 청구인은 현재의 주소지에서 1981년 이후 계속 거주하고 있으나 법원으로부터 공판기일 소환장을 송달받은 사실이 없으므로 청구인에 대해서 징역 8월이 선고된 사실을 전혀 알지 못하였습니다.

(3) 이상과 같이 청구인은 청구인이 책임질 수 없는 사유로 인하여 항소제기기간 내에 항소를 하지 못한 것이므로 상소권 회복의 청구를 한 것입니다.

(4) 피고인은 현주소에서 가족과 함께 거주하고 있으며 피해자에 대한 피해를 변상하여 고소가 취소되었으므로 피고인은 도주 및 증거인멸의 염려가 없습니다.

첨부서류
  1. 주민등록등본   1통
  2. 재직증명서   1통
  3. 신병보증서   1통

19 년 월 일
위 청구인(피고인) ○ ○ ○ ㉑

지방법원 귀중

(관련판례 및 법조문)

□ 판 례 □
◎ 공시송달의 방법으로 공소장부본 등이 송달되고 피고인의 불출석 및 진술 없이 판결이 선고되었으나, 피고인이 그 사실을 전혀 몰랐다면 피고인이 책임질 수 없는 사유로 인한 때에 해당하는지 여부

  소송촉진등에관한특례법 제23조, 동법시행규칙 제19조 소정의 절차에 따라 공시송달의 방법으로 공소장부본 등이 송달되고 피고인의 출석 및 진술 없이 판결을 선고한 후 그 판결등본을 같은 방법으로 송달하여 피고인이 공소제기사실이나 판결선고사실을 전혀 몰랐다면 항소를 법정기간 내에 제기하지 못한 것은 피고인이 책임질 수 없는 사유로 인한 때에 해당한다 (대법 1986.2.12. 86모3).

□ 법 령 □
◎ 형사소송법 제345조, 형법 제347조

불기소처분에 대한 불복방법

검사의 불기소처분에 대한
불복방법은……

[질문] 저는 사기피의자로 경찰서에 연행되어 담당형사인 K로부터 심한 고문을 받아 상처를 입었습니다. 혐의가 없어 풀려난 후 K형사를 상대로 고소를 제기하였으나 담당검사는 형사의 고문사실을 인정할 증거가 불충분하다는 이유로 불기소처분을 하였습니다. K형사를 처벌할 방법은 없는지요?

[답] 검찰항고 또는 재정신청을 하면 된다.

[유사사례]

◆ 검사의 기소유예처분에 대하여 고소·고발인은 검찰항고 또는 재정신청을 할 수 있다. 다만, 재정신청은 형법 제123조~제125조의 범죄에 대해서만 할 수 있다.

[해설] 검사의 불기소처분에 대해서 고소인이 불복하는 방법은 두 가지가 있다. 그 하나는 검찰항고(檢察抗告)이며, 다른 하나는 재정신청(裁定申請)이다.

검찰항고는 불기소처분의 통지를 받은 날로부터 30일 이내에 관할 고등검찰청의 장에게 서면으로 하여야 하며, 항고를 기각하는 처분에 대하여 검찰총장에게 재항고를 할 수 있다(검찰청법 제12조).

설문에 있어서 고등검찰청의 장 또는 검찰총장이 K형사를 기소하는 것이 옳다고 인정하는 때에는 K형사는 귀하에게 고문을 한 죄(형법 제125조)로 공소제기된다.

재정신청은 불기소처분의 통지를 받은 날로부터 10일 이내에 관할고등법원에 서면으로 하여야 하며(형사소송법 제260조) 고등법원에서 심리한 결과 재정신청이 이유 있다고 인정한 때에는 사건을 지방법원의 심판에 부하는 결정을 하게 된다(형사소송법 제262조).

검찰항고를 하느냐, 재정신청을 하느냐 여부는 귀하의 자유에 속하나 재정신청을 한 후에는 검찰항고를 하지 못하며 검찰항고를 한 후에 재정신청을 한 때에는 검찰항고가 취소된 것으로 간주된다(검찰청법 제12조 제6항).

검사의 불기소처분을 시정하는 효과면에서 재정신청을 하는 것이 바람직하다. 그러나 재정신청은 모든 불기소처분에 대해서 할 수 있는 것이 아니고 수사공무원 등의 직권남용죄(형법 제123조 내지 제125조의 죄)에 관한 불기소처분에 대해서만 할 수 있다는 점을 유의할 필요가 있다. 현재는 이 경우에 가장 효과적으로 국민의 기본권 보장을 위한 방법으로 헌법재판소법에 의한 헌법소원을 제기하는 것이 바람직하다.

검찰항고장과 재정신청서의 서식은 다음과 같다.

항 고 장

피의자 ○ ○ ○

위 피의자에 대한 ○○지방검찰청 94형 제211호 독직가혹행위 피의사건에 관하여 동 검찰청 검사 ○○○는 범죄혐의 없다는 이유로 1994.7.1. 불기소처분을 하였으나 고소인은 위 불기소처분에 대해서 불복이므로 항고를 제기합니다.

항고의 취지

공소의 제기를 명하는 처분을 구함.

항고의 이유

검사는 피의자 K에 대한 피의사실을 인정할 증거가 불충분하다는 점을 불기소처분의 이유로 삼고 있으나 검사작성의 A·B·C에 대한 각 진술조서의 기재와 A에 대한 진단서에 의하면 본건 피의사실을 인정하기에 충분하므로 검사의 불기소처분은 명백히 부당합니다.

첨부서류
  1. 불기소처분통지서 1통

19 년 월 일
위 항고인 ○ ○ ○ ㉑
○○고등검찰청검사장 귀하

재 정 신 청

신청인(고소인)의 주소 및 성명
피신청인(피의자)의 주소 및 성명
　위 피의자에 대한 ○○지방검찰청 94형 제211호 독직가혹행위 피의사건에 관하여 동 검찰청 검사 ○○○는 범죄혐의 없다는 이유로 1994.7.1. 불기소처분을 하였으나 고소인 ○○○ 위 불기소처분에 대하여 불복이므로 재정신청을 합니다.

신청의 취지

「피의자 ○○○에 대한 독직가혹행위 피의사건을 ○○지방법원의 심판에 부한다」
라는 결정을 구함.

신청의 이유

　추후 제출하겠음.
　첨부서류
　　1. 불기소처분통지서 1통
19 년 월 일
위 신청인(고소인) ○ ○ ○ ㉑
○○고등법원 귀중

절취한 신용카드 사용행위

절취한 신용카드로 물품을 구입한 경우

질문 ▶ 저는 K카드회사의 회원·가맹점 모집 및 연체대금 수습사원입니다. 저는 같은 회사 직원이 신규회원 乙에게 발급하기 위해 책상 서랍 속에 보관해 둔 신용카드 1매를 임의로 꺼내 카드상의 회원서명난에 乙의 서명을 하였습니다. 그 후 이 카드를 가지고 여러 가맹점을 다니면서 의류, 시계, 보석 등 총 14회에 걸쳐 10,000,000원 상당의 물품을 구입하고 매출전표에 乙 이름으로 서명을 하여 교부하였습니다. 저의 행위는 처벌되나요?

답 신용카드업법 위반과 사기죄, 절도죄의 경합범으로 처벌된다.

유사사례

● 신용카드를 위조·변조하는 사람은 7년 이하의 징역 또는 5천만원 이하의 벌금에 처한다(신용카드업법 제25조 제1항).

해설 신용카드는 재산죄의 객체로서 재물인 동시에 카드회원의 자격을 나타내는 카드회사 작성 명의의 사실증명에 관한 사문서이다.
- 신용카드를 절취한 행위는 절도죄(형법 제329조)가 성립하며,
- 회원서명난과 매출전표에 임의로 을의 서명을 한 행위는 사문서위조와 동행사죄(형법 제236조, 제234조)가 된다.
- 절취한 신용카드를 사용한 행위는 신용카드업법(제25조 제1항) 위반죄가 성립하며,
- 자신이 을인 것처럼 을의 카드를 사용하여 매출전표를 작성해 준 행위는 사기죄(형법 제347조)에 해당되게 된다.

결국 신용카드업법위반과 사기죄, 절도죄의 경합범으로 처벌된다(사문

서위조는 신용카드업법위반죄에 해당된다).

관련판례 및 법조문

□ 판 례 □

(1) 피고인이 타인의 명의를 모용하여 신용카드를 발급받은 경우, 비록 카드회사가 피고인으로부터 기망을 당한 나머지 피고인에게 피모용자 명의로 발급된 신용카드를 교부하고, 사실상 피고인이 지정한 비밀번호를 입력하여 현금자동지급기에 의한 현금대출(현금서비스)을 받을 수 있도록 하였다 할지라도, 카드회사의 내심의 의사는 물론 표시된 의사도 어디까지나 카드명의인인 피모용자에게 이를 허용하는 데 있을 뿐, 피고인에게 이를 허용한 것은 아니라는 점에서 피고인이 타인의 명의를 모용하여 발급받은 신용카드를 사용하여 현금자동지급기에서 현금대출을 받는 행위는 카드회사에 의하여 미리 포괄적으로 허용된 행위가 아니라, 현금자동지급기의 관리자의 의사에 반하여 그의 지배를 배제한 채 그 현금을 자기의 지배하에 옮겨 놓는 행위로서 절도죄에 해당한다고 봄이 상당하다.

(2) 형법 제347조의 2에서 규정하는 컴퓨터 등 사용사기죄의 객체는 재물이 아닌 재산상의 이익에 한정되어 있으므로, 타인의 명의를 모용하여 발급받은 신용카드로 현금자동지급기에서 현금을 인출하는 행위를 이 법조항을 적용하여 처벌할 수는 없다(대법 2002. 7. 12. 2002 도 2134)

□ 법 령 □

◎ 형법 제329조, 제347조, 신용카드업법 제25조 제1항

4. 공갈의 죄

공 갈 죄

부녀와의 정교가 공갈죄의 대상이 되는지 여부

질문▶ 저는 가짜 기자행세를 하면서 싸롱객실에서 나체쇼를 한 乙을 고발할 것처럼 데리고 나와 여관으로 유인한 다음, 겁에 질린 피해자의 상태를 이용하여 1회 성교하여 그녀의 정조대가에 상당하는 재산상 이익을 갈취하였습니다. 이 때 저의 행위는 어떻게 처벌되나요?

답 공갈죄가 되지 않는다.

─(유사사례)─

◆ 피해자들을 공갈하여 피해자들로 하여금 지정한 예금구좌에 돈을 입금케 한 행위는 공갈죄에 해당한다.

해설 공갈죄는 사람을 공갈하여 재물의 교부를 받거나 재산상의 불법한 이익을 취득하거나 타인으로 하여금 이를 얻게함으로써 성립하는 범죄이다.

해악통고의 방법에는 제한이 없다. 명시적이건 묵시적이건 묻지 아니한다. 반드시 언어 또는 문서에 의하여 해악이 통고됨을 요하지 않고 해악을 인식하게 할 수 있는 일체의 행동이 포함된다.

공갈죄는 재산범으로서 그 객체인 재산상 이익은 경제적 이익이 있는 것을 말하는 것인바, 일반적으로 부녀와의 정교 그 자체는 이를 경제적으로 평가할 수 없는 것이므로 부녀를 공갈하여 정교를 맺었다고 하여도 특단의 사정이 없는 한, 이로써 재산상 이익을 공갈한 것이라고 보기 어렵다.

피공갈자와의 특수한 사정으로 외포심(畏怖心)을 일으키면 그것으로 족하다.

―――― 관련판례 및 법조문 ――――

□ 판 례 □
◎ 부녀와의 정교가 공갈죄의 객체인 재산상 이익으로 평가될 수 있는지 여부(소극)

공갈죄는 재산범으로서 그 객체인 재산상 이익은 경제적 이익이 있는 것을 말하는 것인바, 일반적으로 부녀와의 정교 그 자체는 이를 경제적으로 평가할 수 없는 것이므로 부녀를 공갈하여 정교를 맺었다고 하여도 특단의 사정이 없는 한 이로써 재산상 이익을 갈취한 것이라고 볼 수는 없는 것이며, 부녀가 주점접대부라 할지라도 피고인과 매음을 전제로 정교를 맺은 것이 아닌 이상 피고인이 매음대가의 지급을 면하였다고 볼 여지가 없으니 공갈죄가 성립하지 아니한다(대법 1983.2.28. 82도2714).

□ 법 령 □
◎ 형법 제350조

폭력행위등처벌에관한법률상 공갈죄

교통사고 피해자가 가해자를 협박하여 돈을 받은 경우

질문 저는 친구 A와 함께 제가 교통사고로 2주일간의 치료를 요하는 상해를 당하여 그로 인한 손해배상청구권이 있음을 기회로 하여, 사고차의 운전사가 바뀐 것을 알고 사고차량 운전사의 사용자인 乙에게 금 7,000,000원을 요구하였습니다. 만일 이에 응하지 않으면 수사기관에 신고할 것 같은 태도를 보여 乙을 외포케 하고, 이에 겁을 먹은 乙로부터 금 3,500,000원을 교부받았습니다. 저는 어떤 죄로 처벌되나요?

답 폭력행위등처벌에관한법률상의 공갈죄의 책임을 진다.

유사사례

◆ 공사대금을 지불하지 않으면 진정하겠다고 한 경우

해설 손해배상청구를 하면서 고소하겠다고 하거나, 보증금을 환불하지 않으면 구속시키겠다고 한 경우, 공사대금을 지불하지 않으면 진정하겠다고 하거나 다소 시위를 할 듯한 태도를 보이는 경우, 인접대지에 건축법에 위반한 건물을 신축·사용하는 소유자로부터 일조권 침해 등으로 인한 손해배상합의금을 받는 경우 등은 정당행위나 자구행위 등을 근거로 위법성이 조각되게 된다. 하지만 정당한 권리가 있더라도 그 권리행사를 빙자하여 상대방을 협박하고 재물의 교부 또는 재산상의 이익을 받은 경우는 공갈죄가 성립된다.

5. 재산범죄

관련판례 및 법조문

□ 판 례 □

◎ 교통사고의 피해자가 사고차량 운전자의 사용자로부터 사회통념상 허용되는 범위를 넘어 금품을 교부받은 것이어서 공갈죄가 성립한다고 본 사례

　피고인이 교통사고로 2주일간의 치료를 요하는 상해를 당하여 그로 인한 손해배상청구권이 있음을 기화로 사고차량의 운전사가 바뀐 것을 알고서 그 운전사의 사용자에게 과다한 금원을 요구하면서 이에 응하지 않으면 수사기관에 신고할 듯한 태도를 보여 이에 겁을 먹은 동인으로 부터 금 3,500,000원을 교부받은 것이라면, 이는 손해배상을 받기 위한 수단으로서 사회통념상 허용되는 범위를 넘어서 그 권리행사를 빙자하여 상대방을 외포하게 함으로써 재물을 교부받은 경우에 해당하므로 공갈죄가 성립한다고 할 것이다(대법 1992.3.27. 89도2036).

□ 법 령 □

◎ 폭력행위등처벌에관한법률 제2조 제2항

공 갈 행 위

예술품을 잃어버린 피해자에게 돈을 은행구좌에 입금시키라고 협박한 행위

질문▶ 예술품을 잃어 버린 乙에게 저는 전화를 걸어 자신이 도둑이며 돈을 자신의 은행비밀구좌에 입금시키지 않으면 그 예술품을 망가뜨리겠다고 협박한 경우에 저는 처벌되나요?

답 공갈죄가 된다.

4. 공갈의 죄   313

> **유사사례**
>
> ■ 갑이 돈을 갈취할 목적으로 을을 협박하였으나, 을은 갑의 체구가 빈약하고 얼굴에 병색이 가득한 것을 보고 불쌍하게 생각하여 지갑에서 10만원을 꺼내어 갑에게 준 경우는 공갈죄의 미수가 된다.

[해 설] 기망행위가 인정되면 사기죄가, 위협행위가 인정되면 공갈죄가 성립된다.

특히, 교통순경이 근무중 음주운전자 을을 적발, 을이 한번만 용서해 달라고 애원하자 돈을 내놓지 않으면 경찰서에 연행하겠다고 위협하여 50,000원을 받은 경우는 공갈죄만 성립된다.

> **관련판례 및 법조문**
>
> □ 판 례 □
> ◎ 사회통념상 용인될 정도의 위협적인 말은 협박으로 볼 수 없다는 사례
>   피해자가 공소 외 갑을 대리하여 동인 소유의 여관을 피고인에게 매도하고 피고인으로부터 계약금과 잔대금 일부를 수령하였는데, 그 후 위 갑이 많은 부채로 도피해 버리고 동인의 채권자들이 채무변제를 요구하면서 위 여관을 점거하여 피고인에게 여관을 명도하기가 어렵게 되자, 피고인은 피해자에게 "여관을 명도해 주던가 명도소송비용을 내놓지 않으면 고소하여 구속시키겠다"고 말한 경우 피고인이 매도인의 대리인인 위 피해자에게 위 여관의 명도 또는 명도소송비용을 요구한 것은 매수인으로서 정당한 권리행사라 할 것이며, 위와 같이 다소 위협적인 말을 하였다고 하여도 이는 사회통념상 용인될 정도의 것으로서 협박으로 볼 수 없다(대법 1984.6.26. 84도648).
>
> □ 법 령 □
> ◎ 형법 제350조

5. 재산범죄

공갈죄와 형의 실효

만기출소 후 전과말소복권을 신청하려는데…

질문▶ 저는 5만원을 공갈 사기한 혐의로 구속되어 대전지방법원에서 징역 6월을 선고받고 만기출소하여 현재 만 9년이 되었습니다. 이제라도 전과말소복권 신청을 하려 하는데 구비서류는 무엇이며, 어느 법원에서 어떤 절차와 방법을 거쳐야 하는지에 관해서 상세한 해답을 해 주시기 바랍니다.

답 형법 제81조에 의한 형의 실효청구는 법원에 제출하여 실효선고를 받으면 된다.

유사사례

◉ 혁명재판소에서 특수범죄처벌법 위반으로 징역형을 선고받고 수차의 감형으로 그 형기를 마치고, 그 후 자격정지 이상의 형을 받음이 없이 오늘에 이른 경우

해설 형의 실효는 전과사실을 말소시켜 사회복귀를 도와주는데 근본 취지가 있으므로 형의 선고를 받고 복역을 마친 수형자가 그 형을 실효시키는 방법에는 첫째, 형법 제81조에 의한 형의 실효청구에 의한 방법과 둘째, 형의 실효 등 두 가지 방법이 있다. 형법 제81조에 의한 형의 실효 방법은 징역이나 금고의 형을 선고받은 자가 그 집행을 종료하거나 집행을 면제받은 후 피해자에 대한 피해를 보상하고 자격정지 이상의 형을 받음이 없이 7년이 경과한 때에는 법원에 대하여 형의 실효청구를 하여 법원의 결정으로 재판의 실효를 선고받고 형을 실효시킬 수가 있다.

다음 형의실효등에관한법률에 의하여 수용자가 자격정지 이상의 형을 받음이 없이 형의 집행을 종료하거나 그 집행을 면제받은 날로부터 징역

이나 금고형의 경우 10년이 경과하면 그 형은 자동적으로 실효되는 것이다.

귀하의 경우, 만기출소한 후 9년이 경과되었으니 형의실효등에관한법률에 정한 10년이 경과되지 아니하여서 자동실효는 아직 되지 아니하며 다만, 형법 제81조에 의한 형의 실효청구를 법원에 제출하여 실효선고를 받을 수 있을 것이다.

―――――――――――――――― 관련판례 및 법조문 ――――――――――――――――

□ 판 례 □
◎ **재판의 실효선고나 형이 실효된 경우와 사회보호법 제5조 제1항 제1호의 적용 가부**(소극)

형법 제81조에 의한 재판의 실효선고나 형의실효등에관한법률에 의하여 형이 실효된 경우에는 사회보호법 제5조 제1항 제1호 소정의 "실형을 받고"에 해당하지 아니한다(대법 1982.3.23. 82도235).

□ 법 령 □
◎ 형법 제81조

5. 횡령의 죄

횡 령 죄

남의 오토바이를 타고 심부름을 가다가
마음이 변하여 그대로 타고 가버린 경우

[질문] 다방 주방장인 저의 친구 甲은 다방 주인 乙 소유의 오토바이 열쇠를 가지고 있으면서 차를 배달하는데 사용하였습니다. 그런데 사건 당일 甲은 丙에게 오토바이 열쇠를 주면서 타고 가서 수표를 현금으로 바꾸어 오라고 시켰습니다. 丙은 이를 응락하고 오토바이를 타고 가서 수표를 현금으로 바꾼 뒤 마음이 변하여 그 오토바이를 반환하지 아니하고 타고 가버렸습니다. 丙의 행위는 어떻게 처벌되나요?

[답] 횡령죄로 처벌된다.

─ 유사사례 ─
● 물품의 구입판매만을 담당하는 동업자가 금품출납 등을 담당하는 동업자에게 판매대금을 지급치 않고 임의소비한 경우

[해설] 횡령죄는 타인의 재물을 보관하는 자가 그 제품을 영득하는 경우에 성립하는 범죄다. 횡령죄의 주체는 위탁관계에 의하여 타인의 재물을 보관하는 자이므로, 점유매개인, 점유보조인도 된다. 그러나 특별히 점유보조인은 이와 같은 법적 관계없이 '타인을 위해 물건에 대한 사실상의

지배'(민법 제195조)를 하는 자로서, 위탁관계가 있으면 횡령죄의 주체가 된다. 만일 그러한 관계가 없으면 절도죄가 성립한다. 횡령죄가 되는 보기를 들면,
- 철도공무원이 운반중인 화물을 처분한 경우
- 화물자동차의 운전자가 운반중인 재물을 영득한 경우
- 우편배달부가 보관중인 봉투 안의 돈을 가진 경우

관련판례 및 법조문

□ 판 례 □
◎ 피해자 소유의 오토바이를 타고 심부름을 가다가 마음이 변하여 그대로 타고 가버린 경우의 죄책
  피해자가 그 소유의 오토바이를 타고 심부름을 다녀오라고 하여서 그 오토바이를 타고 가다가 마음이 변하여 이를 반환하지 아니한 채 그대로 타고 가버렸다면 횡령죄를 구성함은 별론으로 하고 적어도 절도죄를 구성하지는 아니한다(대법 1986.8.19. 86도1093).

□ 법 령 □
◎ 형법 제355조 제1항

불법원인급여와 횡령죄

뇌물로 전달하여 달라고 교부받은 금원을 임의로 소비한 때에는…

질문▶ 조합장인 저는 조합으로부터 공무원에게 뇌물로 전달하여 달라고 금원을 교부받았다. 그러나 저는 이것을 전달하지 않고 다른 용도에 사용하였습니다. 저의 행위는 처벌되나요?

> **답** 횡령죄로 처벌되지 않는다. 그 이유는 불법원인급여에 의한 타인의 재물의 반환책임이 없기 때문이다.

---(유사사례)---

◆ 부정입학시키려고 금 1천만원을 건네주었으나, 나중에 입학도 안되고 돌려 달라고 해도 주지않는 경우가 그것이다.

해설 위탁원인이 불법하여 위탁자가 보관자에 대해 반환청구를 할 수 없는 경우, 예컨대 뇌물로 줄 금송아지를 맡긴 경우에, 그것을 맡은 자가 그 재물을 착복한 행위는 횡령죄가 되지 않는다. 불법원인급여의 경우 소유권은 수탁자(보관자)에게 있으므로 '타인'의 재물을 영득했다고 볼 수 없기 때문이다. 민법 제746조는 「불법한 원인으로 재산을 급여하거나 노무를 제공한 때에는 그 이익의 반환을 청구하지 못한다」고 규정하고 있다. 그 뜻은 급여를 한 사람은 그 원인행위가 법률상 무효이기 때문에 상대방에게 부당이득반환청구를 할 수 없고, 또 급여한 물건의 소유권이 자기에게 있다고 하여 소유권에 기한 반환청구도 할 수 없어서 결국 급여한 물건의 소유권은 급여받은 상대방에게 귀속된다는 것이다. 그러므로 갑의 행위는 타인의 재물을 횡령하였다고 할 수 없다. 조합장이 조합으로부터 공무원에게 뇌물로 전달하여 달라고 금원을 교부받은 것은 불법원인으로 인하여 지급받은 것으로서 이를 뇌물로 전달하지 않고 다른 곳에 소비하였다고 해서 타인의 물건을 보관중 횡령하였다고 볼 수 없다.

---(관련판례 및 법조문)---

□ 판 례 □
◎ **불법원인급여와 횡령죄의 성부**
　민법 제746조에 불법의 원인으로 인하여 재산을 급여하거나 노무를 제공한 때에는 그 이익의 반환을 청구하지 못한다고 규정한 뜻은 급여를 한 사람은 그 원인행위가 법률상 무효임을 내세워 상대방에게 부당이득반환청구를 할 수 없고, 또 급여한 물건의 소유권이 자기에게 있다고 하여 소유권에 기한 반환청구도 할 수 없어서 결국 급여한 물건의 소유권은 급여를 받은 상대방에게 귀속된다는 것이므로 조합장이 조합으로부터 공무원에게 뇌물로 전달하여 달라고 금원을 교부받은 것은 불법원인으로 인하여 지급받은 것으로서 이를 뇌물로 전달하지 않고 타에 소비하였다고 해서 타인의 물을 보관중 횡령하였다고 볼 수는 없다(대법 1988.9.20. 86도628).

□ 법 령 □
◎ 형법 제355조 제1항, 민법 제746조

횡령죄의 불법영득의사

정당한 사유에 기한 보관물의 반환거부 행위

질문▶ 저는 乙에 대해 채권을 가지고 있는데, 이 채권을 변제받기까지는 보관중인 乙 소유의 전자오르겐 등 물건을 반환할 수 없다고 계속 유치하였다. 검찰은 甲을 횡령죄로 상고하였으나, 이 경우에 저의 행위가 죄가 되나요?

답) 무죄다.

─(유사사례)─

■ 수사비를 수사정보비로 사용방법(용도)을 변경한 때에는 횡령으로 보기 어렵다.

해 설) 횡령죄의 경우, 고의 이외에 불법영득의사가 필요하다고 보는 것이 판례의 태도이다. 횡령죄에 있어서 불법영득의사는 자기 또는 제3자의 이익을 위하여 타인의 재물을 보관하는 자가 위탁의 취지에 반하여 그 재물을 자기의 소유인 것 같이 처분하는 의사를 말한다.

그러나 수사비를 수사정보비로 사용하였다고 하여 횡령의 의사를 인정할 수 없고(대법 1973.12.26. 73도2524), 재물의 보관처나 보관방법을 변경했다는 것만으로도 본죄가 성립하지 않는다.

비록 반환을 거부하였다 하더라도 그 반환거부에 정당한 사유가 있을 때에는 불법영득의사가 있다고 할 수 없다.

관련판례 및 법조문

□ 판 례 □
◎ 정당한 사유에 기한 보관물의 반환거부와 횡령죄의 성부

횡령죄에 있어서의 불법영득의 의사는 타인의 재물을 보관하는 자가 그 취지에 반하여 정당한 권한 없이 스스로 소유권자와 같이 이를 처분하는 의사를 말하는 것이므로, 비록 그 반환을 거부하였다 하더라도 그 반환거부에 정당한 사유가 있을 때에는 불법영득의 의사가 있다고 할 수 없다(대법 1986.2.25. 86도2).

□ 법 령 □
◎ 형법 제355조 제1항

업무상 횡령죄

사실상 대표이사 업무를 행하던 자의 보관 금전의 임의소비 행위

▶질문◀ 저는 등기부상으로 회사의 대표이사를 사임한 후에도 계속하여 사실상 대표이사 업무를 행하여 왔고, 회사원들도 저를 대표이사의 일을 하는 사람으로 상대해 오다가 보관중인 금전을 임의로 소비했다면 저의 경우 처벌되나요?

답 업무상 횡령죄로 처벌된다.

─ 유사사례 ─
- 1인 주주회사의 주주가 회사재산을 임의처분한 경우
- 증권회사의 직원이 고객들의 주식청약증거금을 인출하여 회사의 당좌계정에 입금시킨 경우

해 설 업무상 횡령죄는 업무로 보관하는 타인의 재물을 횡령함으로써 성립하는 범죄이다. 위탁관계가 업무로 되어 있기 때문에 형벌이 가중되는 가중구성요건이다. 가중근거는 일반횡령보다 횡령가능성이 높고, 피해범위도 넓기 때문이다. 여기서 '업무'는 사회생활상의 지위에서 계속·반복적으로 행하는 사무를 말한다. 업무가 꼭 직업 또는 영업이어야 할 필요는 없다. 관례에 따르면 사실상의 것도 포함된다. 예컨대, 면허가 없는 절차상 불법이 있더라도 업무자체가 위법하지 않으면 여기의 업무에 해당된다. 자기를 위한 업무, 타인을 위한 업무 그리고 주된 업무, 부수적 업무를 불문한다. 그 밖에 횡령죄의 모든 구성요건을 충족해야 한다. 불법영득의사가 있어여 하는 것도 마찬가지이다. 대표적으로 회사나 은행 등 단체가 소유하는 금전을 조직내부의 사무분담에 따라 관리·보관하는 자가 그 금전을 유용하면 이 죄가 성립한다. 그것은 어디까지나 타인의 재물이기 때문이다. 설문의 경우는 업무상 횡령죄에 해당된다.

─ 관련판례 및 법조문 ─

□ 판 례 □

◎ 가. 형법 제356조 소정의 '업무'의 의미
  나. 사실상 대표이사 업무를 행하던 자의 업무상 횡령죄의 주체성
  가. 형법 제356조 소정의 '업무'는 직업 혹은 직무라는 말과 같이 법령, 계약에 의한 것 뿐만 아니라, 관례를 좇거나 사실상이거나를 묻지 않고 같은 행위를 반복할 지위에 따른 사무를 가리킨다.
  나. 피고인이 등기부상으로 공소외 회사의 대표이사를 사임한 후에도 계속하여 사실상 대표이사 업무를 행하여 왔고 회사원들도 피고인을 대표이

사의 일을 하는 사람으로 상대해 왔다면 피고인은 위 회사 소유 금전을 보관할 업무상의 지위에 있었다고 할 것이다(대법 1982.1.12. 80도1970).

□ 법 령 □
◎ 형법 제356조

명의신탁과 횡령죄

종중 소유로서 명의신탁된 부동산을 임의로 사용·수익한 경우

질문 작고하신 선조들께서 조상을 기리는 논을 만들어 60여년 이상 종중 관리로 경작하여 생산된 쌀을 조상제사와 종중사업비용에 사용하고 나머지는 저축하여 종중소유 논의 구매로 재산을 늘리고 그 지역거주 친족 수인의 명의로 1980년 1월 등기를 했습니다.
그런데 얼마 전 논이 대지로 지목변경되자 등기명의자 6명은 결탁해 전체 종중재산을 착복하였습니다. 이 경우 이들을 사기, 횡령죄로 고소할 수 있을까요?

답 세부적 소유자가 종중이므로 횡령죄로 처벌된다.

─ 유사사례 ─
● 명의신탁받은 농지의 반환거부
● 월부상환중인 자동차를 타인에게 매도한 경우

해설 설문의 경우, 원래 종중소유의 부동산이지만 1980년 4월 등기할 당시 6명의 명의로 등기한 등기명의자 6명은 종중의 요청에 의하여 등기명의만을 빌려준 소위 명의신탁에 의한 등기일 뿐이고, 그 사람들의 소유가 아니기 때문에 그 논의 처분권한은 종중에게만 있을 뿐이고 등기명의자에게는 처분권한이 없고 등기명의자는 법률상으로는 부동산의 보관자일 뿐이다. 그러므로 등기명의자는 보관자로서의 임무만 있을 뿐이고 처분권한은 없기 때문에 만일 등기명의자가 종중 소유 부동산을 종중 결의 없이 임의로 처분하였을 때에는 형법상 횡령죄로 처단될 것이다.

관련판례 및 법조문

□ 판 례 □
◎ **종중소유 부동산의 임의처분과 횡령죄 성부**
종중소유의 부동산을 명의신탁받아 소유권이전등기를 거친사람이 이를 임의로 처분하면 횡령죄가 성립한다(대법 1976.6.22. 75도536).

□ 법 령 □
◎ 형법 제355조

점유이탈물횡령죄와 절도죄

종업원으로 종사하던 당구장에서 주은 금반지를 처분한 행위

질문▶ 乙이 경영하는 당구장의 종업원으로 종사하던 저는 당구장의 당구대 밑에서 어떤 사람이 잃어버린 금반지를 주워서 끼고 다니다가, 그 소유자가 나타나지 않자 용돈이 궁한 나머지 그것을 전당포에 전당잡혔습니다. 저의 행위가 처벌되나요?

답 귀하의 행위는 절도죄로 처벌된다.

【유사사례】

◆ 고속버스 승객이 차내에 있는 유실물을 가져간 경우(점유이탈물횡령죄에 해당).

【해 설】 얼핏 보기에는 점유이탈물횡령죄 같으나 대법원은 절도죄로 판시하고 있다. 어떤 물건을 잃어버린 장소가 이 사건 당구장과 같이 타인의 관리 아래 있을 때에는 그 물건은 일단 관리자의 점유에 속한다고 해야 한다. 따라서 해당 물건을 관리자가 아닌 제3자가 취거하는 것은 유실물횡령이 아니고 절도죄에 해당된다.

그러나 고속버스 승객이 차내에 있는 유실물을 가져간 경우는 점유이탈물횡령죄에 해당된다. 위 당구장의 경우와 달리 고속버스의 운전자는 수시로 바뀌기 때문에 해당 유실물의 관리자로 보기 어렵기 때문이다.

【관련판례 및 법조문】

□ 판 례 □

◎ 종업원으로 종사하던 당구장에서 주운 금반지를 처분한 자의 죄책

어떤 물건을 잃어버린 장소가 당구장과 같이 타인의 관리 아래 있을 때에는 그 물건은 일응 그 관리자의 점유에 속한다 할 것이고, 이를 그 관리자 아닌 제3자가 취거하는 것은 유실물횡령이 아니라 절도죄에 해당한다(대법 1988.4.25. 88도409).

◎ 고속버스 승객이 차내에 있는 유실물을 가져 간 경우의 죄책(=점유이탈물횡령죄)

고속버스 운전사는 고속버스의 관수자로서 차내에 있는 승객의 물건을 점유하는 것이 아니고 승객이 잊고 내린 유실물을 교부받을 권능을 가질 뿐이므로 유실물을 현실적으로 발견하지 않는 한 이에 대한 점유를 개시하였다고 할 수 없고, 그 사이에 다른 승객이 유실물을 발견하고 이를 가져 갔다면 절도에 해당하지 아니하고 점유이탈물횡령에 해당한다(대법 1993.3.16. 92도3170).

□ 법 령 □
◎ 형법 제360조

6. 배임의 죄

배 임 죄

내연의 처와 불륜관계를 지속하는 대가로
소유권이전등기를 경료해 주기로 약정하고
이를 이행하지 않는데…

질문➡ 저는 법률상의 처가 있음에도 3년 연상의 여자인 乙과 내연의 관계를 맺어 동거해 왔습니다. 이에 乙이 그 대가를 요구해 왔을 뿐만 아니라 저도 이 관계를 유지할 목적으로 문제의 임야를 乙에게 증여하기로 하고, 편의상 매매형식을 빌어 매도증서를 작성한 후 이를 공증한 다음, 소유권이전등기는 3년 뒤에 해 주기로 약정하였습니다. 이 경우 저의 행위가 처벌되나요?

답 불륜관계는 선량한 풍속 기타 사회질서에 반하는 것이므로 그것에 기한 증여계약은 무효이다. 따라서 귀하는 타인의 사무를 처리하는 자로 보기 어렵다. 배임죄가 성립되지 않는다.

── 유사사례 ──

◆ 양도담보의 실행으로 담보목적물을 부당하게 염가로 처분한 경우 배임죄가 성립한다.

해 설 타인의 사무를 처리하는 신임관계는 신의측에 의해서 발생한다. 신의성실은 흔히 사회윤리로 그 내용이 채워진다. 이 경우 배임행위의 핵심은 신의성실위반, 이른바 배신행위에 있게 된다. 타인의 재산사무를 처리하는 신임관계는 법률이나 계약에 바탕을 두지 않고서도 발생한다. 예컨대, 대리점 지배인인 갑이 지배인의 직위에서 해고되었으나 새로운 지배인 병에게 사무를 넘겨주기 전에 같은 행위를 한 경우에도 배임죄가 성립한다.

 설문의 경우, 불륜관계를 지속하는 대가로 제공하는 증여계약은 선량한 풍속과 사회질서에 반하는 것으로서 무효이다. 따라서 위 증여로 인한 소유권이전등기의무가 인정되지 않는 이상 갑은 타인의 사무를 처리하는 자로 볼 수 없어서 갑이 비록 위 등기의무를 이행하지 않았더라도 배임죄를 구성하지는 않는다.

―――――――(관련판례 및 법조문)―――――――

□ 판 례 □
◎ 내연의 처와의 불륜관계를 지속하는 대가로 부동산에 관한 소유권이전등기를 경료해 주기로 약정하고 이를 이행않는 것이 배임죄에 해당하는지 여부

 내연의 처와의 불륜관계를 지속하는 대가로서 부동산에 관한 소유권이전등기를 경료해 주기로 약정한 경우, 위 부동산 증여계약은 선량한 풍속과 사회질서에 반하는 것으로 무효이어서 위 증여로 인한 소유권이전등기의무가 인정되지 아니하는 이상 동인이 타인의 사무를 처리하는 자에 해당한다고 볼 수 없어 비록 위 등기의무를 이행하지 않는다 하더라도 배임죄를 구성하지 않는다(대법 1986.9.9. 86도1382).

□ 법 령 □
◎ 형법 제355조 제2항

부동산의 이중매매와 배임죄

부동산의 이중매매로 잔금까지 다 받은 경우

질문 ▶ 저는 부동산의 소유주로서 매수인 甲에게 잔금까지 모두 받고 甲이 이전등기를 마치지 않은 사정을 이용하여 다시 乙에게 위 부동산을 이전하고 이전등기를 끝냈습니다. 저의 행위는 처벌되나요?

답 배임죄로 처벌된다.

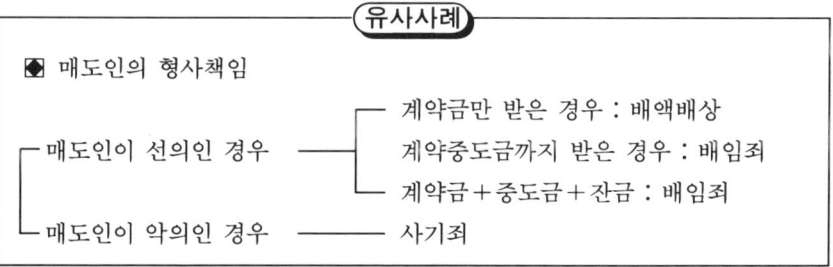

해설 우리 민법상 부동산의 소유권은 등기부상의 권리자에게만 있다. 따라서 매도인은 매수인이 이전등기를 마치도록 협력할 의무에 있다하겠으며, 특히 법률상 타인의 세무를 처리할 자라고 이해되므로 그 의무에 위반한 행위는 배임행위라 하겠다.

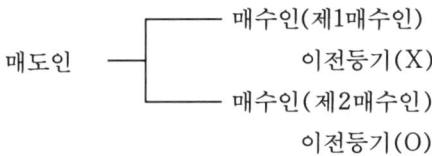

부동산의 매도인이 매수인으로부터 계약금과 중도금까지 수령한 이상 특별한 약정이 없다면 잔금수령과 동시에 매수인 명의로 소유권이전등기

를 해 주어야 할 임무가 발생한다. 그러므로 중도금 수령 이후 매도인이 위 부동산을 제3자에게 처분함으로써 제1차 매수인이나 중간생략등기의 합의를 한 전매수인(轉買受人)에게 잔금수령과 상환으로 소유권이전등기 절차를 이행하는 것이 불가능하게 되었다면 배임죄의 책임을 면할 수 없다.

관련판례 및 법조문

□ 판 례 □
◎ 부동산의 이중매수와 배임죄의 성부
　부동산을 이중매수하는 자는 먼저 매수한 자를 해할 목적으로 양도인을 교사하거나 기타 방법으로 양도행위에 적극가담한 경우에 한하여 배임죄의 공범이 된다(대법 1983.7.12. 82도180).

□ 법 령 □
◎ 형법 제355조 제2항

가등기담보와 배임죄

양도담보자가 변제기 전에 타인 명의로 가등기한 경우

질문▶ 저는 1993.11.1. 乙에 대한 채권을 담보하기 위해 그 소유의 부동산에 1년간 환매기간을 정하여 소유권이전등기를 하였고, 1993.9.24. 그 부동산을 임의로 丙 앞으로 가등기해 주었습니다. 그 후 乙은 저에 대한 채무를 변제기일까지 변제하지 않았습니다. 이 경우 저의 죄책은 어떻게 되는가요?

답 배임죄로 처벌된다.

유사사례

◆ 채권자가 채무자로부터 양도담보받은 부동산을 채무자의 승낙하에 자신의 채무에 대한 담보로 제공한 경우에 배임죄가 성립하지 않는다(대법 1990.1.12. 88도1153).

해 설 배임죄에서 재산상 손해를 가한 때라 함은 현실적인 손해를 가한 경우 뿐만 아니라 재산상 손해발생의 위험을 초래한 경우도 포함된다. 채권담보의 목적으로 부동산의 소유권이전등기를 넘겨받은 채권자는 채무자가 변제기까지 그 채무를 변제하면 등기를 환원하여 줄 의무가 있으므로, 그 변제기일 이전에 그 임무에 위배하여 제3자에게 소유권이전청구권의 보전을 위한 가등기를 하여 주었다면, 설사 그 때문에 채무자의 환매권을 종국적으로 상실케 하는 것은 아니라고 하더라도 그 담보가치 상당의 실해(實害)가 발생할 위험을 초래한 것이 되므로, 비록 채무자가 변제기일까지 채무를 변제하지 않았더라도 배임죄의 성립에는 영향이 없다는 것이다. 재산개념의 확대는 그만큼 사기죄 또는 배임죄의 성립범위를 확대시키는 결과를 가져온다는 점에 유의할 필요가 있다. 따라서 설문의 경우, 귀하의 행위는 배임죄에 해당된다.

관련판례 및 법조문

□ 판 례 □

◎ 가. 동일한 피해자에 대한 3회의 금원편취행위를 실체적 경합범으로 본 사례

나. 양도담보권자가 변제기 전에 담보부동산에 관하여 제3자 앞으로 가등기를 하여 준 경우 배임죄의 성부(적극)

가. 피고인이 동일한 피해자로부터 3회에 걸쳐 돈을 편취함에 있어서 그 시간적 간격이 각 2개월 이상이 되고 그 기망방법에 있어서도 처음에는 경매보증금을 마련하여 시간을 벌어주면 경매목적물을 처분하여 갚겠다고 거짓말을 하였고, 두번째는 한번만 더 시간을 벌면 위 부동산이 처분될 수 있다고 하여 돈을 빌려주게 하고, 마지막에는 돈을 빌려주지 않으면 두번에 걸쳐 빌려준 돈도 갚을 수 없게 되었다고 거짓말을 함으로써 피해자로 하

여금 부득이 그 돈을 빌려주지 않을 수 없는 상태에 놓이게 하였다면 피고인에게 범의의 동일성과 연속성이 있었다고 보여지지 아니하므로 위의 각 범행은 실체적 경합범에 해당한다.

나. 배임죄에 있어서 재산상 손해를 가한 때라 함은 현실적인 손해를 가한 경우 뿐만 아니라 재산상 손해발생의 위험을 초래한 경우도 포함되는 바, 채권담보의 목적으로 부동산의 소유권이전등기를 넘겨받은 채권자는 채무자가 변제기까지 그 채무를 변제하면 그 등기를 환원하여 줄 의무가 있는 것이므로 그 변제기일 이전에 그 임무에 위배하여 제3자에게 소유권 이전청구권의 보전을 위한 가등기를 하여 주었다면 설사 그 때문에 채무자의 환매권을 종국적으로 상실케 하는 것은 아니라고 하더라도 그 담보가치 상당의 실해가 발생할 위험을 초래한 것이 되므로 비록 채무자가 변제기일까지 채무를 변제하지 아니하였더라도 배임죄의 성립에는 아무런 영향이 없다(대법 1989.11.28. 89도1309).

□ 법 령 □
◎ 형법 제355조 제2항

배임수재죄의 부정청탁

의사가 의료품 수입업자로부터 청탁받고 돈을 받은 행위

질문▶ 저는 A종합병원 의사로 근무하는데 의료품 수입업자들로부터 특정약을 본래의 적응증인 순환기 질환뿐만 아니라 모든 병에 잘 듣는 약으로 원외처방하여 달라는 청탁을 받고 돈을 받았습니다. 저의 행동이 죄가 되나요?

답 배임수재죄로 처벌된다.

유사사례

◆ 아파트 입주자대표가 건축회사 협상대표로부터 보상금을 대폭감액하여 조속히 합의하여 달라고 부탁하고 약속어음을 받은 경우

해 설 타인의 사무를 처리하는 자가 그 임무에 관하여 부정한 청탁을 받고 재물 또는 재산상의 이익을 취득함으로써 성립하는 범죄가 배임수재죄다. 여기서 취득은 부정한 청탁과 관련한 것이어야 한다. 전형적인 보기로는 청탁의 대가, 사례, 묵인 등을 들 수 있다. 그리고 취득은 현실적 수령이어야 하고 단순한 요구·약속으로는 부족하다.

형법 제357조 제1항 배임수재죄와 동조 제2항의 배임증재죄는 보통 필요적 공범관계에 있기는 하지만, 이것은 반드시 수재자(收財者)와 증재자(贈財者)를 반드시 같이 처벌해야 한다는 의미는 아니다. 따라서 증재자에게는 정당한 업무에 속하는 청탁이라도 수재자에게는 부정한 청탁이 될 수 있다.

배임수재죄의 수재자에 대한 부정한 청탁은 업무상 배임에 이르는 정도는 아니나 사회상규 또는 신의성실원칙에 반하는 것을 내용으로 하는 청탁을 의미한다. 모대학 교수가 교재채택료 명목으로 출판업자로부터 뇌물을 받은 경우가 최근 사건의 예다.

관련판례 및 법조문

□ 판 례 □

◎ 가. 종합병원 또는 대학병원 소속 의사들이 의약품 수입업자로부터 일정비율의 사례비를 줄터이니 수입하여 독점판매하고 있는 특정약을 본래의 적응증인 순환기질환뿐 아니라 내분비 등 거의 모든 병에 잘 듣는 약이니 그러한 환자에게 원외처방하여 그들로 하여금 위 약을 많이 사먹도록 해달라는 부탁을 받고 금원을 교부받은 경우 배임수재죄를 구성하는지 여부(적극)

나. 임무에 관하여 부정한 청탁을 받고 수수한 금원 중 일부를 되돌려 준 것만으로 배임수재죄의 성립에 영향이 있는지 여부(소극)

가. 배임수증죄에 있어서의 부정한 청탁이라 함은 청탁이 사회상규와 신의성실의 원칙에 반하는 것을 말하고 이를 판단함에 있어서는 청탁의 내용과 이에 관련되어 교부받거나 공여한 뇌물의 액수, 형식, 이 죄의 보호법익인 거래의 청렴성 등을 종합적으로 고찰하여야 할 것인바, 종합병원 또는 대학병원 소속 의사들이 자신들이 처방하는 약을 환자들이 예외 없이 구입 복용하는 것을 기화로, 의약품 수입업자로부터 병당 5만원 내지 7만원씩의 사례비를 줄터이니 수입하여 시중 약국에는 보급하지 않고 직접 전화주문만 받아 독점판매하고 있는 메가비트 500이라는 약을 본래의 적응증인 순환기질뿐 아니라 내분비 등 거의 모든 병에 잘 듣는 약이니 그러한 환자에게 원외처방하여 그들로 하여금 위 약을 많이 사 먹도록 해달라는 부탁을 받고 금원을 교부받은 경우, 위 의사들은 그 임무에 관하여 부정한 청탁을 받고 금품을 수수하였다고 할 것이므로 위와 같은 행위는 배임수재죄를 구성한다.

나. 임무에 관하여 부정한 청탁을 받고 4회에 걸쳐 합계 금 7,000,000원을 수수하였다면 그 후에 그중 일부 금원을 다시 되돌려 준 것만으로 이를 수수할 당시에 영득의 의사가 없었다고 단정할 수 없으므로 배임수재죄의 성립에 영향이 없다(대법 1991.6.11. 91도413).

□ 법 령 □
◎ 형법 제357조 제1항

배임죄의 고소

고소하였으나 검찰로부터 아무 통지 없이 미결상태로 놓아두고 있는 경우

▶질문◀ 1992년 1월 20일 대구지검에 배임죄 고소를 제기하였으나, 고소 제기한지 10개월이 지나도록 대구지검은 아무 통지 없이 미결상태로 두고 있습니다. 고소제기한지 10개월이 지나도 위와 같이 미결상태로 두고 있는 검찰처사에 승복하여야 되는지요? 저에게 법원에 재정신청 등 구제방법이나 또 다른 방법이 없는지요?

▶답◀ 수사기관에 고소를 제기한 고소인은 고소사건에 대한 검사의 불기소처분에 대하여 첫째, 검찰청법에 의한 항고를 제기하는 방법(검찰항고)과, 둘째 일정한 요건을 갖춘 경우에 관할고등법원에 재정신청을 하는 방법 등이 있다. 그러나 어느 방법이던간에 검사가 불기소결정을 하고 그 사실을 고소인에게 통지하였을 때 그 통지를 받은 고소인이 불복방법으로 제기하는 것이기 때문에 검사의 불기소처분이 없는 한 불복절차를 취할 수가 없다. 귀하의 경우 고소제기한지 10개월이 지났다 하더라도 검사의 처분 전에 항고나 재정신청을 할 수는 없고 검사의 불기소처분 후에만 가능한 것이다. 검사가 고소사건을 수사하여 처분할 때까지는 형사소송법상 3개월 이내에 수사를 완료하여 공소제기 여부를 결정하도록 되어 있어서 특별한 사정이 없는 한 고소제기일로부터 3개월 이내에 결정을 하여야 하나 특별한 사정이 있으면 그 기간을 넘길 수도 있을 것이다.

그러므로 검사가 10개월이 넘도록 결정을 하지 않고 있다면 무슨 사정이 있을 것이니, 그 내용을 알아보고 고소인으로서 수사에 협조하여 속히 결정할 수 있도록 조치하시기 바람.

7. 장물 및 손괴의 죄

불가벌적 사후행위

> 절취한 정을 알고 자기앞수표를 교부받고
> 이를 사용한 경우

[질문] 저는 절도범인 乙로부터 사정을 알고 절취한 자기앞수표를 교부받았다. 그리고 이 수표를 음식대금으로 지급하고 거스름돈을 받았다. 이때 저는 처벌되나요?

[답] 장물취득죄로 처벌된다.

─(유사사례)─

◆ 타인이 절취, 운전하는 승용차의 뒷자석에 편승한 것을 가리켜 장물운반 행위의 실행을 분담하였다고 보기 어렵다(대법 1983.9.13. 83도1146).

[해설] 장물죄는 타인(본범)이 불법하게 영득한 재물의 처분에 관여하는 범죄이므로 자기 범죄에 의하여 영득한 물건에 대하여서는 성립하지 않고 이는 불가벌적 사후행위가 된다. 여기에서 자기범죄라 함은 정범자(공동정범과 합동범 포함)에 한정된다. 따라서 평소에 본범과 합동하여 수차 상습으로 절도 등 범행을 자행함으로써 실질적 범죄집단을 이루고 있었다 하더라도 당해 범죄행위의 정범자로 되지 아니한 이상 이를 자기 범죄라 할 수 없다. 따라서 그 장물취득을 불가벌적 사후행위라고 할 수

없다.

 설문의 경우, 피고인 갑은 절도범인 을로부터 사정을 알고 절취한 자기앞수표를 교부받았다. 그리고 이 수표를 음식대금으로 지급하고 거스름돈을 받았다. 비슷한 사안에 대하여 검찰은 갑을 장물취득죄와 함께 사기죄로 상고하였는데, 대법원은 사기죄 부분은 유죄로 인정하지 않았다. 그 논거는, 금융기관 발행의 자기앞수표는 그 액면금을 즉시 지급받을 수 있는 점에서 현금에 대신하는 기능을 가지고 있다. 따라서 장물인 자기앞수표를 취득한 후 현금 대신 교부한 행위는 장물취득죄에 대한 가벌적 평가에 당연히 포함되므로 불가벌적 사후행위로 별도의 범죄를 구성하지 아니한다. 갑은 장물취득죄의 죄책만 부담한다.

관련판례 및 법조문

□ 판 례 □
◎ **장물인 자기앞수표를 현금 대신 교부한 행위의 가벌성**
 금융기관 발행의 자기앞수표는 그 액면금을 즉시 지급받을 수 있는 점에서 현금에 대신하는 기능을 가지고 있어서 장물인 자기앞수표를 취득한 후 이를 현금 대신 교부한 행위는 장물취득에 대한 가벌적 평가에 당연히 포함되는 불가벌적 사후행위로서 별도의 범죄를 구성하지 아니한다(대법 1993.11.23. 93도213).

□ 법 령 □
◎ 형법 제362조

장물보관죄

장물임을 지득한 후에도 그 물건을 보관한 경우

질문 ➡ 저는 장물인 수표들을 보관중 1994.11.2. 10:00시경 발행은행에 문의하여 그 수표가 도난당한 장물임을 알게 되었다. 그러나 저는 이 장물을 피해자에게 반환할 수 있었음에도 계속 보관하고 있었습니다. 이때 저의 행위가 처벌되나요?

답 장물보관죄로 처벌된다.

―(유사사례)―

◆ 절도범인으로부터 장물보관을 의뢰받고서 이를 인도받아 보관하고 있다가 이를 처분한 행위(대법 1976.11.26. 76도3067)

해 설 보관은 위탁을 받고 장물을 자기점유에 두는 것을 말한다. 그러나 보관행위를 장물죄로 처벌해야 할 필요성이 있는지는 의문이다. 따라서 장물을 보관하던 자가 장물을 취득하면, 장물보관행위는 장물취득죄에 흡수된다고 보는 것이 옳다. 그리고 장물취득자의 계속되는 보관도 역시 별도의 장물보관죄에 해당하지 않는다. 그러한 보관은 다시 팔아 넘기는 행위와 마찬가지로 본범과 협의한 것이 아니기 때문이다. 장물인 점을 모르고 보관 하던중 장물인 점을 알게 되었고 장물을 반환하는 것이 불가능하지 않음에도 불구하고 계속 보관함으로써 피해자의 정당한 반환청구권 행사를 어렵게 하여 위법한 재산상태를 유지시킨 경우에는 장물보관죄에 해당한다.

7. 장물 및 손괴의 죄   337

┌─ 관련판례 및 법조문 ─┐

□ 판 례 □
◎ 장물보관죄의 성립요건

　장물인 정을 모르고 보관하던중 장물인 정을 알게 되었고, 위 장물을 반환하는 것이 불가능하지 않음에도 불구하고 계속 보관함으로써 피해자의 정당한 반환청구권 행사를 어렵게 하여 위법한 재산상태를 유지시킨 경우에는 장물보관죄에 해당한다(대법 1987.10.13. 87도1633).

□ 법 령 □
◎ 형법 제362조

업무상 장물취득죄

귀금속 매입시 매도인의 신분을 미확인한 경우

질문▶ 금은방을 경영하는 저의 친구 甲은 귀금속을 매입하면서 매도인이 주민등록증을 소지하고 있지 않아 이를 확인하지 않았습니다. 그러나 전에 1차 거래한 바 있던 매도인 일행의 인적 사항을 확인하여 고물매입대장을 작성하였고, 매입가격도 적정했습니다. 저의 친구 甲의 행위가 처벌되나요?

답 무죄이다(업무상 장물취득죄에 해당되지 않는다).

─ 유사사례 ─
● 갑은 카메라를 절취하고 이를 매각하여 얻은 돈을 그 정을 아는 을에게 양여하였을 때는 무죄이다.
● 고물상의 경우 물건의 출처와 매도인의 신원을 확인하기 위해 주민등록증의 제시를 받고 대장에 기재하였다면 무죄이다.

338   5. 재산범죄

[해 설]   이에 해당되는 사람은 주로 고물상, 전당포처럼 중고품을 취급하는 업무에 종사하는 사람이다. 이들은 장물취급의 기회가 많기 때문에 높은 주의능력에 따른 업무상 주의의무를 요구하는 것이다. 중과실은 보통인이 그 대상이다. 몇 가지 판례보기를 들면,
- 고물상이나 전당포 모두 주민등록증으로 소유자의 신원을 확인하고 목적물에 대한 자세한 경위를 대장에 기재하면 되고, 그 사실의 진위까지 확인해야 할 주의의무는 없다.
- 영업용 택시운전자가 승객의 소지품을 확인하여 장물 여부를 확인해야 할 업무상 주의의무는 없다.

설문의 경우는 장물의 것을 알았다고 할 수 없으므로 업무상 장물취득죄에 해당되지 않는다.

―――――(관련판례 및 법조문)―――――

□ 판 례 □
◎ 귀금속 매입시 주민등록증 이외의 방법으로 인적 사항을 확인하였고 매입가격도 적정한 경우에 있어서 장물지정인 정의 가부

　금은방을 경영하는 자가 귀금속을 매입함에 있어서 매도인이 주민등록증을 소지하고 있지 않아 이를 확인치 않았으나 전에 일차거래한 바 있던 매도인 일행의 인적 사항을 확인하여 고물매입대장을 작성하였고, 매입가격도 적정하다면 피고인이 장물인 정을 알았다고 할 수 없다(대법 1984.2. 14. 83도3014).

□ 법 령 □
◎ 형법 제364조

문서손괴죄

전세금을 반환받기 전에 영수증을 손괴한 경우

질문 저는 A으로부터 전세금 50,000,000원을 받고 영수증(계약서)을 작성교부한 뒤에 피해자에게 위 전세금을 반환하겠다고 말하여 피해자로부터 위 영수증을 교부받고 나서 전세금을 반환하기도 전에 이를 찢어 버렸습니다. 이때 저의 행위가 처벌되나요?

답 문서손괴죄로 처벌된다.

─── 유사사례 ───

▣ 소유자의 의사에 반하여 손괴된 확인서는 문서손괴의 죄책의 대상이 된다.

해설 귀하는 A로부터 50,000,000원을 받고 영수증(계약서)을 작성교부한 뒤에 A에게 위 전세금을 반환하겠다고 말하여 A로부터 위 영수증을 교부받고 나서 전세금을 반환하기도 전에 이를 찢어 버린 사실이 인정되므로 문서손괴죄에 해당된다. 즉, 자기점유에 있는 타인소유문서에 대한 손괴도 문서손괴죄가 된다. 문서손괴죄의 객체는 타인소유의 문서이며 피고인 자신의 점유하에 있는 문서라 할지라도 타인 소유인 이상, 이를 손괴하는 행위는 문서손괴라 하겠다. 따라서 설문의 경우, 귀하는 문서손괴죄로 처벌된다.

─── 관련판례 및 법조문 ───

□ 판 례 □
◎ 채무담보조로 보관받은 약속어음의 지급일자를 지운 경우의 문서손괴죄의 성부(적극)

약속어음의 수취인이 차용금의 지급담보를 위하여 은행에 보관시킨 약속어음을 은행지점장이 발행인의 부탁을 받고 그 지급기일란의 일자를 지움으로써 그 효용을 해한 경우에는 문서손괴죄가 성립한다(대법 1982.7.27. 82도223).

□ 법 령 □
◎ 형법 제360조

6
사회적 법익 침해범죄

사회적 법익 침해범죄

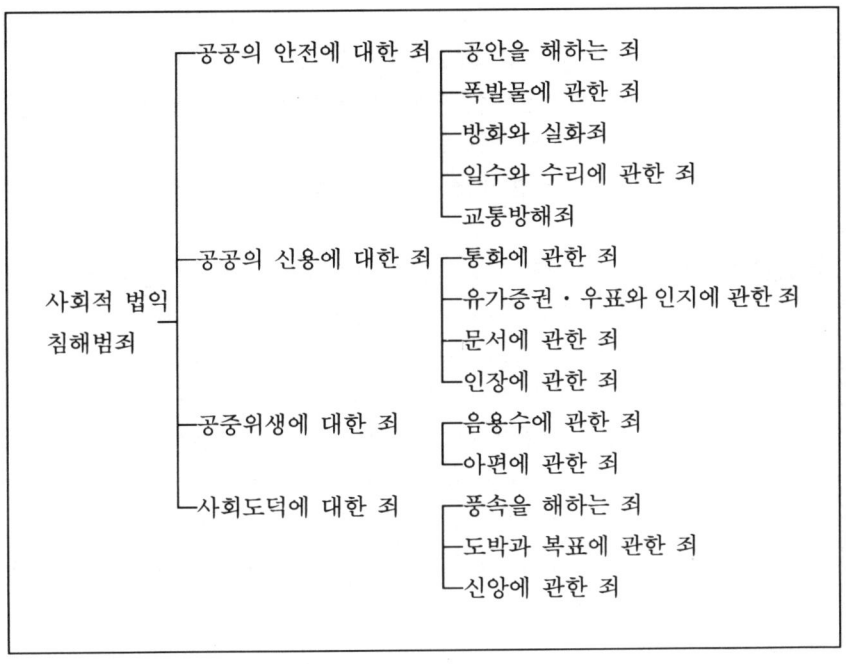

1. 공공안전의 죄

공무원자격사칭죄의 성부

위탁받은 채권을 추심하는 방법으로 합동수사반원을 사칭·협박한 경우

질문 저는 乙로부터 그의 채무자 丙에 대한 금 100만원의 채권(차용금)의 추심을 부탁받고 행동대원을 동원, 丙을 위협하여 금원을 갈취할 것을 결의하였다. 그리하여 저는 1994.5.2. 신림동에서 피해자 丙에게 乙 및 공소외 행동대원들과 함께 합동수사반에서 왔다고 집 밖으로 데리고 나와 대기중인 승용차에 태워 R호텔 커피숍으로 가면서 저는 합동수사반 J소령, 행동대원들은 수사반 K대위 또는 치안본부 직원 등으로 사칭하고 "누구를 구속해야겠다", "잠복근무를 해야 겠다"는 등의 말을 하였습니다. 이 때 저의 행위는 죄가 되나요?

답 귀하는 공무원자격사칭죄에 해당되지 않는다.

유사사례
- 사인이 형사를 사칭하여 피의자를 체포한 경우에는 공무원자격사칭죄가 성립된다.
- 경관을 사칭하고 세금을 징수하는 경우에는 공무원자격사칭죄가 성립되지 않는다.

1. 공공안전의 죄   345

[해 설] 공무원자격사칭죄는 공무원의 자격을 사칭하여 그 직권을 행사함으로써 성립하는 범죄이다.

'공무원'은 국가 또는 지방공무원, 특별법상의 공무원 그리고 임시직원을 포함한다. 다만, 일정한 직권을 행사할 수 있는 공무원이어야 한다. 자격사칭은 자격 없는 자가 공무원의 자격을 가진 것처럼 오신(誤信)케 하는 일체의 행위를 말한다. 비공무원이 공무원이라고 사칭하는 경우는 물론, 공무원이 다른 공무원의 자격을 사칭하는 경우도 포함한다. 자격사칭의 방법에는 제한이 없다.

이 죄는 사칭한 공무원의 직무에 관한 권한을 행사, 즉 직권행사가 있어야 성립한다. 따라서 직권행사가 사칭한 공무원의 직권에 속하지 않을 때에는 이 죄가 성립하지 않는다. 판례도, 청와대 민원비서관을 사칭하여 전화국장에게 시외전화선로 고장을 수리하게 한 경우 만으로는 이 죄가 성립하지 않는다고 하였다. 그리고 공무원의 자격 없이 공무원의 자격을 사칭하고 직권을 행사한다는 것에 대한 고의가 있어야 한다. 세무서 직원이라고 속여 세금을 징수한 경우가 그것이다.

공무원자격사칭죄가 성립하려면 어떤 직권을 행사할 수 있는 권한을 가진 공무원임을 사칭하고 그 직권을 행사한 사실이 있어야 한다. 설문에 있어서 귀하의 행위는 위임받은 채권을 용이하게 추심하는 방편으로 합동수사반원의 지위를 사칭, 협박수단으로 이용한 사실은 인정되지만, 채권추심행위는 합동수사반의 수사업무의 범위에 속한다고 볼 수 없다. 그렇다고 귀하가 범죄수사를 위한 임의동행 등 수사권을 행사한 것으로도 볼 수 없다. 따라서 귀하의 행위는 공무원자격사칭죄에 해당되지 않아 무죄다.

───── 관련판례 및 법조문 ─────

□ 판 례 □
◎ **위임받은 채권을 추심하는 방편으로 합동수사반원임을 사칭하고 협박한 경우에 공무원자격사칭죄의 성부**(소극)
　공무원자격사칭죄가 성립하려면 어떤 직권을 행사할 수 있는 권한을 가진 공무원임을 사칭하고 그 직권을 행사한 사실이 있어야 하는바, 피고인들

이 그 자신들이 위임받은 채권을 용이하게 추심하는 방편으로 합동수사반
원임을 사칭하고 협박한 사실이 있다고 하여도 위 채권의 추심행위는 개인
적인 업무이지 합동수사반의 수사업무의 범위에는 속하지 아니하므로 이를
공무원자격사칭죄로 처벌할 수 없다(대법 1981.9.8. 81도1955).

□ 법 령 □
◎ 형법 제118조

방화죄의 기수

부모의 용돈거부로 인해 홧김에 집에 불을 지른 경우

질문→ 저는 부모에게 용돈을 요구하였다가 거절당하자 홧김에 저의 집 헛간지붕 위에 올라가 라이타 불로 불을 놓고, 이어서 몸채, 사랑채 지붕 위에 차례로 올라가 거기다가 각각 불을 놓아 헛간지붕 60평방센티미터 가량 그리고 몸체 지붕 1평방미터 가량을 태웠습니다. 저의 행위는 처벌되나요?

답 현주건조물방화죄로 처벌된다.

유사사례

◆ 범인 자신의 소유로서 부부만이 살고 있는 가옥에 방화한 때에는 현주건조물방화죄로 처벌된다.

해설 방화죄는 불을 놓아 목적물을 소훼함으로써 성립하는 범죄로서 공공의 안전과 개인의 재산도 보호하려는 의미가 있다.

여기서 '불을 놓는다는 것은 목적물의 소훼를 야기시키는 일체의 행위'

를 말하고, 소훼의 의미에 대하여는 학설이 나우어 지나, 판례는 불이 매개물을 떠나서 목적물에 독립하여 소훼를 계속할 수 없는 상태에 달한 때에 소훼가 완성된다는 독립연소설을 취하고 있다.

따라서 방화죄는 화력이 매개물을 떠나 스스로 연소할 수 있는 상태에 이르렀을 때에 기수가 되고 반드시 목적물의 중요부분이 소실하여 그 본래의 효용을 상실한 때에 기수가 되는 것은 아니다. 설문의 경우 귀하는 현주건조물방화죄로 처벌된다.

―――――(관련판례 및 법조문)―――――

□ 판 례 □

◎ 방화죄의 기수시기

방화죄는 화력이 매개물을 떠나 스스로 연소할 수 있는 상태에 이르렀을 때에 기수가 된다(대법 1970.3.24. 70도330).

◎ 공무집행을 방해하는 집단행위 과정에서 일부 집단원이 고의로 방화행위를 하여 사상의 결과를 초래한 경우 방화행위 자체에 공모가 담한 바 없는 공범이 특수공무방해치사상죄 외에 방화치사상의 죄책을 지는지 여부 (소극)

부진정결과적 가중범인 특수공무방해치사상죄에 있어서 공무집행을 방해하는 집단행위의 과정에서 일부 집단원이 고의로 방화행위를 하여 사상의 결과를 초래한 경우에 다른 집단원이 그 방화행위로 인한 사상의 결과를 예견할 수 있는 상황이었다면 특수공무방해치사상의 죄책을 면할 수 없으나 그 방화행위 자체는 공모가담한 바 없는 이상 방화치사상죄로 의율할 수는 없다(대법 1990.6.26. 90도765)

□ 법 령 □

◎ 형법 제164조

살인죄와 현주건조물방화죄

현주건조물에 방화하여 탈출하려는 사람을
막아 불에 타서 죽게 만든 경우

[질문] 저는 乙, 丙을 살해하기로 결심하고 피해자의 집에 침입하여 그 집 부엌의 석유곤로 석유를 프라스틱 바가지에 부어 마루에 놓아두고 방에 들어가 乙, 丙의 머리를 마당에 있던 절구방망이로 각 2회씩 강타하여 실신시킨 후 이불로 뒤집어 씌우고 바가지의 석유를 뿌리고 성냥불을 붙여서 위 피해자가 현존하는 집을 전소시켰습니다. 그리고 저는 乙, 丙들이 그 집에서 탈출하지 못하도록 방문 앞에 버티어 서서 지킨 결과 乙은 탈출하지 못하여 소사하고 탈출한 丙도 3도 화상을 입고 입원 가료중 사망하였습니다. 저의 행동은 어떻게 처벌되나요?

[답] 귀하의 행위는 살인죄와 현주건조물방화죄의 실체적 경합으로 처벌된다.

─(유사사례)─

● 갑은 을의 가옥에서 을을 강타하여 실신케 하고 을집에 방화하여 을을 소사케 한 경우에 현주건조물방화치사죄가 성립된다.

[해설] 현주건조물방화치사죄는 현주건조물방화죄를 범하여 사람을 사상케 한 경우에 성립하는 범죄이다(형법 제164조 후단). 여기의 '사람'은 범인(공범자 포함) 이외의 타인을 의미한다. 결과적 가중범이므로 사상결과에 대한 예견가능성과 인과관계가 있어야 한다. 특히, 인과관계가 인정되는 보기를 들면 소사(燒死), 연기로 인한 질식사, 무너지는 건조물에 의한 압사, 화재쇼크로 인한 사망 등이 있다. 그러나 진화작업중의 화상은 여기의 예견된 사상에 포함되지 않는다. 방화행위와 살인행위는 별개의

범의에 의해 별개의 법익을 침해하는 별개의 행위이고 따라서 불에 타고 있는 집에서 빠져 나오려는 이 사건 피해자들을 막아 소사케 한 행위는 별개의 행위가 되므로 그 결과 갑은 살인죄와 현주건조물방화죄의 실체적 경합이 된다고 판시한다. 그렇지만 불진정결과적 가중범의 법리대로 현주건조물방화치사죄로 처벌하면 그만이다. 즉, 이론적으로는 이 죄와 살인죄의 상상적 경합이 되는데, 결국 앞의 죄가 중한 죄로 처벌되는 것이다. 하지만 대법원은 실체적 경합의 논지를 채택하지는 않았다. 피고인만 상고하였기 때문에 피고인에게 불리한 직권판단으로 원심을 파기할 수 없다는 것이 그 이유였다.

관련판례 및 법조문

□ 판 례 □

◎ 가. 살인이나 상해의 고의로 현주건조물을 소훼하여 사람을 사상에 이르게 한 경우, 형법 제164조 후단 소정의 현주건조물방화치사상죄의 성립 여부

나. 현주건조물에 방화하여 동 건조물에서 탈출하려는 사람을 막아 소사케 한 경우, 현주건조물방화죄와 살인죄와의 관계

가. 형법 제164조 후단이 규정하는 현주건조물방화치사상죄는 그 전단에 규정하는 죄에 대한 일종의 가중처벌규정으로서 불을 놓아 사람의 주거에 사용하거나 사람이 현존하는 건물을 소훼함으로 인하여 사람을 사상에 이르게 한 때에 성립되며, 동 조항이 사형, 무기 또는 7년 이상의 징역의 무거운 법정형을 정하고 있는 취지에 비추어 보면 과실이 있는 경우 뿐만 아니라 고의가 있는 경우도 포함된다고 볼 것이므로, 현주건조물 내에 있는 사람을 강타하여 실신케 한 후 동 건조물에 방화하여 소사케 한 피고인을 현주건조물에의 방화죄와 살인죄의 상상적 경합으로 의율할 것은 아니다.

나. 형법 제164조 전단의 현주건조물에의 방화죄는 공중의 생명, 신체, 재산 등에 대한 위험을 예방하기 위하여 공공의 안전을 그 제1차적인 보호법익으로 하고 제2차적으로는 개인의 재산권을 보호하는 것이라고 할 것이나, 여기서 공공에 대한 위험은 구체적으로 그 결과가 발생됨을 요하지 아니하는 것이고 이미 현주건조물에의 점화가 독립연소의 정도에 이르면 동

죄는 기수에 이르러 완료되는 것인 한편, 살인죄는 일신전속적인 개인적 법익을 보호하는 범죄이므로, 이 사건에서와 같이 불을 놓은 집에서 빠져 나오려는 피해자들을 막아 소사케 한 행위는 1개의 행위가 수개의 죄명에 해당하는 경우라고 볼 수 없고, 위 방화행위와 살인행위는 법률상 별개의 범의에 의하여 별개의 법익을 해하는 별개의 행위라고 할 것이니, 현주건조물방화죄와 살인죄는 실체적 경합관계에 있다(대법 1983.1.18. 82도2341).

□ 법 령 □
◎ 형법 제164조

실 화 죄

불이 붙어 있는 성냥개비를 방바닥에 있는 재털이에 버린 행위

질문▶ 저는 1994.11.1. 甲의 집 하숙방에서 방바닥에 엎드려 공부를 하다가 화장실에 급하게 가면서 성냥불을 켜 담배불을 붙이고 성냥개비를 방바닥에 있는 재떨이에 버리게 되었습니다. 그런데 당시 재떨이 안에는 불이 붙기 쉬운 휴지가 담겨 있었고 주변 바닥에는 신문지가 널려 있었는데도 화장실로 가기에 급한 나머지 불이 붙어 있는 성냥개비를 아무렇게나 버리는 바람에 방바닥이나 방바닥에 놓인 신문지 등에 불이 붙고 재떨이에서 약 60센티미터 가량 떨어져 있던 책상과 방벽 등에 인화되어 지붕으로 불이 번져 화재가 발생하였습니다. 저의 행동이 죄가 되나요?

답 무죄이다. 그 이유는 불이 붙어 있는 성냥개비를 방바닥에 있는 재떨이에 버린 소위가 60센티미터 벽쪽에서 발생한 화재의 직접원인이라고 볼 증거가 없어서 중실화죄에 해당되지 않는다.

유사사례

◈ 성냥불이 꺼진 것을 확인하지 않은채 플라스틱 휴지통에 던져 불이 났다면 중실화죄에 해당된다.

[해 설] 업무상 실화·중실화죄는 업무상 과실 또는 중과실로 실화죄를 범한 경우에 형을 가중하는 가중구성요건이다. 업무상 실화는 업무자의 높은 주의능력 때문에 책임이 가중되는 경우이고, 중실화는 주의의무 위반의 정도가 현저하여 불법이 가중되는 경우이다. '업무'는 이 죄의 성질상 화재위험이 있는 업무를 말한다. 주유소, 화기·전기를 다루는 것처럼 화재에 특별히 주의를 기울여야 하는 경우가 포함된다. '중과실'은 행위자가 조금만 주의하여도 결과발생을 방지할 수 있는 경우에 인정되는 과실이다. 중실화의 경우에는 민사상 손해배상 책임도 부담해야 한다. 그러나 설문의 경우, 귀하는 불이 붙어 있는 성냥개비를 방바닥에 있는 재떨이에 버린 행위가 60cm 떨어진 벽쪽에서 발생한 화재의 직접적 원인이라고 볼 아무런 증거가 되지 않아 무죄다.

관련판례 및 법조문

□ 판 례 □
◎ 불이 붙어 있는 성냥개비를 방바닥에 있는 재떨이에 버린 소위가 60cm 떨어진 벽쪽에서 발생한 화재의 직접적인 원인이라고 볼 증거가 없다는 이유로 원심판결을 채증법칙위배로 파기한 사례

  불이 붙어 있는 성냥개비를 방바닥에 있는 재떨이에 버린 소위가 60cm 떨어진 벽쪽에서 발생한 화재의 직접적인 원인이라고 볼 증거가 없다(대법 1992.12.22. 92도2058).

□ 법 령 □
◎ 형법 제171조, 170조, 형사소송법 제308조

실화죄와 임의동행

실화혐의로 강제연행하여 조사 후 풀어준 경우

[질문] 제가 출근한 후 저의 집 연탄난로의 과열로 일어난 화재 때문에 응접실의 일부가 불에 탔는데 그 날 초저녁에 관할 경찰서의 형사가 와서 화재사건을 조사하여야 하겠으니 경찰서 수사과까지 같이 가자고 요구하였습니다.

그때 저는 손님을 접대하고 있었기 때문에 다음 날 오전에 경찰서로 자진출석하겠다고 대답하면서 임의동행에 불응하자 그 형사는 긴급구속을 하겠다고 통고하면서 수갑을 채우고 경찰서까지 강제연행하여 화재사건을 조사한 후 다음 날 저녁에 귀가시켰습니다. 저를 긴급구속하여 강제연행한 것이 적법한지요?

[답] 불법체포·감금에 해당한다.

(유사사례)

◉ A경찰서에 근무하는 갑은 친구 을이 찾아와서 자기와 라이벌 관계에 있는 B회사가 세금을 포탈하고 있으니 조사하여 혼내주라고 하므로 갑은 B회사가 실은 그런사실이 없음을 알고 있음에도 불구하고 친구 을을 위해서 상사의 명령도 없이 범죄수사기록을 빙자하여 B회사에 서류제출을 명하고 그 서류를 조사하여 마치 세금을 포탈한 사실을 적발한 듯 수사를 작성하였을 때에는 직권남용죄와 허위공문서작성죄의 경합범이 된다.

[해설] 수사경찰관이라 할지라도 피의자를 긴급구속하기 위해서는 그 피의자가 사형, 무기 또는 장기 3년 이상의 징역이나 금고에 해당하는 죄를 범하였다고 의심할 만한 상당한 이유가 있고, 도주 또는 증거인멸의 염려가 있어야 하며 긴급을 요하여 판사의 구속영장을 받을 수 없는 때라

야 한다(형사소송법 제206조 제1항). 뿐만 아니라 특히, 급속을 요하는 경우를 제외하고는 피의자를 긴급구속하기 전에 검사의 지휘를 받아야 한다(형사소송법 제206조 제2항).

그런데 귀하의 집 응접실에서 일어난 화재에 관하여 귀하에게 중대한 과실이 있다고 보이지 아니하므로 그 화재사건은 형법 제170조 제1항이 규정하는 실화죄에 해당하고 그 법정형은 5만원 이하의 벌금이며 임의동행 불응은 긴급구속의 사유가 아니므로 귀하를 긴급구속하여 경찰서까지 강제연행한 후 24시간 동안 억류한 것은 불법체포·불법구금이다.

따라서 귀하는 그 형사를 상대로 불법체포·불법감금죄(형법 제124조)로 고소를 제기할 수 있으며, 만약 검사가 그 공소사건에 대하여 불기소처분을 하면 고등검찰청에 항고를 할 수 있고(검찰청법 제12조) 고등법원에 재정신청을 할 수도 있다(형사소송법 제260조).(전술한 바 있음)

과실일수죄(過失溢水罪)의 성부

도급공사자의 하수맨홀 미설치로 홍수때 학교를 침수케 한 행위

질문 저는 제가 대표이사로 있는 Y건설회사에서 도급받아 공사를 하면서 배수관만 설치하고 하수맨홀을 설치하지 아니한 과실로 홍수가 범람하여 X고등학교가 침수되었습니다. 이 경우 저의 행동이 처벌받나요?

답 형사상 무죄이나 민사상 과실로 손해배상 책임을 지는 경우는 있겠다.

> **유사사례**
>
> ◆ 화재·수재가 있는 때에 현장에 있는 자가 정당한 이유 없이 공무원 또는 이를 원조하는 자의 지시에 따르지 아니하다 공무원의 원조요구에 응하지 않은 경우는 경범죄처벌법에 따라 처벌된다.

[해 설] 과실일수죄는 과실로 현주건조물 등 일수죄(형법 제177조) 또는 공용건조물 등 일수죄(형법 제178조)에 기재된 물건을 침해하거나, 일반건조물등 일수죄(형법 제179조)에 기재된 물건을 침해하여 공공위험을 발생케 한 때에 성립한다. 과실에 의한 재물손괴는 처벌하지 않지만, 일수의 경우 수력의 파괴력이 크다는 점을 고려하여 과실일수를 형법에 규정한 것이다. 이 죄의 전자는 추상적 위험범이고, 후자는 구체적 위험범이다.

설문의, 경우 홍수범람에 대한 형사상 책임은 현장대리인으로 배치되어 공사감독을 하던 사람이 져야 할 문제이지 시공회사의 대표이사인 귀하가 부담해야 할 것은 아니다. 귀하는 현장감독자를 잘못 선임한 것에 대한 책임이 있는데, 그것은 민사상 과실에 불과하다.

관련판례 및 법조문

□ 판 례 □
◎ 도급공사의 과실과 그 책임권자

건설회사가 도급공사를 시공함에 있어 배수관 설치만 하고 하수맨홀을 설치하지 아니한 과실로 홍수가 범람하여 공소 외 학교가 침수된 경우, 그 도급공사의 직접책임자가 특정되어 배치되어 있는 이상, 그 책임은 동 책임자에 있고 동 회사 대표자에게는 있지 아니하다(대법 1973.6.5. 73도233).

□ 법 령 □
◎ 형법 제181조

일반교통방해죄의 성부

**600여명의 시위대가 편도 2차선의
길을 막아서 시위했을 때…**

질문▶ 저와 약 600여명의 노동조합원들은 차도만 설치되어 있고 보도가 따로 마련되어 있지 않은 도로우측의 편도 2차선의 대부분을 차지하면서 대오를 이루어 행진하는 방법으로 시위를 하고 이로 인하여 나머지 편도 2차선으로 상·하행차량이 통행하느라 차량소통을 방해하였습니다. 이 경우 저의 행위는 처벌되나요?

답 시위행위에 일반교통방해죄를 적용하기 어려우며, 집회 및 시위에 관한 법률위반으로 처벌이 가능하겠다.

─(유사사례)─

◉ 학생들이 시위하느라고 고속도로를 완전점거하여 상·하행선 모두가 소통되지 못한 경우에는 일반교통방해죄로 처벌된다.

해설 교통방해는 교통을 불가능하게 하거나 현저히 곤란하게 하는 것을 말한다. 이런 상태가 발생하면 기수가 된다. 공공위험에 대한 구체적 위험이 있어야 한다. 그러나 보통 추상적 위험범으로 해석한다. 설문의 경우에 귀하는 600여명의 노조원들이 보도가 따로 마련되어 있지 아니한 도로우측의 편도 2차선의 대부분을 차지하면서 행진하는 방법으로 시위함으로써 나머지 편도 2차선으로 상·하행차량이 통행하느라 차량의 소통이 방해되었더라도 그 시위행위에 대하여 일반교통방해죄를 적용할 수 없고, 집시법 위반으로 처벌하는 것이 가능하겠다.

356   6. 사회적 법익 침해범죄

---관련판례 및 법조문---

□ 판 례 □
◎ 피고인 등 약 600여명의 노동조합원들이 보도가 따로 마련되어 있지 아니한 도로 우측의 편도 2차선의 대부분을 차지하면서 행진하는 방법으로 시위를 함으로써 나머지 편도 2차선으로 상·하행차량이 통행하느라 차량의 소통이 방해되었다 하더라도 그 시위행위에 대하여 일반교통방해죄를 적용할 수 없다고 한 사례

  피고인 등 약 600여명의 노동조합원들이 차도만 설치되어 있을 뿐 보도는 따로 마련되어 있지 아니한 도로 우측의 편도 2차선의 대부분을 차지하면서 대오를 이루어 행진하는 방법으로 시위를 하고, 이로 인하여 나머지 편도 2차선으로 상·하행차량이 통행하느라 차량의 소통이 방해되었다 하더라도 피고인 등의 시위행위에 대하여 일반교통방해죄를 적용할 수 없다 (대법 1992.8.18. 91도2771).

□ 법 령 □
◎ 형법 제185조

기차 등의 전복죄

승객이 탄 헬리콥터의 조종사가 엔진고장시 항법으로서 정해진 절차에 따라 운행하지 못한 과실로 항공기를 바다에 추락시킨 경우

 저는 조종사로서 헬리콥터에 승객 16명을 태우고 운항하던중 엔진고장이 발생한 경우에 위 항공기를 긴급시의 항법으로 정해진 절차에 따라 운행하지 못한 과실로 말미암아 사람이 현존하는 위 항공기를 안전하게 비상착수시키지 못하고 해상에 추락시켰습니다. 저의 행동은 무슨 죄에 해당되나요?

1. 공공안전의 죄   357

답   업무상 과실항공기추락죄에 해당된다.

─────(유사사례)─────
◆ 풍랑중에 종선(縱船)에 조업지시한 원단의 책임선의 선장에게 업부상 과실매몰죄의 성립을 인정하기 어렵다.

해설   기차 등의 전복죄는 사람이 현존하는 기차 등을 전복, 매몰, 추락 또는 파괴함으로써 성립하는 기차등 교통방해죄(형법 제186조)의 가중구성요건이다. '사람의 현존'에서 사람은 범인 이외의 사람을 의미한다. 수의 다과, 현존이유는 묻지 않는다. 현존하는 사람이 반드시 승객일 필요도 없다. 기차에 기관사만 타고 있어도 사람이 현존하는 경우에 해당된다. 현존시기는 실행행위를 개시할 때 사람이 있으면 충분하다. 기차 등이 현재 운행중이지 않아도 된다. 기능이 유지되고 있는 이상, 차고에 들어가 있거나 정차, 정박중인 경우도 포함된다.

행위에서 '전복'은 교통기관을 탈선시켜 넘어가게 하는 것을 말한다. 열차의 한 차량을 전복시킨 경우에도 해당된다. '매몰'은 선박을 침몰시키는 것이다. 침몰은 좌초와 다르다. 침몰의사로 좌초케 하면 이 죄의 미수이다. '추락'은 자동차나 항공기가 높은 곳에서 아래로 떨어지는 것을 말한다, '파괴'는 교통기관으로서 기능의 전부 또는 일부를 불가능하게 만드는 것을 말한다(통설·판례). 따라서 기능손상이 없는 경우(유리창, 도로 등)는 파괴가 아니다. 열차를 향해 돌 등을 던지면 철도법에 의해 처벌된다. 업무상 과실자동차파괴죄(형법 제189조)와 이 죄는 보호법익과 대상·행위를 달리하므로 경합한다.

형법 제187조에서 말하는 항공기의 '추락'은 공중에 떠 있는 항공기를 정상시 또는 긴급시의 정해진 항법에 따라 지표 또는 수면에 착륙 또는 착수시키지 못하고, 그 이외의 상태로 지표 또는 수면에 낙하시키는 것을 말한다.

설문의 경우, 업무상 항공기추락죄에 해당한다.

― 관련판례 및 법조문 ―

□ 판 례 □
◎ 가. 승객이 탄 헬리콥터의 조종사가 엔진 고장시에 긴급시의 항법으로서 정해진 절차에 따라 운항하지 못한 과실로 위 항공기를 해상에 추락시킨 경우 형법 제187조의 업무상 과실항공기추락죄에 해당하는지 여부(적극)

　나. 항공법 제57조 제4항의 "항공기에 급박한 위난이 생긴 경우"의 의미와 같은 법 제132조 소정죄의 성립요건

　가. 형법 제187조에서 말하는 항공기의 "추락"이라 함은 공중에 떠 있는 항공기를 정상시 또는 긴급시의 정해진 항법에 따라 지표 또는 수면에 착륙 또는 착수시키지 못하고, 그 이외의 상태로 지표 또는 수면에 낙하시키는 것을 말하는 것인바, 헬리콥터에 승객 3명을 태우고 운항하던 조종사가 엔진고장이 발생한 경우에 위 항공기를 긴급시의 항법으로서 정해진 절차에 따라 운항하지 못한 과실로 말미암아 사람이 현존하는 위 항공기를 안전하게 비상착수시키지 못하고 해상에 추락시켰다면 업무상 과실항공기추락죄에 해당한다.

　나. 항공법 제132조는, 기장이 제57조 제4항의 규정에 따라 항행중인 그 항공기에 급박한 위난이 생긴 경우에 여객의 구조, 지상 또는 수상에 있는 사람이나 물건에 대한 위난방지에 필요한 수단을 강구하지 아니한 때에는 처벌하도록 규정하고 있는바, "항공기에 급박한 위난이 생긴 경우"라 함은 객관적으로 항공기의 추락, 전복, 파괴 등의 발생이 임박한 정도의 위험이 생긴 경우를 말하고, 주관적으로는 기장이 항공기에 급박한 위험이 생겼다는 인식과 사람의 생명, 신체, 재산 등에 대하여 무엇인가의 위난이 생긴다는 인식을 한 경우를 말하는 것이므로 이러한 인식을 하면서도 구조나 위난방지에 필요한 수단을 강구하지 않았을 때에 위 조항에 의하여 처벌하는 것이다(대법 1990.9.11. 90도1486).

□ 법 령 □
◎ 형법 제187조

과실교통방해죄

열차운행중 감속치 않아 열차가 탈선한 경우

질문 저는 천안과 평택간의 철로를 시속 약 100킬로미터로 운행하던 중 직산역으로부터 무선으로 두 차례에 걸쳐 사고지점 부근이 자우진동이 심하니 주의를 바란다는 통보를 받고 그곳을 지날 때까지의 타력에 의하여 시속 약 85킬로미터로 감속을 하였으나 상용제동을 걸지는 않았습니다. 사고지점 약 50미터 앞에서 비로소 궤도가 장출되어 있는 것을 발견하고 비상제동을 걸었으나 미치지 못하고 열차가 일부 탈선하였습니다. 저의 행동이 죄가 되나요?

답 귀하의 행위는 무죄다.

유사사례

◼ 기온의 급상승으로 철로장출이 직접원인이 되어 열차가 일부 탈설한 경우에는 기관사에게 업무상 과실이 없다.

해설 과실교통방해죄, 업무상 기차전복죄는 업무상 과실 또는 중과실로 교통을 방해한 때에 성립한다. 업무란 사람이 사회생활상의 지위에서 계속·반복적으로 행하는 사무를 말한다. 본무(本務), 겸무(兼務)를 묻지 않는다. 다만, 여기의 업무는 이 죄의 성질상 주로 기타, 전차 등 교통에 종사하는 자의 업무를 말할 것이다.

설문의 경우, 열차는 미리 지정된 속도로 진행하고 특별한 사정이 없는 한 마음대로 속력을 가감할 수 없다. 그리고 육안으로 궤도장출을 발견하려면 상당히 가까이 가야만 가능하고, 그 지점에 이르기 전에 시속 약 20 내지 30킬로미터로 감속하여야만 열차를 정지시킬 수 있었다. 나아가서

위 사고는 기온의 급상승으로 인한 철로장출이 직접적인 원인이 되었다. 이와 같은 상황을 종합해 볼 때, 기관사에게 위 사고를 예상하고 충분히 감속하여 즉시 정차해야 할 주의의무가 있다고 하기는 어렵다.

―――――――――――――(관련판례 및 법조문)―――――――――――――

□ 판 례 □
◎ **기온의 급상승으로 인한 철로장출이 직접적인 원인이 되어 열차가 일부 탈선한 경우에 기관사에게 업무상 과실이 없다고 본 사례**

기관사가 열차 운행중 사고지점 부근이 좌우진동이 심하다는 다른 열차로부터의 연락이 있으니 주의운전을 바란다는 무전만 받고 시속 약 85km로 운행하던 중 사고지점 약 50m 앞에서 궤도가 장출되어 있는 것을 발견하고 비상제동을 걸었으나 미치지 못하여 열차가 일부 탈선한 경우, 열차는 미리 지정된 속도로 진행하고 특별한 사정이 없는 한 마음대로 속력을 가감할 수 없는데, 육안으로 궤도장출을 발견하려면 상당히 가까이 가야만 가능하며 그 지점에 이르기 전에 시속 약 20 내지 30km로 감속하여야만 열차를 정지시킬 수 있었던 점 및 위 사고는 기온의 급상승으로 인한 철로장출이 그 직접적인 원인이 된 점 등에 비추어 보면 이와 같은 상황에서 기관사에게 위 사고를 예상하고 충분히 감속하여 즉시 정차해야 할 주의의무가 있다고 할 수 없다(대법 1991.12.10. 91도2044).

□ 법 령 □
◎ 형법 제189조

2. 공공신용의 죄

통화위조죄의 예비

행사할 목적으로 대한민국은행권을 위조하려 한 경우

[질문] 저는 乙과 공모하여 행사할 목적으로 미리 준비한 물건과 옵셋트 인쇄기를 사용하여 대한민국은행권을 위조하려고 진정한 한국은행 100원권을 사진찍어 그 필름원판 7매와 이를 확대하여 현상한 인화지 7매를 만들었습니다. 저의 행동이 죄가 되나요?

[답] 통화위조죄의 예비단계에 불과하다.

─(유사사례)─
◉ 통화의 앞뒷면을 전자복사기로 복사하여 같은 크기로 자른 행위는 통화위조죄 및 위조통화죄의 객체가 될 수 없다.

[해설] 설문의 경우는, 원심은 귀하의 행위가 통화위조의 실행에 착수하였다고 판단하여 통화위조죄의 미수로 처단할 것처럼 보이나, 이는 예비단계에 불과하다고 하겠다.

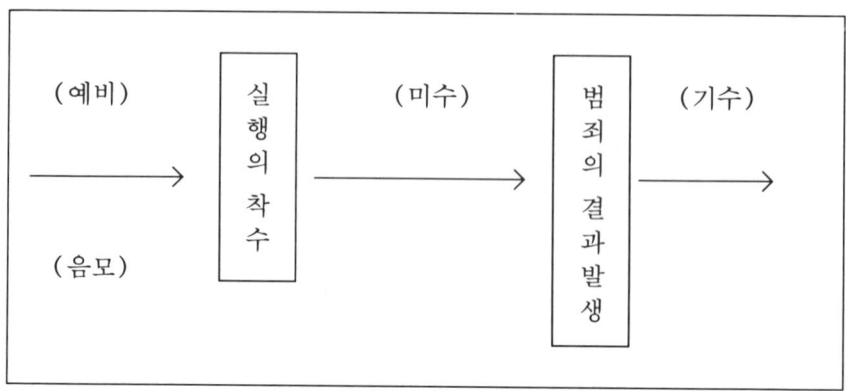

관련판례 및 법조문

□ 판 례 □

◎ 통화위조의 착수에 이르렀다고 볼 수 없다고 한 사례

　대한민국의 은행권을 위조하려고 진정한 한국은행권 100원권을 사진찍어 그 필름 원본 7매와 이를 확대하여 현상한 인쇄지 7매를 만든 행위는 통화위조의 예비에 해당된다(대법 1966.12.6. 66도1317).

□ 법 령 □

◎ 형법 제207조

자격모용에 의한 유가증권작성죄

자격상실 후에도 그 자격을 모용하여 유가증권을 작성한 경우

질문→ 저는 1991.1.3.경부터 주식회사 X산업의 대표이사로 재직하다가 1993.3.49일 위 회사의 대표이사가 乙로 변경되었음에도 불구하

> 고, 이전부터 사용하여 오던 저의 명의로 된 위 회사 대표이사의 명판을 이용하여 여전히 자신을 위 회사의 대표이사로 표시하여 약속어음을 발행·사용하였습니다. 저는 무슨 죄로 처벌되나요?

답 귀하는 업무상 횡령과 자격모용에 의한 유가증권작성죄와 동 행사죄로 처벌된다.

─────── 유사사례 ───────
◆ 직무집행정지가처분결정을 받은 대표이사가 대표이사 명의의 유가증권을 작성한 행위

해 설 자격모용에 의한 유가증권작성죄는 행사목적으로 타인의 자격을 모용하여 유가증권을 작성·기재하는 내용의 범죄이다. 행위대상은 유가증권이다. 행위에서 '타인의 자격모용'은 대리 또는 대표권 없는 자가 그 자격을 사칭하여 본인 명의의 유가증권을 작성하는 것을 말한다. 처음부터 권한이 없는 자뿐만 아니라 권한을 상실한 자도 포함한다. 대리권·대표권이 있는 자라도 권한범위 밖의 사항에 대해 본인 또는 회사 명의의 유가증권을 발행하면 이 죄가 성립한다. '유가증권작성'은 유가증권을 발행하는 것과 같이 기본적 증권행위를 하는 것이다. 그리고 '기재'는 배서·인수·보증과 같은 부수적 증권행위를 말한다. 주관적 구성요건은 고의와 행사목적이다.

설문의 경우는, 대표이사가 변경된 이상 대표이사로 직무집행할 권한이 없으므로 업무상 횡령과 자격모용에 의한 유가증권작성죄와 동 행사죄로 처벌된다.

─────── 관련판례 및 법조문 ───────

□ 판 례 □
◎ 자격모용이 아니라고 한 사례
  약속어음을 발행함에 있어 발행인의 주소란에 「권숙진」이라고 기재하고, 권숙진 이라는 이름 밑에 '주식회사 안동택시 대표이사 권숙진'이라는 인장

을 압날하여 동 어음을 타인에게 교부하였다면, 이 사실만으로 안동택시의 대표이사의 자격을 모용하여 유가증권인 약속어음을 작성행사 하였다고 할 수 없다(대법 1974.11.26. 74도1708).

□ 법 령 □
◎ 형법 제215조

유가증권 변조 및 동 행사죄

낙첨된 올림픽복권을 변조하여 당첨 상금을 받은 경우

질문 ▶ 저는 낙첨된 올림픽복권을 변조하여 당첨 상금을 받았습니다. 저의 행위는 죄가 되나요?

답 무죄다.

─(유사사례)─

● 백지어음에 대하여 취득자가 발행자와의 합의에 의하여 정하여진 보충권의 한도를 넘어 보충한 경우는 유가증권위조죄에 해당한다.
● 환어음의 지급기일을 개서한 경우는 유가증권변조죄에 해당한다.

해 설 유가증권이라는 개념은 형법, 상법 기타 각종의 법령에 사용되고 있는데 그 의미는 동일하지 않다. 상법의 통설에 의하면 유가증권이라 함은 「재산적 가치를 갖는 사권을 표창하는 증권으로서 권리의 발생이전・행사의 전부 또는 일부가 증권에 의하여 행하여져야 하는 것」을 말한다. 형법에 있어서 유가증권의 개념은 위 상법상의 개념과 완전하게 일치할 필요는 없고, 판례는 유가증권이라 함은 「증권상에 표시된 재산상의 권리의 행사와 처분에 그 증권의 점유를 필요로 하는 것을 총칭하는 것이므로 유통성을 반드시 가질 필요는 없는 것이나 재산권이 증권에 화체된다는 것과 그 권리의 행사와 처분에 증권의 점유를 필요로 한다는 두 가지 요소는 반드시 갖추어야 하는 것」이라고 한다(대법 1972.12.26. 72도1688). 복권에 관하여 형법 제214조의 유가증권에 상금의 청구를 할 경우, 그 증권의 제시가 필요하다는 점에서 유통성의 면에서는 다소 의문이 있으나 복권이 포함된다는 견해도 있다. 아직 우리판례는 관계되는 것이 없어 그 태도를 알 수 없다.

관련판례 및 법조문

□ 판 례 □
◎ 가. 한국외환은행 소비조합이 그 소속조합원에게 발행한 신용카드가 유가증권인지 여부(적극)
　나. 타인의 신용카드를 자신의 카드인양 제시하여 상점점원으로 하여금 금액란을 정정, 기재케 한 경우 유가증권변조죄의 성부
　가. 형법 제214조의 유가증권이란 증권상에 표시된 재산상의 권리의 행사와 처분에 그 증권의 점유를 필요로 하는 것을 총칭하는 것이므로 그것이 유통성을 반드시 가질 필요는 없는 것이나 재산권이 증권에 화체된다는 것과, 그 권리의 행사처분에 증권의 점유를 필요로 한다는 두 가지 요소를 갖추어야 하는 것이고, 위 두 가지 요소 중 어느 하나를 갖추지 못한 경우에는 형법 제214조에서 말하는 유가증권이라 할 수 없다 할 것인바, 한국외환은행 소비조합이 그 소속조합원에게 발행한 신용카드는 그 카드에 의해서만 신용구매의 권리를 행사할 수 있는 점에서 재산권이 증권에 화체되었다고 볼 수 있으므로 유가증권이라 할 것이다.
　나. 유가증권변조죄에 있어서 변조라 함은 진정으로 성립된 유가증권의 내용에 권한 없는 자가 그 유가증권의 동일성을 해하지 않는 한도에서 변경을 가하는 것을 말하고, 설사, 진실에 합치하도록 변경한 것이라 하더라도 권한 없이 변경한 경우에는 변조로 되는 것이고 정을 모르는 제3자를 통하여 간접정범의 형태로도 범할 수 있는 것인바, 신용카드를 제시받은 상점점원이 그 카드의 금액란을 정정기재하였다 하더라도 그것이 카드소지인

이 위 점원에게 자신이 위 금액을 정정기재할 수 있는 권리가 있는 양 기망하여 이루어 졌다면 이는 간접정범에 의한 유가증권변조로 봄이 상당하다(대법 1984.11.27. 84도1862).

□ 법 령 □
◎ 형법 제214조

위조 등 유가증권행사죄

위조유가증권임을 알고 있는 자에게 교부하여 유통시킨 경우

질문 ▶ 저는 3회에 걸쳐 乙에게 위조약속어음 3매를 1매에 금 40,000원씩 받고 교부하여 주었습니다. 乙은 이 유가증권이 위조된 것임을 알고 있었고, 乙이 이 어음을 모두 유통시켰을 경우에 저와 乙의 죄책은 어떻게 됩니까?

답 귀하는 유가증권위조죄와 동 행사죄의 상상적 경합, 을은 위조유가증권행사죄와 사기죄의 상상적 경합으로 처벌된다.

(유사사례)
◆ 정기예금신탁증서는 유가증권이 아니다(대법 1984.11.27. 84도2147).

해 설 위조유가증권작성죄가 위조유가증권을 마치 진정한 유가증권인 것처럼 사용하는 경우에만 성립한다고 보고, 을이 위조유가증권임을 알고 난 상황에서 한 갑의 행위는 진실한 약속어음을 사용한 것으로 볼 수 없다는 것이다. 그러나 대법원은 이에 불복한 검찰의 상고논지를 이유 있는 것으로 받아들였다. 그 이유는 위조유가증권행사죄의 처벌목적은 유가증권의 유통질서를 보호하는 데 있다. 따라서 단순히 문서의 신용성을 보호하는 위조공·사문서행사죄의 경우와 달리 교부자가 진실한 유가증권인 것처럼 행사하였을 때 뿐만 아니라, 위조유가증권임을 알고 있는 자에게 교부하였더라도 피교부자가 이를 유통시킬 것임을 알고 교부하였다면, 그 교부행위 자체가 유가증권의 유통질서를 해칠 우려가 있기 때문에 충분한 처벌필요성이 있으므로 갑의 행위는 위조유가증권행사죄에 해당된다. 만일 그 유가증권이 갑 스스로 위조한 것이었다면 갑은 유가증권위조죄(형법 제214조)와 동 행사죄의 상상적 경합이 된다. 그리고 을은 이를 모두 유통시킴으로써 타인을 기망하여 재산상 이익을 취득하는 새로운 법익을 침해하였다. 여기에서 위조유가증권행사와 기망행위는 한 개의 행위로 인한 것이므로, 을은 위조유가증권행사죄와 사기죄의 상상적 경합으로 처벌된다(대법 1966.9.27. 66도1011참조).

──── 관련판례 및 법조문 ────

□ 판 례 □
◎ 위조유가증권임을 알고 있는 자에게 교부한 소위와 동 행사죄의 성부 (적극)

위조유가증권임을 알고 있는 자에게 교부하였더라도 피교부자가 이를 유통시킬 것임을 인식하고 교부하였다면 그 교부행위 자체가 유가증권의 유통질서를 해할 우려가 있어 위조유가증권행사죄가 성립한다(대법 1983.6.14. 81도2492).

□ 법 령 □
◎ 형법 제214조

복사문서의 문서성

전자복사의 사본이 문서위조죄의 객체가 되는지…

질문 저는 행사할 목적으로 1992.2.3. 乙이 제1심 판시 골프장 시설공사 도급권을 자기에게 위임하는 사실증명에 관한 乙 명의의 위임장 1매를 위조하였습니다. 그리고 이를 전자복사하여 그 사본을 진정하게 성립된 것처럼 피해자 丙에게 제시하여 행사하였습니다. 이 경우 저는 처벌되나요?

답 귀하는 사문서위조죄의 죄책을 면할수 없다.

해설 문서위조 및 동 행사죄의 보호법익은 문서 자체의 가치가 아니라 문서에 대한 공공의 신용이므로 문서위조죄의 객체가 되는 문서는 반드시 원본에 한한다고 보아야 할 근거가 없다. 문서의 사본이라 하더라도 원본과 동일한 의식내용을 보유하고 증명수단으로서 원본과 같은 사회적 기능과 신용을 가지는 것이면, 이를 위 문서의 개념에 포함시키는 것이 상당하다. 그러므로 문서의 사본 중에서도 기계적 방법으로 원본을 복사한 이른바 복사문서는 필기의 방법 등에 의한 단순한 사본과 달리 복사자의 의식이 개재할 여지가 없고, 그 내용에서부터 모양, 형태에 이르기까지 원본을 실제 그대로 재현하므로 관계자에게 동일한 원본이 존재하는 것으로 믿게 할 뿐만 아니라 그 내용도 원본 자체를 대하는 것과 같은 감각적 인식을 가지게 한다. 나아가서 오늘날 일상거래에서 복사문서가 원본에 대신하는 증명수단의 기능이 증대되는 실정에 비추어 볼 때 이에 대한 사회적 신용을 보호할 필요가 있다. 따라서 이 경우처럼 사진복사한 문서의 사본은 문서위조 및 동 행사죄의 객체인 문서에 해당된다. 갑은 위조문서 행사죄의 죄책을 면할 수 없다.

하지만, 대법원의 견해대로 하면 갑은 복사행위만으로도 사문서위조죄의 죄책을 면할 수 없다.

관련판례 및 법조문

□ 판 례 □
◎ 복사문서가 문서위조 및 동 행사죄의 객체인 문서에 해당하는지 여부 (적극)

(다수의견) 사진기나 복사기 등을 사용하여 기계적인 방법에 의하여 원본을 복사한 문서, 이른바 복사문서는 사본이더라도 필기의 방법 등에 의한 단순한 사본과는 달리 복사자의 의식이 개재할 여지가 없고, 그 내용에서부터 모양, 형태에 이르기까지 원본을 실제 그대로 재현하여 보여주므로 관계자로 하여금 그와 동일한 원본이 존재하는 것으로 믿게 할 뿐만 아니라 그 내용에 있어서도 원본 그 자체를 대하는 것과 같은 감각적 인식을 가지게 하고, 나아가 오늘날 일상거래에서 복사문서가 원본에 대신하는 증명수단으로서의 기능이 증대되고 있는 실정에 비추어 볼 때 이에 대한 사회적 신용을 보호할 필요가 있으므로 복사한 문서의 사본은 문서위조 및 동 행사죄의 객체인 문서에 해당한다.

(반대의견) 위조한 문서를 전자복사기로써 복사본을 만들어 낸 경우에 그 복사본은 형법 제231조 소정의 문서라고 보기도 어려울 뿐 아니라 그 복사본을 만들어 낸 행위를「타인명의로 문서를 작성하였다」고 할 수도 없어 그 행위가 형법 제231조 소정의 문서위조행위에 해당한다고 보기 어렵고, 그러한 경우 문서위조의 성립을 인정하는 것은 죄형법정주의의 원칙에 의하여 금지된 유추확장해석이 되며 같은 법조 소정의 문서의 개념 속에 전자복사본은 포함되고 필사본은 포함되지 않는다고 해석한다면 그 규정을 다의적으로 해석하는 것이 되어 형법법규의 명확성에 반하는 결과가 된다.

(별개의견) 위조문서의 원본을 복사하는 행위 자체는 이미 위조가 완성되어 작성명의의 진정이 침해된 문서의 표시내용을 사본으로 재현하는 것에 불과하고 복사로서 새롭게 그 문서의 작성명의의 진정을 침해하는 것은 아니므로 이러한 사본의 작성행위를 문서의 위조라고 볼 여지가 없으나, 위조문서를 전자복사나 사진복사 등의 기계적 방법에 의하여 복사한 사본은

문서원본의 외관과 의식내용을 원본 그대로 재현한 것으로서 복사과정에서 의도적인 조작을 가하지 않는 한 원본의 외관과 의식내용을 그대로 타인에게 전달하는 기능을 가지고 있으므로, 이러한 사본을 제시하는 행위는 기계적 복사라는 중개수단을 통하여 문서원본의 외관과 의식내용을 상대방이 인식할 수 있게끔 간접적인 방법으로 문서원본을 제시하는 것이 되므로위조문서행사죄를 구성한다(대법 1989.9.12. 87도506 전원합의체판결).

□ 법 령 □
◎ 형법 제237조의 2 신설

공정증서원본불실기재죄

동거녀의 허락없이 혼인신고를 한 경우

질문→ 저의 친구는 乙과 약 3개월간 동거하였다. 그후 乙이 동거관계를 청산하고 피고인을 만나주지 않자 乙과 상의하거나 승낙을 받음이 없이 혼인신고를 하겠다고 일방적으로 통지하고 혼인신고서를 작성하여 혼인신고를 마쳤다. 저의 친구는 어떻게 처벌되나요?

답 사문서위조, 동 행사죄, 공정증서원본불실기재죄로 처벌된다.

◆ 유사사례

◆ 대학 시절부터 저를 따라 다니던 남자가 있었는데 제가 경영하는 약국에 매일같이 와서 구혼을 하기에 거절하였더니 어느 날 찾아와서 그 남자의 호적등본을 보여 주면서 말하기를 아무리 말로 구혼해도 들어주지 않아 이렇게 혼인신고를 해놓았으니 결혼해 달라고 애원하는 것이

었습니다. 그의 호적등본에는 놀랍게도 그 남자와 제가 얼마 전에 혼인한 것으로 신고되어 있습니다.
그 남자는 어떤죄로 처벌받게 됩니까?

[해 설] 위조는 타인명의를 모용하여 '문서를 작성'해야 한다. 작성방법에는 제한 없다. 새로운 문서를 작성하는 것이 위조의 기본형태이지만, 기재문서를 이용할 수도 있다.

설문의 경우, 설사 혼인신고서용지에 미리 피해자 을의 도장이 찍혀 있었더라도(백지위조), 사문서위조, 동 행사죄 그리고 공정증서원본불실기재죄 등의 죄책을 면할 길이 없다. 사실혼관계에 있을 당시에는 혼인의사가 있었더라도 위 혼인신고를 할 때에는 만나주지 않은 점 등으로 미루어 그 의사가 철회되었다고 보아야 하기 때문이다.

그리고 유사사례에 있어서 공무원에 대하여 허위신고를 하여 공정증서원본에 부실한 사실을 기재하게 한 때에는 공정증서원본부실기재죄가 성립한다. 공정증서원본이란 함은 공무원이 그 직무상 작성하는 문서로서 권리의무에 관한 어떤 사실을 증명하는 효력을 가지는 것을 말한다. 예를 들면 호적부, 부동산등기부, 상업등기부 등이 이에 해당한다. 그러나 주민등록부・토지대장은 여기에 해당하지 않는다. 그리고 여기의 권리의무는 반드시 재산상의 권리의무에만 한하지 않으며 신분상의 권리의무도 포함한다.

이 질문의 경우에 부부관계라는 신분상의 권리의무에 관하여 허위의 신고를 한 것이므로 공정증서원본불실기재죄가 성립한다. 따라서 귀하는 사문서위조 및 동 행사죄, 공정증서원본불실기재죄로 처단된다.

―――――――――――― 관련판례 및 법조문 ――――――――――――

□ 판　례 □
◎ 가. 사실혼관계에 있던 자의 일방적인 혼인신고서 작성행위와 사문서위조죄의 성부
　나. 몰수대상 여부의 증명방법

6. 사회적 법익 침해범죄

가. 혼인신고 당시에는 피해자가 피고인과의 동거관계를 청산하고 피고인을 만나주지 아니하는 등으로 피하여 왔다면 당초에는 피해자와 사실혼관계에 있었고 또 피해자에게 혼인의 의사가 있었다 하더라도 위 혼인신고 당시에는 그 혼인의사가 철회되었다고 보아야 할 것이므로 피고인이 일방적으로 혼인신고서를 작성하여 혼인신고를 한 소위는 설사 혼인신고서용지에 피해자 도장이 미리 찍혀 있었다 하더라도 사문서위조 기타 관계범죄의 범행에 해당한다 할 것이다.

나. 몰수대상이 되는지 여부는 범죄구성사실에 관한 것이 아니므로 엄격한 증명이 필요없다(대법 1987.4.11. 87도399).

□ 법 령 □
◎ 형법 제228조

공문서 변조죄

사본을 행사할 목적으로 공문서 기재내용을 변개할 경우

질문➡ 저는 乙의 의사면허증(보건복지부장관 명의)의 乙 사진 위에 저의 사진을 떨어지지 아니할 정도로 풀을 약간 칠해 붙이고 전자복사기에 넣어 면허증 사본을 복사한 다음, 다시 피고인의 사진을 뜯어내고 면허증 원본은 집에 두고, 위 복사한 면허증 사본을 을 명의로 의료기관개설 신고용으로 제출하고, 이를 피고인 갑이 운영하던 병원벽에 위 복사본을 걸어 놓았습니다. 저의 행위가 죄가 되나요?

답 귀하의 행위는 무죄다.

2. 공공신용의 죄

> **유사사례**
> ◑ 타인의 주민등록증에 붙어 있는 사진을 떼어내고 자기의 사진을 붙인 행위는 공문서위조죄가 된다.

해 설 변조는 권한 없이 기존의 진정하게 성립된 타인 명의의 문서내용을 동일성을 해하지 않을 정도로 변경을 가하는 것을 말한다. 동일성을 해하였을 때에는 위조가 된다. 변조정도는 문서의 증명력에 대한 확실성과 신용성이 침해될 위험이 있으면 충분하고 손해발생을 요하지 않는다. 변조된 문서내용이 나중에 사실로 실현되더라도 범죄성립에 영향이 없다.

한편, 인감증명서의 사용용도란을 기재변경한 경우, 결재된 원안문서에 새로운 사항을 첨가기재한 경우, 작성된 계약서의 일자·금액을 변경한 경우 등은 모두 변조이다.

설문과 유사사례의 경우, 검찰은 위 행위자를 공문서변조죄로 기소하였는데, 원심은 무죄를 선고하였다. 공문서변조죄는 변조한 공문서 자체를 진정한 것으로 행사할 목적으로 그 기재내용을 변개한 경우에 성립한다. 그런데 행위자는 면허증사본을 행사할 목적으로 제작하고, 면허증원본을 행사할 목적은 없었기 때문이라는 것이 그 논거였다. 검찰이 상고하였지만 대법원은 이유 없는 것으로 기각하였다. 정당한 판결이다. 따라서 설문에서 귀하의 경우는 죄가 되지 않는다.

> **관련판례 및 법조문**
>
> □ 판 례 □
> ◎ 사본을 행사할 목적으로 공문서 기재내용을 변개한 경우 공문서변조죄의 성부
>   공문서변조죄는 변조한 공문서 자체를 진정한 것으로 행사할 목적 아래 그 기재내용을 변개한 경우에 성립하는 것이므로 사본을 행사할 목적으로 면허증 사진 위에 다른 사진을 떨어지지 않을 정도로 풀을 약간 칠해 붙여 이를 전자복사기에 넣어 면허증 사본을 복사한 행위는 면허증 원본을 행사할 목적이 없는 것이어서 공문서변조죄에 해당하지 않는다(대법 1986.2

.25. 85도2835)

□ 법 령 □
◎ 형법 제225조

공문서 위조죄

공문서 위조죄의 성립요건

[질문] 저는 국립경찰병원장 명의의 진단서에 직인과 계인(契印)을 날인하고, 환자의 성명과 병명 및 향후치료 소견을 기재하였으나 진단서 발행번호나 의사의 서명날인은 들어있지 않았습니다. 저의 행위는 처벌되나요?

[답] 귀하의 행위는 공문서위조죄가 된다.

―――― 유사사례 ――――
◆ 행사할 목적으로 유효기간이 1990.12.31.까지인 문화재관리국장 발행의 고궁출입허가증 중 다른 부분은 그대로 두고 유효기간의 '1990'을 '1995'로 고친행위는 공문서위조다.

[해 설] 공문서위조죄는 행사목적으로 공무원 또는 공무소의 문서·도화를 위조·변조함으로써 성립하는 범죄이다. 사문서위조·변조죄의 비독립변형 구성요건으로 가중구성요건이다. 공문서는 사문서에 비해 신용성이 높고 피해정도도 크기 때문이다. 공문서인 한 형식위조(유형위조) 내용위조(무형위조) 모두 처벌한다.

　행위주체는 제한이 없다. 공무원, 비공무원을 불문한다. 공무원이 권한

밖의 문서를 작성하면 이 죄에 해당된다. 행위객체에서 '공문서'는 공무원 또는 공무소가 직무상 작성한 문서를 말한다. 그 법적 근거는 어떤 것이라도 상관없다. 공무소·공무원이 작성한 것이라도 직무에 관하여 작성된 것이 아니면 공문서가 아니다(예컨대, 공무원의 사직서). 외국의 공무소·공무원이 작성한 문서는 이 죄의 객체가 아니다.

행위는 '위조·변조'이다. 작성권한 없는 자가 타인 명의의 문서를 작성 또는 변경하는 것을 말한다. 문서를 작성하는 공무원을 보조하는 자 또는 보충기재할 권한만 위임받은 공무원이 임의로 허위문서를 작성하는 경우도 위조이다.

설문의 경우, 일반인으로 하여금 공무원 또는 공무소의 권한 내에서 작성된 문서라고 믿을 수 있는 형식과 외관을 구비한 문서이면 공문서위조죄의 대상이 된다고 하겠다. 따라서 귀하는 공문서위조죄로 처벌된다.

──────(관련판례 및 법조문)──────

□ 판 례 □

◎ 사본을 행사할 목적으로 공문서 기재내용을 변개한 경우 공문서변조죄의 성부

공문서변조죄는 변조한 공문서 자체를 진정한 것으로 행사할 목적아래 그 기재내용을 변개한 경우에 성립하는 것이므로 사본을 행사할 목적으로 면허증 사진 위에 다른 사진을 떨어지지 않을 정도로 풀을 약간 칠해 붙여 이를 전자복사기에 넣어 면허증 사본을 복사한 행위는 면허증 원본을 행사할 목적이 없는 것이어서 공문서변조죄에 해당하지 않는다(대법 1987.9.22. 87도1443).

□ 법 령 □
◎ 형법 제225조

자격모용에 의한 공문서 작성죄

구청장이 전보된 후 전보 전 자신의 권한에 속하는 건축허가에 관한 기안용지의 결재란에 서명한 행위

질문▶ 저는 甲 구청장으로 근무하다가 乙 구청장으로 전보된 후, 甲 구청장의 권한에 속하는 건축허가에 관한 기안용지의 결재란에 서명을 하였습니다. 저는 어떤 죄로 처벌되나요?

답 자격모용에 의한 공문서작성죄로 처벌된다.

─(유사사례)─
◈ 행사할 목적으로 퇴직한 경찰관이 현직에 있는 것처럼 과장하여 공문서를 작성하는 행위

해설 이 죄는 행사목적으로 공무원 또는 공무소의 자격을 모용하여 문서 또는 도화를 작성하는 내용의 범죄이다. 자격모용에 의한 사문서작성죄의 가중구성요건이다. '자격모용'은 일정한 공무원의 지위를 허위로 기재하는 것을 말한다. 작성권한 없는 자가 그 권한을 사칭하여 작성하는 점에서 공문서위조죄와 동일하다. 그러나 공문서위조죄는 타인의 명의를 모용하는 것에 비해, 자격모용에 의한 공문서작성죄는 타인의 자격만을 모용하는 것이 다르다. 따라서 공무원의 자격과 명의를 함께 모용하여 공문서를 작성하면 이 죄가 아니라 공문서위조죄가 성립한다.

─(관련판례 및 법조문)─
□ 판 례 □
◎ 구청장이 전보된 후 전보 전 자신의 권한에 속하는 건축허가에 관한 기안용지의 결재란에 서명한 행위가 자격모용에 의한 공문서작성죄를 구성하는지 여부(적극)
　갑 구청장이 을 구청장으로 전보된 후 갑 구청장의 권한에 속하는 건축

허가에 관한 기안용지의 결재란에 서명을 한 것은 자격모용에 의한 공문서 작성죄를 구성한다(대법 1993.4.27. 92도2688).

□ 법 령 □
◎ 형법 제226조

허위공문서 작성죄의 간접정범

공무원 아닌 자가 공문서작성을 보좌하는
공무원과 공모하여 허위의 문서초안을
상사에게 제출하여 결재케 한 행위

질문▶ 저는 1994.5.9.일자 향토예비군훈련을 받은 사실이 없음에도 불구하고 소속 예비군동대 방위병인 乙에게 위 날짜에 예비군훈련을 받았다는 내용의 확인서를 발급해 달라고 부탁하였습니다. 乙은 작성권자인 예비군 동대장 丙에게 이 사실을 보고하자, 丙은 저의 예비군훈련 참가 여부를 확인한 후 확인서를 발급하도록 지시하였습니다. 乙은 미리 예비군동대장의 직인을 찍어 보관하고 있던 예비군훈련확인서 용지에 저의 성명 등 인적 사항과 부탁받은 훈련일자 등을 기재하여 저에게 교부하였습니다. 저와 乙은 어떻게 처벌되나요?

답 귀하는 허위공문서작성과 동 행사죄의 교사범, 을은 허위공문서작성죄의 간접정범이다.

─(유사사례)─

◆ 공문서의 작성권자인 공무원을 보조하여 공문서의 기안을 담당하는 직원이 그 지위를 이용하여 행사의 목적으로 허위 내용의 기안을 하고,

이를 그 정을 모르는 상사에게 제출하여 서명날인케 하여 공문서를 완성하는 경우에는 허위공문서작성죄의 간접정범이 성립된다.

[해설] 허위공문서작성죄의 '공무원'은 문서작성권한 있는 공무원을 의미한다. 그런데 작성권한 있는 공무원과 작성명의인은 구별해야 한다고 생각한다. 상사는 작성명의인일 뿐이고 사실상의 작성권한은 문서를 기안·작성하는 실무담당공무원이 가지고 있다고 보아야 할 것이다. 상사는 실무자가 제출한 문서에 결재하는 것으로 효력발생의 형식요건을 충족시킬 뿐이다. 따라서 실질적 작성권자는 실무담당공무원이고, 문서명의인인 상사는 형식적 작성권자라고 할 수 있다. 상사만 작성권자가 된다는 것은 지나친 형식논리이다. 그렇다면 하위공무원이 상급자의 부지를 이용하여 결재를 받아 허위공문서를 완성한 경우에 허위공문서작성죄의 간접정범을 인정하는데 특별히 문제가 될 것은 없다. 따라서 공문서의 작성권한자의 공무원을 보좌하여 공문서의 기안을 담당하는 직원이 그 지위를 이용하여 행정의 목적으로 허위내용의 기안을 하고 이를 정을 모르는 상사에게 제출하여 서명·날인케 하였다면 허위공문서 작성죄의 간접정범이 된다.

또한 공무원신분이 없는 사인이 신분범인 허위공문서작성죄의 간접정범이 될 수는 없어도 교사범은 된다.

──(관련판례 및 법조문)──

□ 판 례 □
◎ 공무원 아닌 자가 공문서 작성을 보좌하는 공무원과 공모하여 허위의 문서초안을 상사에게 제출하여 결재케 함으로써 허위공문서를 작성케 한 경우, 간접정범의 공범으로서의 죄책을 지는지 여부(적극)
공문서의 작성권한이 있는 공무원의 직무를 보좌하는 자가 그 직위를 이용하여 행사할 목적으로 허위의 내용이 기재된 문서 초안을 그 정을 모르는 상사에게 제출하여 결재하도록 하는 등의 방법으로 작성권한이 있는 공무원으로 하여금 허위의 공문서를 작성하게 한 경우에는 간접정범이 성립되고 이와 공모한 자 역시 그 간접정범의 공범으로서의 죄책을 면할 수 없는 것이고, 여기서 말하는 공범은 반드시 공무원의 신분이 있는 자로 한정되는 것은 아니라고 할 것이다(대법 1992.1.17. 91도2837).

□ 법 령 □
◎ 형법 제227조

(공기호)불법행사죄

택시미터기의 검정납봉을 임의로 재봉인 부착한 행위

질문▶ 저는 서울 1거2222호 택시운전수인 乙로부터 택시미터기의 빈차 표시판과 택시지붕 위의 보안등에 대한 신호장치의 수리를 위탁받고 자기가 경영하는 서울계량기공사에서 위 택시미터기의 두부검정납봉의 봉인철사를 절단한 다음, 그 뒷면 철판을 열고 위 각 장치에 전등이 켜지도록 수리한 다음 절단한 위 봉인으로 다시 재봉인하였습니다. 저의 행위는 처벌되나요?

답 귀하의 행위는 공기호부정행사죄에 해당된다.

유사사례

◆ 차량번호표는 공기호에 해당한다(대법 1983.10.25. 83도2078).

해 설 공기호부정행사죄는 위조사인행사죄에 대한 가중구성요건이다. 부정사용된 공기호를 공범자 이외의 사람에게 보이는 것도 행사이다. 특히 혹자는 갑의 공기호부정사용, 동 행사죄 그리고 계량법위반죄에 대한 무죄가 된다고 한다. 검정납봉의 일시절단이 빈차표시판과 택시지붕 위의 보안등에 대한 '간이수리'를 위한 것이었기 때문에 검정의무가 면제되는 것으로 판단하였기 때문이다(계량법시행령 제31조 제1항 1호, 동법시행규칙 제81조 제1항). 그러나 빈차표시판과 택시지붕 위의 보안등에 대한 수리는 간이수리로 검정을 받을 필요는 없다. 즉, 택시미터기의 수리는 계량법시행규칙에 의거 개념의무가 면제되는 간이수리에 해당한다. 그러나 택시미터기에 적법하게 부착된 검정합봉의 봉인철사를 일단 절단한 이상, 이를 다시 부착하려면 소관 검정기관에서만 할 수 있고, 다른 기관이나 사람이 함부로 검정납봉을 부착할 수 없으므로 귀하의 행위는 공기호부정행사죄에 해당된다고 볼 수 있다.

관련판례 및 법조문

□ 판 례 □
◎ 택시미터기의 검정납봉을 임의로 재봉인 부착한 행위가 공기호부정사용에 해당하는지 여부(적극)
　택시미터기의 수리는 계량법시행규칙에 의하여 검정의무가 면제되는 간이수리에 해당하나, 택시미터기에 적법하게 부착된 검정납봉의 봉인철사를 일단 절단한 후에는 소관 검정기관만이 이를 다시 부착할 수 있는 것이므로 피고인이 임의로 한 검정납봉 재봉인 부착행위는 형법 제238조 제2항 소정의 공무소기호 부정사용에 해당한다(대법 1982.6.8. 82도138).

□ 법 령 □
◎ 형법 제238조 제2항, 계량법 제18조, 제38조 제2호, 동법시행규칙 제81조 제3항

3. 사회도덕의 죄

도 박 죄

> 도박의 전과 없는 사람이 연말에
> '도리짓고땡' 도박을 2회한 경우

질문 조합장인 저는 친구 3인과 함께 조합돈을 가지고 1993.12.30일 18:00시경부터 다음 날 05:00시경까지 경북 상주 화북 용유리 소재 화북식당 내실에서 화투쪽지 20매를 가지고 1회에 금 20,000 내지 100,000원씩을 걸고 수십회에 걸쳐 속칭 도리짓고땡 이라는 도박을 하였다. 그리고 저는 다시 1994.1.3. 21:00시경 부터 다음 날 12:00시경까지 같은 리 소재 화북여관 209호실에 서 마찬가지로 1회에 금 20,000원 내지 100,000원씩을 걸고 수 십회에 걸쳐 위 도리짓고땡 도박을 하였다. 저의 행위가 죄가 되나요?

답 귀하는 업무상 배임죄의 성립은 차치하고라도 상습도박에 관한한 무죄다.

─────(유사사례)─────

◆ 도박권리자가 없는 사람이 유실물인 100만원짜리 자기앞수표 1매로 1회 도금 최고 100,000원을 걸고 약 200회에 걸쳐 '보이쬬'라는 도박을 한 경우─도박의 상습성이 없다고 한다(대법 1991.10.8. 91도1894)

[해 설] 상습도박죄는 상습으로 도박한 경우에 성립하는 가중구성요건이며 신분범이다. 이 죄는 단순도박죄의 성립을 전제로 한다. 따라서 단순도박이 일시오락 정도에 불과하여 위법성이 조각되면 이 죄가 성립할 여지가 없다.

상습도박에서 상습성과 도박성은 구별해야 한다. 여기에서 상습성은 반복하여 도박행위를 하는 습벽으로서 행위자의 속성을 말한다. 이러한 습벽의 유무를 판단할 때에는 도박의 전과나 전력유무 또는 도박횟수 등이 중요한 판단자료가 된다. 설문에서 갑의 도박성은 충분히 인정되나 피고인에게 도박의 전과가 전혀 없고, 이 사건 외에 도박을 한 전력이 전혀 나타나 있지 않을 뿐만 아니라, 이 사건 도박행위는 연말과 연초에 두 차례에 한하여 평소 잘 아는 사람들과 어울려서 한 것이었다. 이러한 사실관계에 비추어 갑에게 도박의 습벽, 즉 상습성을 인정할 수 없다는 것이다.

상습성에 대한 객관적 기준의 결여가 얼마나 상이한 결론에 이르러 갈 수 있는가를 보여준다. 따라서 이런 기준일수록 제한적으로 해석해야 한다. 대법원의 논지가 타당하다. 갑은 조합비 유용과 관련한 업무상 배임죄의 성립은 차치하더라도, 상습도박에 관한 한 무죄이다.

─(관련판례 및 법조문)─

□ 판 례 □
◎ 가. 상습도박죄에 있어서의 상습성의 개념과 그 판단자료
　나. 도박의 전과 없는 피고인이 연말과 연초에 친지들과 어울려 '도리짓고땡' 도박을 2회 한 경우의 상습성 유무(소극)
　가. 상습도박죄에 있어서 도박성과 상습성의 개념은 구별하여 해석하여야 하며, 여기에서 상습성이라 함은 반복하여 도박행위를 하는 습벽으로서 행위자의 속성을 말하는 것이므로 이러한 습벽의 유무를 판단함에 있어서 도박의 전과나 전력유무 또는 도박 횟수 등이 중요한 판단자료가 된다.
　나. 도박의 전과가 전혀 없고, 이 사건 외에 도박을 한 전력이 전혀 나타나 있지 않은 피고인이 연말과 연초에 단 두 차례에 한하여 평소 잘아는 사이의 사람들과 어울려서 '도리짓고땡'이라는 도박을 한 경우 피고인에게 도

박의 습벽, 즉 상습성을 인정하기는 어렵다(대법 1990.12.11. 90도2250).

□ **법 령** □
◎ 형법 제246조

도박죄의 '일시오락'의 정도

도박이 일시오락의 정도에 그친 경우

질문▶ 같은 동리에 살면서 서로 아는 사이인 저와 친구들이 각자 1,000원 내지 7,000원을 판돈으로 내놓고, 한 점에 100원 짜리 속칭 "고스톱"을 하였다. 저와 저의 친구들은 도박죄로 처벌되나요?

답 무죄다.

─(유사사례)─

● 생선회 3인분과 소주 2병 등 음식값을 마련하기 위하여 한 도박행위는 오락정도에 불과하다.

해 설 설문의 경우, 일시오락의 정도에 지나지 않는다.

도박죄에서 일시오락의 정도는 피고인들의 직업, 재산관계, 피고인들이 도박장소에 가게 된 경위, 도박을 하게 된 동기, 도박을 한 시간, 그 규모 등을 참작하여 판단한다. 도박죄에서 이를 처벌하는 이유는 정당한 근로에 의하지 아니한 재물의 취득을 처벌함으로써 경제에 관한 건전한 도덕법칙을 보호하기 위한 것이므로 일반서민 다중이 여가를 이용하여 평소의 심신의 긴장을 해소하는 오락은 일시오락에 불과하다.

관련판례 및 법조문

□ 판 례 □

◎ **취식한 음식값을 갹출하기 위한 소액의 도박은 일시오락으로 본 사례**
차주들이 작업을 나간 자신들의 차량이 돌아오기를 기다리는 동안 자신들이 취식한 막걸리, 음료수의 값 4,000원 상당을 갹출하기 위하여 각기 2,000원 정도의 금원을 가지고 1회에 300원씩, 판돈 합계 8,500원 상당의 도박을 하였다면 이는 일시오락의 정도에 불과하다(대법 1984.2.24. 84도324).

□ 법 령 □
◎ 형법 제246조

7
국가적 법익 침해범죄

국가적 법익 침해범죄

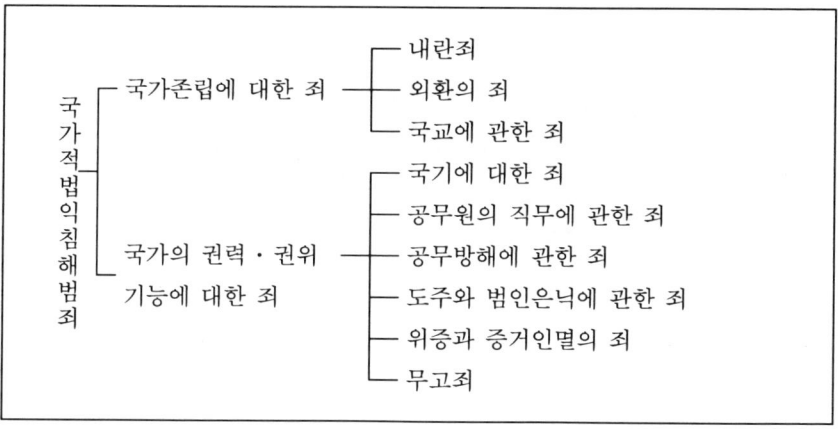

1. 공무원의 직무에 관한 죄

직무유기죄의 성립 여부

**예비군 중대장이 허위공문서 작성 후 그 사실을
그대로 상사에게 보고하지 않은 경우**

[질문] 예비군 중대장인 저의 친구 甲은 그 소속 예비군대원 乙의 불참 사실을 알고도 이를 소속 대대장에게 보고하는 등의 조치를 취하지 않고 오히려 이를 고의로 은폐할 목적으로 당해 예비군대원이 훈련에 참석한 것처럼 허위내용의 학급편성 여부를 작성·행사하였다. 이 경우 저의 친구는 무슨 죄로 처벌되나요?

[답] 귀하의 행위는 허위공문서 작성, 동행사죄만 성립한다.

(유사사례)

◆ 당직사관이 술을 마시고 내무반에서 화투놀이를 한 후 여인과 함께 자고 와서 당직근무를 인계·인수 없이 퇴근한 경우는 직무유기가 된다.
◆ 태만, 불만, 착각 등으로 인한 업무의 부당한 집행이 있었다면 직무유기로 보기 어렵다.

[해설] 직무유기죄가 성립하기 위해서는 주관적으로 직무를 버린다는 인식이 있어야 한다. 따라서 직무집행의사로 직무를 집행한 이상 태만, 분망(奔忙), 착각 등 일신상 또는 객관적 사유로 직무집행을 소홀히 한 경우는 이 죄가 성립하지 않는다.

설문의 경우, 갑이 직무를 위배한 위법상태는 허위공문서 작성 당시부터 그 속에 포함되어 있고, 그 후 소속 대대장에게 보고하지 않았더라도 당초에 있었던 직무위배의 위법상태가 그대로 계속된 것에 지나지 않기 때문에 별도로 직무유기죄가 성립하여 양죄가 실체적 경합이 될 수 없다고 판시하였다.

──────── 관련판례 및 법조문 ────────

□ 판 례 □
◎ 태만, 분망, 착각 등으로 인한 업무의 부당한 집행과 직무유기죄의 성부 (소극)

　형법 제122조의 이른바 직무를 유기한다는 것은 법령, 내규, 통첩 또는 지시 등에 의한 추상적인 충근의무를 태만히 하는 일체의 경우를 이르는 것이 아니라 구체적으로 직무의 의식적인 포기 등과 같이 국가의 기능을 해하며 국민에게 피해를 야기시킬 가능성이 있는 경우를 일컫는 것이므로 직무유기죄가 성립하려면 주관적으로는 직무를 버린다는 인식과 객관적으로는 직무 또는 직장을 벗어나는 행위가 있어야 하고, 다만 직무집행에 관하여 태만, 분망, 착각 등 일신상 또는 객관적 사정으로 어떤 부당한 결과를 초래한 경우에는 형법상의 직무유기죄는 성립하지 않는다 할 것이므로, 피고인이 치안책임자(경찰서장)로서 그 관내에서 일어난 총기난동사건에 대하여 전혀 효과적인 대응책을 강구하지 못한 사실은 인정되지만, 사건 당일은 칠흑 같은 깊은 밤인데다 비마저 내리고 있어서 총기난동자의 소재파악이 어려웠을 뿐만 아니라, 피고인의 직속부하인 경찰관이 그 관내에서 총기를 무차별 난사하여 수십명을 헤아리는 사상자가 발생하는 미증유의 사태에서 피고인이 망연 자실하여 거의 정상적인 사고력을 잃은 정도였고, 피고인이 궁유지서에 도착한 당일 01:30 경은 이미 범인이 총기난사를 끝내고 은신하고 있을 때라는 사실 등에 비추어 보면, 특수범 진압조직으로 대처하지 않았다는 점 등 피고인의 대응조치가 적절하지 못하였다는 사정만으로서는 형법상 직무유기죄가 성립한다고 볼 수 없다(대법 1983.1.18.82도2624).

◎ 교도소 보안과 출정계장과 감독교사가 호송교도관들을 지휘하여 재소

자의 호송계호업무를 수행함에 있어서 성실하게 그 직무를 수행하지 아니한 잘못으로 집단도주사고가 발생한 경우 형법상 직무유기죄를 구성하는지 여부(소극)

　형법 제122조에서 공무원이 정당한 이유 없이 직무를 유기한 때라 함은 정당한 사유 없이 의식적으로 직무를 포기하거나 직무 또는 직장을 이탈하는 것을 말하고 공무원이 직무를 수행함에 있어서 태만 또는 착각 등으로 이를 성실하게 수행하지 아니한 경우까지 포함하는 것은 아니라 할 것인바, 교도소 보안과 출정계장과 감독교사가 호송지휘관 및 감독교사로서 호송교도관 5명을 지휘하여 재소자 25명을 전국의 각 교도소로 이감하는 호송업무를 수행함에 있어서, 시간이 촉박하여 호송교도관들이 피호송자 개개인에 대하여 규정에 따른 검신 등의 절차를 철저히 이행하지 아니한 채 호송하는데도 호송교도관들에게 호송업무 등을 대강 지시한 후에는 그들이 이를 제대로 수행할 것으로 믿고 구체적인 확인, 감독을 하지 아니한 잘못으로 말미암아 피호송자들이 집단도주하는 결과가 발생한 경우, 위 출정계장과 감독교사가 재소자의 호송계호업무를 수행함에 있어서 성실하게 그 직무를 수행하지 아니하여 충근의무에 위반한 잘못은 인정되지만, 고의로 호송계호업무를 포기하거나 직무 또는 직장을 이탈한 것이라고는 볼 수 없으므로 형법상 직무유기죄를 구성하지 아니한다(대법 1991.6.11. 91도96).

◎ **공무원이 태만·착각 등으로 직무를 성실히 수행하지 아니하거나 못한 경우 직무유기죄의 성부**

　형법 제122조 소정의 공무원이 정당한 이유 없이 직무를 유기한 때라 함은 직무에 관한 의식적인 방임 내지는 포기 등 정당한 사유 없이 직무를 수행하지 아니한 경우를 의미하는 것이므로 공무원이 태만·착각 등으로 인하여 직무를 성실히 수행하지 아니한 경우나 형식적으로 또는 소홀히 직무를 수행하였기 때문에 성실한 직무수행을 못한 것에 불과한 경우에는 직무유기죄는 성립하지 아니한다(대법 1994.2.8. 93도3568).

□ 법　령 □
◎ 형법 제122조

직권남용죄

민원비서관이 농수산물 도매사장에 요구하여 수의계약으로 근친에게 임대케 한 경우

질문➡ 대통령비서실 민정수석비서관으로 근무하던 저는 대통령의 근친관리업무와 관련하여 정부 각 부처에 대한 지시와 협조요청을 할 수 있는 일반적 권한을 갖고 있음에 비추어, 제가 농수산물도매시장 관리공사 대표이사에게 요구하여 위 시장 내의 주유소와 서비스동을 당초 예정된 공개입찰 방식이 아닌 수의계약으로 대통령의 근친이 설립한 회사에 임대케 하였습니다. 저의 행위는 죄가 되나요?

답 귀하의 행위는 직권남용죄에 해당한다.

유사사례

◆ 경찰관이 상사의 명령도 없고 입건되지도 아니하였는데 범죄수사를 빙자하여 서류명령서를 발부하여 의무 없는 서류제출을 하게 한 경우는 직권남용죄에 해당한다.

해설 직권남용죄는 공무원이 직권을 남용하여 다른 사람에게 의무없는 일을 행하게 하거나 권리행사를 방해함으로써 성립하는 범죄이다. 이 죄의 보호법익은 국가기능의 공정한 행사이다. 그러나 '국가기능의 공정한 행사' 자체가 궁극적인 목적은 아니다. 그것은 국민의 권리를 보호하기 위한 수단이라는 점을 명심해야 한다. 그러므로 이 죄의 성격은 직권남용죄(형법 제123조)에 대해 공무원이라는 신분으로 책임이 가중되는 가중구성요건이다(통설).

행위주체는 공무원이다. 다만, 권리행사방해가 가능한 강제력을 행사하는 공무원에 한정된다. 설문에 있어서 귀하의 경우, 직권남용죄에 해당된다.

관련판례 및 법조문

□ 판 례 □
◎ 치안본부장이 국립과학수사연구소 법의학1과장에게 고문치사자의 사인에 관하여 기자간담회에 참고할 메모를 작성하도록 요구해서 그의 의사에 반하는 메모를 작성토록 하여 교부받은 행위가 직권남용죄에 해당하는지 여부(소극)

치안본부장이 국립과학수사연구소 법의학1과장에게 고문치사자의 사망에 관하여 기자간담회에 참고할 메모를 작성하도록 요구한 경우에 있어서 위 과장의 메모작성행위가 국립과학수사연구소의 행정업무에 관한 행정상 보고의무라고 할 수 없고 치안본부장이 위 과장에게 메모를 작성토록 한 행위가 그 일반적 권한에 속하는 사항이라고도 볼 수 없으며 또 위 과장이 그 요청에 따라 작성해 준 메모는 정식 부검소견서가 아니어서 동 인이 위 메모를 작성하여 줄 법률상 의무가 있는 것도 아닐 뿐만 아니라, 그와 같은 메모를 작성하여 준 것도 단순한 심리적 의무감 또는 스스로의 의사에 기한 것으로 볼 수 있을 뿐이어서 법률상 의무에 기인한 것이라고 인정할 수도 없으므로, 치안본부장이 동인에게 메모의 작성을 요구하고 이를 동인이 내심의 의사에 반하여 두 번이나 고쳐 작성하도록 하였다 하여도 이를 의무 없는 일을 하게 한 것이라고 볼 수 없어 직권남용죄는 성립되지 아니한다 (대법 1991. 12. 27. 90 도 2800).

□ 법 령 □
◎ 형법 제123조

알선 수뢰죄

준공무원이 그 지위를 이용하여 알선 해 주고 뇌물을 받은 경우

[질문] 국민연금관리공단 서울지부장으로 근무하는 저의 친구 甲은 공동피고인 乙로부터 위 공단이 사옥으로 사용하기 위해 매입할 건물로 평리빌딩을 소개받았습니다. 그러자 甲은 자신의 지위를 이용해 중개인 공동피고인 乙과 매도인측 간부를 위 공단 매수업무 담당부서인 총무부장, 회계과장, 관재대리에게 소개하고, 위 공단이 다른 경합건물을 배제하고 위 평리빌딩을 매수하도록 청탁하였습니다. 甲은 그와 같은 알선행위에 대한 대가로 공동피고인 乙이 매도인측으로부터 받은 소개료 중에서 사례비조로 금 1억 9천만원을 교부받고, 그 중에서 금 2천만원을 다른 실무자에게 공여하였습니다. 甲은 어떻게 되나요?

[답] 특정범죄가중처벌등에관한법률 제2조 제1항 제1호에 의거 가중처벌 받는다.

○ 유사사례 ○

● 건설업자가 지하철공사의 도급을 받기 위하여 국회의원을 통해 서울시 지하철 관계자와 교섭해 줄 것을 의뢰하고 그 사례로서 공사비의 일부를 지급하기로 약속하였던바, 국회의원이 서울시에 건설업자의 편의를 봐 줄 것을 부탁한 경우

[해설] 알선수뢰죄는 공무원이 그 지위를 이용하여 다른 공무원의 직무에 속한 사항의 알선에 관하여 뇌물을 수수, 요구, 약속함으로써 성립하는 범죄다. 본죄가 성립하기 위해서는 주관적 구성요건으로 지위를 이용하여 다른 공무원의 직무에 속한 사항을 알선하는 데 대한 인식·의욕이 있어

야 한다. 알선의사 없이 알선할 것처럼 기망하여 뇌물을 수수하면 사기죄가 성립한다. 알선의사는 가지고 있고, 다만 그 내용에 대해 상대방을 속여서 재물을 교부받으면 이 죄와 사기죄의 상상적 경합이 된다.

알선수뢰죄에서 '공무원이 그 지위를 이용한다'함은 다른 공무원이 취급하는 사무처리에 영향을 줄 수 있는 관계에 있으면 족하고, 반드시 상하관계·협동관계·감독관계 등의 특수한 지위에 있음을 요하지 아니한다. 또한 '다른 공무원의 지위에 관한 사항의 알선행위'는 그 공무원의 직무에 속하는 사항에 관한 것이면 되는 것이지 그것이 반드시 부정행위라거나 그 직무에 관하여 결재권한이나 최종결정권한을 갖고 있어야 하는 것은 아니다. 여기서 주의할 것은 갑은 수뢰액이 5천만원 이상이기 때문에 특정범죄가중처벌등에관한법률(동법 제2조 제1항 제1호)에 의거 가중처벌을 받는다(사형·무기 또는 10년 이상의 징역).

────────── 관련판례 및 법조문 ──────────

□ 판 례 □

◎ 알선수뢰죄에 있어서 "공무원이 그 지위를 이용한다"함과 "다른 공무원의 직무에 속한 사항의 알선행위"의 의미

알선수뢰죄에 있어서 "공무원이 그 지위를 이용한다"함은 다른 공무원이 취급하는 사무처리에 영향을 줄 수 있는 관계에 있으면 족하고, 반드시 상하관계, 협동관계, 감독관계 등의 특수한 지위에 있음을 요하지 아니하고, "다른 공무원의 직무에 속한 사항의 알선행위"는 그 공무원의 직무에 속하는 사항에 관한 것이면 되는 것이지 그것이 반드시 부정행위라거나 그 직무에 관하여 결재권한이나 최종결정권한을 갖고 있어야 하는 것이 아니다 (대법 1992.5.8. 92도532).

□ 법 령 □

◎ 형법 제132조

2. 공무방해의 죄

공무집행방해죄의 성부

파출소에서 경찰관들에게 폭언한 행위

질문 ▶ 폭력행위 등 전과범인 甲은 1994.3.9. 04:00시경 그가 경영하는 술집에서 친구들과 함께 음악을 크게 틀어놓고 춤추며 놀던중, 취침방해를 호소해 온 주민의 신고를 받고 출동한 경찰 乙로부터 조용히 하라는 주의를 받고, 그 후 새벽 4:00시 이른 시각에 파출소로 찾아가 소내 근무중인 乙 등에게 "우리 집에 무슨 감정이 있느냐. 이 순사 새끼들 죽고 싶으냐"라고 폭언을 하였습니다. 甲의 행동이 처벌되나요?

답 갑은 공무집행방해죄로 처벌된다.

유사사례

◉ 대학생들에 의해 납치·감금된 전경들을 구출하기 위하여 경찰이 압수·수색영장 없이 대학교 도서관에 진입한 행위는 적법한 공무집행에 속한다.

해설 공무집행방해죄에 있어서 협박은 행위 당시의 여러 사정을 종합하여 객관적으로 상대방으로 하여금 공포심을 느끼게 할 정도이면 충분하고, 상대방이 현실로 공포심을 가져야 하는 것은 아니다. 다만, 협박이 경미하여 상대방이 전혀 개의치 않을 정도이면 협박에 해당되지 않는다. 설문에 따르면 갑의 성향, 폭언을 하게 된 동기 및 계기, 그 내용 등을 종합하여 보면, 피고인 갑의 행위가 경찰관에 대한 단순한 불만의 표시나 감정적인 욕설을 한 것에 그친다고 볼 수 없다. 경찰이 계속하여 단속할 경우 생명·신체에 어떤 위해가 가해지리라는 것을 통보함으로써 공포심을 품게 하려는 목적이 인정되고, 또 이는 객관적으로 보아 상대방으로 하여금 공포심을 느끼기에 충분하다 할 것이다. 따라서 갑은 공무집행방해죄로 처벌된다.

관련판례 및 법조문

□ 판 례 □

◎ 파출소에서 경찰관들에게 폭언을 한 것이 공무집행방해죄에 있어서의 협박에 해당한다고 본 사례

　폭력행위 등 전과 12범인 피고인이 그 경영의 술집에서 떠들며 놀다가 주민의 신고를 받고 출동한 경찰로부터 조용히 하라는 주의를 받은 것 뿐인데, 그 후 새벽 4시의 이른 시각에 파출소에까지 뒤쫓아가서 "우리 집에 무슨 감정이 있느냐, 이 순사새끼들 죽고 싶으냐"는 등의 폭언을 하였다면, 이는 단순한 불만의 표시나 감정적인 욕설에 그친다고 볼 수 없고, 경찰이 계속하여 단속하는 경우에 생명, 신체에 어떤 위해가 가해지리라는 것을 통보함으로써 공포심을 품게 하려는데 그 목적이 있었다고 할 것이고, 또 이는 객관적으로 보아 상대방으로 하여금 공포심을 느끼게 하기에 족하다고 할 것이다(대법 1989.12.26. 89도1204).

□ 법 령 □

◎ 형법 제136조

위계에 의한 공무집행방해죄

**출원자의 허위출원사유의 기재 및
허위소명자료에 의한 인·허가처분행위**

질문 저는 乙 등과 공모하여 그들이 개인택시운송사업면허를 받는데 필요한 운전경력증명서를 허위로 발급해 주고, 이를 면허관청에 소명자료로 제출하게 하여 대전시장으로부터 개인택시면허를 받게 하였습니다. 저의 행위가 처벌되나요?

답 무죄이다.

유사사례

- 실효된 임대차계약서를 제시하고 명도집행을 저지한 건물점유자의 행위
- 입학원서 추천서장을 허위기재한 경우
- 공무원시험에서 대리시험을 치른 행위 등은 위계에 의한 공무집행방해죄 성립

해설 위계에 의한 공무집행방해죄는 직무를 집행하는 공무원에게 위계로서 공무원의 직무집행을 방해함으로써 성립하는 범죄이다. 위계란 행위자가 달성하려는 목적과 수단을 상대방에게 알리지 아니하고 자기의 목적을 달성하는 것을 말한다. 기망·유혹, 공연·비공연을 불문한다. 위계의 상대방이 직접 직무를 담당하는 공무원일 필요도 없고, 제3자를 기망하여 공무원의 직무를 방해하는 경우도 여기에 포함된다. 그러나 공무원의 수사 또는 심리사항에 대해 허위진술 또는 허위신고를 하였다는 것만으로는 위계에 해당되지 않는다. 위계에 의한 공무집행방해가 있어야 한다. 방해가 현실적일 필요는 없지만, 공무집행의 구체적 위험은 있어야 한다.

설문에 있어서 원심은 갑을 위계에 의한 공무집행방해죄로 처단하였다. 개인택시면허의 요건이 엄격하여 허가관청에 재량의 여지가 없고, 소명자

료의 허위성을 발견하지 못하는 이상 이를 인정할 수밖에 없다는 것이 그 이유였다. 따라서 갑의 행위는 행정관청의 일반적인 인·허가처분과 달리 위계에 의한 공무집행방해죄가 성립한다는 것이다. 그러나 대법원은 피고인의 상고를 받아들여 원심을 파기·환송하였다. 그 논지는 일반적으로 출원 등에 의한 행정관청의 인·허가처분은 신청서기재와 부속소명자료 등에 의하여 그 인·허가요건을 심사결정한다. 이는 출원사유가 사실과 부합되지 않는 경우가 있음을 전제하는 것이다. 따라서 출원자가 그 출원사유에 허위사실을 기재하고 허위의 소명자료를 첨부하였음에도 행정관청이 그것을 진실한 것으로 가볍게 믿은 나머지 인·허가처분을 하였으면, 이는 행정관청의 불충분한 심사에 기인한 것이고 출원자의 위계에 의한 것으로 볼 수 없다.

─── 관련판례 및 법조문 ───

□ 판 례 □
◎ 출원자의 허위출원사유의 기재 및 허위소명자료에 의한 인·허가처분과 위계에 의한 공무집행방해의 성부

일반적으로 출원 등에 의한 행정관청의 인·허가처분은 신청서 기재와 부속소명자료 등에 의하여 그 인·허가요건을 심사 결정하는 것이며 이는 출원사유가 사실과 부합되지 아니하는 경우가 있음을 전제로 하는 것이므로 출원자가 그 출원사유에 허위의 사실을 기재하고 허위의 소명자료를 첨부하였음에도 불구하고 행정관청이 그 출원사유에 대하여 진실한 것으로 가볍게 믿은 나머지 인·허가처분을 하였다면, 이는 행정관청의 불충분한 심사에 기인한 것이라 할 것이고 출원자의 위계에 의한 것이라고 할 수 없다(대법 1988.5.10. 87도2079).

□ 법 령 □
◎ 형법 제137조

공무상 비밀표시무효죄

압류물을 원래의 보관장소로부터 다른 장소로 이동시킨 경우

질문 ▶ 저는 집달관 乙이 서울시 영등포구 여의도동 31의 소재 X여관에서 압류집행을 하고 그 표시를 한 칼라텔레비젼 1대와 브이·티·알(VTR) 녹화기 1대를 서울 강서구 화곡동 150에 있는 Y여관으로 옮겼다. 그 결과 압류물의 소재불명으로 경매집행이 불가능 해졌습니다. 저의 행위는 어떻게 처벌되나요?

답 귀하는 공무상 표시무효죄의 죄책을 면할 수 없다.

유사사례

◉ 건물명도집행이 완료된 후 채무자가 동 건물에 침입한 경우는 무죄다 (다만, 채권자의 점유를 침범하는 것은 별론으로 한다).

해 설 공무상 비밀표시무효죄는 봉인(封印)·압류 기타 강제처분의 표시를 손상·은닉 기타 방법으로 그 효용을 해할 때에 성립된다. '손상'은 물질적인 훼손으로 봉인의 외표(外表)를 파괴하는 경우 뿐만 아니라 봉인 전부를 뜯어내는 것도 포함한다. '은닉'은 소재를 불분명하게 하여 찾아내지 못하도록 하는 모든 행위를 말한다. '기타 방법'은 손상·은닉 이외에 효용을 침해할 수 있는 일체의 행위를 뜻한다. 예컨대, 압류물건을 원래의 보관장소에서 먼 거리에 있는 다른 장소로 이전하거나, 점유이전 금지가처분이 집행된 건물의 일부를 다른 사람이 점유하게 하는 경우, 영업금지가처분에 대해 고시내용에 위반되는 판매업무를 계속하는 경우는 강체처분대상이 된 채무자에게만 가능하다. 따라서 갑회사에 대한 공사중지가처분에 대하여 을회사가 건축을 한 경우, 남편을 채무자로 한 출입금지가처분을 무시하고 처가 출입한 경우에는 이 죄가 성립하지 않는다.

 설문의 경우, 귀하가 채권자나 집달관 몰래 원래의 보관창고로부터 상당한 거리에 있는 다른 장소로 압류물을 이동시킨 경우에는 설사 귀하가 집행면탈의 목적으로 한 것이 아니라 하여도 객관적으로 집행을 현저히 곤란하게 한 것이 되어 형법 제140조 제1항 소정의 '기타 방법으로 그 효용을 해한' 경우에 해당된다. 귀하는 공무상 비밀표시무효죄의 죄책을 면할 수 없다.

관련판례 및 법조문

□ 판 례 □

◎ 압류물을 원래의 보관장소로부터 다른 장소로 이동시킨 경우, 공무상비밀표시무효죄의 성부

 압류물을 채권자나 집달관 몰래 원래의 보관장소로부터 상당한 거리에 있는 다른 장소로 이동시킨 경우에는 설사 그것이 집행을 면탈할 목적으로 한 것이 아니라 하여도 객관적으로 집행을 현저히 곤란하게 한 것이 되어 형법 제140조 제1항 소정의 "기타의 방법으로 그 효용을 해한" 경우에 해당된다(대법 1986.3.25. 86도69).

□ 법 령 □
◎ 형법 제140조

공용서류무효죄

군에 제출한 건축허가신청에 첨부된 설계도면을 권한 없이 바꿔 갈아 놓은 행위

[질문] 저는 군(郡)에 보관중인 피고인 명의의 건축허가신청서에 첨부된 설계도면을 떼내고 별개의 설계도면으로 바꿔 넣은 경우, 저

2. 공무방해의 죄

는 어떻게 처벌되나요?

답 공용서류무효죄로 처벌된다.

─(유사사례)─

◈ 상사에게 정식보고되지 않고 수사기록에 편철되지 아니한 채 보관중이던 진술조서를 휴지통에 버려 폐기한 행위

해 설 공용서류무효죄는 공무소에서 사용하는 서류 기타 물건을 손상·은닉 기타 방법으로 그 효용을 해할 경우에 성립하는 범죄다. 행위는 손상·은닉 기타의 방법으로 그 효용을 해하는 것이다. 권한 있는 공무원에 의한 파기는 이에 해당하지 않는다. 그러나 문서에 첨부된 인지를 떼어내거나 공문서의 작성권자가 그 내용을 변경·삭제할 수 없는 단계에서 이를 변경한 경우에는 손상에 해당된다. 손상된 문서를 다시 작성할 수 있는가의 여부는 이 죄의 성립에 영향을 미치지 않는다. 고의의 내용은 위의 객관적 구성요건요소에 대한 인식·의사이다.

공문서류무효죄는 공문서나 사문서를 불문하고 공무소에서 사용 또는 보관중인 서류를 정당한 권한 없이 그 효용을 해함으로써 성립한다. 따라서 설문의 경우, 귀하의 행위는 공용서류무효죄로 처벌된다.

─(관련판례 및 법조문)─

□ 판 례 □

◎ 가. 군에 제출한 건축허가신청에 첨부된 설계도면을 권한 없이 바꿔 갈아 넣은 경우 공용서류무효죄의 성부(적극)

나. 건축허가통지서에 첨부된 설계도면을 일부인이 소급기재된 설계도면으로 바꿔 갈아끼운 경우 공문서변조죄의 성부(적극)

가. 공용서류무효죄는 공문서나 사문서를 불문하고 공무소에서 사용 또는 보관중인 서류를 정당한 권한 없이 그 효용을 해함으로써 성립하므로, 피고인이 군에 보관중인 피고인 명의의 건축허가신청서에 첨부된 설계도면을 떼내고 별개의 설계도면으로 바꿔 넣은 경우 공용서류무효죄가 성립한다.

나. 건축허가서에 첨부된 설계도면을 떼내고 건축사협회의 도서등록일 부인을 건축허가신청 당시 일자로 소급변조하여 새로 작성한 설계도면을 그 자리에 가철한 행위는 공문서변조죄에 해당한다(대법 1982.12.14. 81도81).

□ 법 령 □
◎ 형법 제141조

3. 도주와 범인은닉 등의 죄

단순도주원조죄 성부

탈주자에게 도피할 수 있도록 승용차를 빌려준 행위

[질문] 저의 친구인 乙은 수감되어 있던 서산시 소재 X병원에서 간수자를 폭행하고 병원에서 탈주하였고, 저는 乙이 멀리 서울로 도피할 수 있도록 乙 소유의 승용차를 인도하여 주었습니다. 저는 어떤 처벌을 받게 되나요?

[답] 범인도피죄에 의해 처벌된다.

(유사사례)

◆ 구금된 자가 타인에게 자신을 도주하게 한 때에는 도주원조죄의 교사범이 되는 것이 아니라 도주죄가 성립된다.

[해설] 원래 도주죄는 법률에 의하여 체포 또는 구금된 자가 도주함으로써 성립하는 범죄로서, 보석중인 자, 형의 집행중인 자, 범인으로 추적되고 있는 자, 가석방중에 있는 자는 포함되지 않는다. 단순도주원조죄는 법률에 의해 구금된 자를 탈취하거나 도주하게 함으로써 성립하는 범죄이다. 도주죄에 대한 교사·방조를 독립된 구성요건으로 규정한 것이다. 그러므로 이 죄에 대해서는 총칙의 공범규정이 적용되지 않는다.

행위주체는 제한이 없다. 만일 피구금자가 다른 피구금자와 의사연락을 하고 함께 도주하는 경우에는 합동도주죄가 성립한다. 구금은 적법한 것이라야 하며, 불법체포되어 연행중인 자는 객체가 될 수 없다.

행위에서 '탈취'는 구금된 자를 간수자의 실력지배로부터 이탈시켜 자기 또는 제3자의 실력지배에 두는 것을 말한다. 탈취의 수단·방법, 구금된 자의 동의 여부나 도주의사의 유무 등은 묻지 않는다. 탈취결과가 나타남으로 기수가 된다.

도주죄는 즉시범으로서 범인이 간수자의 실력지배를 이탈한 상태에 이르렀을 때에 기수가 되어 도주행위가 종료하는 것이고, 도주원조죄는 범인의 도주행위를 야기시키거나 이를 용이하게 하는 등 그와 공범관계에 있는 행위를 독립된 구성요건으로 하는 범죄이므로, 도주죄의 범인이 도주행위를 하여 기수에 이르른 이후에 범인의 도피를 도와 주는 행위는 범인도피죄(형법 제151조 제1항)에 해당할 수 있을 뿐 도주원조죄에는 해당되지 않는다. 따라서 설문의 경우 귀하는 범인도피죄로서 처벌된다.

───(관련판례 및 법조문)───

□ 판 례 □

◎ 도주죄의 기수시기 및 도주행위가 기수에 이른 후에 도주죄의 범인의 도피를 도와 주는 행위가 도주원조죄에 해당하는지 여부

  도주죄는 즉시범으로서 범인이 간수자의 실력적 지배를 이탈한 상태에 이르렀을 때에 기수가 되어 도주행위가 종료하는 것이고, 도주원조죄는 도주죄에 있어서의 범인의 도주행위를 야기시키거나 이를 용이하게 하는 등 그와 공범관계에 있는 행위를 독립한 구성요건으로 하는 범죄이므로, 도주죄의 범인이 도주행위를 하여 기수에 이르른 이후에 범인의 도피를 도와 주는 행위는 범인도피죄에 해당할 수 있을 뿐 도주원조죄에는 해당하지 아니한다(대법 1991.10.11. 91도1656).

□ 법 령 □

◎ 형법 제147조, 제151조

위 증 죄

위증죄에 있어서 허위의 공술이란?

질문 ▶ 저는 민사법정에서 증언을 하면서 피고인이 이 사건 임야를 관리하기 전에 乙이 이 임야의 소유자로서 이를 관리한 여부는 잘 모르는 일이었음에도 불구하고 피고측 변호사의 신문에 대해 "증인이 관리하기 전에도 소외 乙은 이 임야에 대해 사실상 소유자로서 관리하여 온 것이 틀림없다"는 취지로 자기기억에 반하는 진술을 하였습니다. 저의 행위는 처벌됩니까?

답 위증죄로 처벌받는다.

─〈유사사례〉─

◉ 타인으로부터 전해들은 금품의 전달사실을 마치 자신이 전달한 것처럼 진술한 경우 위증죄가 성립한다.

해설 위증죄는 법률에 의하여 선서한 증인이 허위의 공술을 함으로써 성립하는 범죄로 국가의 적정한 재판 및 심판작용을 변호하기 위한 것이다. 그런데, 이 죄의 허위의미에 대해서 객관설과 주관설이 대립한다.

객관설은 허위를 객관적 사실에 반하는 것으로 이해한다. 따라서 증인의 기억과 일치 여부는 묻지 않는다고 한다. 우리나라 소수설이고 독일의 통설이다. 이에 의하면 허위는 증언과 진실의 불일치가 된다. 따라서 증인이 위증의사로 자기기억에 반하는 진술을 하여도, 그것이 객관적 진실과 일치하면 위증죄가 성립하지 않는다. 위증죄는 증인의 불성실함을 처벌하는 것이 아니라 국가의 사법기능을 침해하기 때문에 처벌하는 것이고, 객관적 진실에 합치하면 국가의 사법기능은 침해될 염려가 없다는 점을 근거로 한다.

주관설은 허위를 증인이 자기기억에 반하는 공술을 하는 것으로 본다. 그 공술내용이 객관적 진실과 일치하는가는 묻지 않는다. 이렇게 되면 허위는 증언과 기억의 불일치이다. 우리나라의 통설이다. 증인에게 자기가 기억하는 것 이상의 진실을 말해 줄 것을 기대할 수 없고, 증인의 기억에 반하는 공술만으로도 국가의 사법기능을 침해할 위험이 있다는 것이 그 이유이다. 판례도 주관설의 입장을 취한다. 따라서 증인이 자기의 기억에 반하여 진술했으면 그것이 객관적 진실과 합치되더라도 위증죄가 성립하게 된다(대법 1982.6.8. 81도3069).

―― 관련판례 및 법조문 ――

□ 판 례 □
◎ 위증죄에 있어서 허위의 공술의 의미

위증죄에 있어서의 허위의 공술이란 증인이 자기의 기억에 반하는 사실을 진술하는 것을 말하는 것으로서 그 내용이 객관적 사실과 부합한다고 하여도 위증죄의 성립에 장애가 되지 않는다(대법 1989.1.17. 88도580).

□ 법 령 □
◎ 형법 제152조

증거인멸죄

피고인이 자기의 형사사건의 증거인멸을 위해 타인을 교사한 행위

질문▶ 저는 저의 형사사건에 관한 증거를 인멸하기 위하여 甲을 교사하여 죄를 범하게 했습니다. 저의 행위는 어떻게 처벌되나요?

답 증거인멸죄의 교사죄로 처벌된다.

유사사례

◆ 피고인이 타인을 교사하여 위증하게 한 경우 위증교사죄가 성립한다(판례의 태도).

[해 설] 증거인멸죄는 타인의 형사사건 또는 징계사건에 관하여 증거를 인멸, 은닉, 위조 또는 변조하거나 위조 또는 변조한 증거를 사용함으로써 성립하는 범죄다. 따라서 자기의 형사 또는 징계사건에 관한 증거를 인멸했더라도 본죄는 성립되지 않는다. 그러나 자기 형사사건에 의한 증거를 인멸하기 위해 타인을 교사한 경우에 증거인멸죄가 성립한다고 보는 것이 판례의 태도다. 이 문제는 범인은닉죄, 위증죄의 경우와 마찬가지로 자기비호의 연장으로 보아서 교사범의 성립을 인정하지 않는 것이 타당하다는 견해도 있으나, 교사행위는 제2의 범죄를 창출하므로 '증거인멸교사죄가 성립한다'고 봄이 타당할 것이다.

관련판례 및 법조문

□ 판 례 □
◎ **증거인멸죄에 있어서 은닉행위의 정도**
증거인멸죄에 있어서 타인의 형사사건 또는 징계사건이란 은닉행위시에 아직 수사 또는 징계절차가 개시되기 전이라도 장차 형사 또는 징계사건이 될 수 있는 것까지 포함한다(대법 1982.4.27. 82도274).

□ 법 령 □
◎ 형법 제155조 제1항, 제31조

무 고 죄

확인 없는 사실의 신고(무고)

[질문] 저는 친구와 다방을 동업하고 있는데 인근에 있는 다방보다 손님은 적은데도 세금이 많이 나왔습니다.
종업원들이 하는 말이 우리는 지난번에 세무서에서 조사 나왔을 때 대접을 하지 않고 그냥 보냈는데 옆집 다방에서는 주인이 돈봉투를 집어주었다고 하여 확인해 보지도 않고 친구가 고발하자고 제의하여 친구와 저의 이름을 연명으로 하여 사회정화위원회에 고발하였는데 그 후 사실이 아님이 밝혀졌습니다. 저도 처벌을 받게 되나요?

[답] 무고죄로 처벌된다.

─ 유사사례 ─
◉ 국세청장에 대한 탈세혐의사실에 관한 허위의 진정서 제출행위

[해설] 무고죄는 타인으로 하여금 형사처분 또는 징계처분을 받게 할 목적으로 공무소 또는 공무원에 대하여 허위의 사실을 신고한 경우에 성립한다.
무고죄는 본래 재판권의 적정한 행사를 방해할 우려가 있는 동시에 무고를 당한 사람 개인의 인격에 대한 침해도 되는 것이므로 국가와 개인의 이중의 법익을 침해하는 죄로서 비교적 엄하게 다스린다.
신고내용이 '허위'라 함은 객관적 진실에 반하는 것을 말하며 신고내용의 일부가 허위인 때에도 무고죄가 인정되고 있다.
신고의 수단, 방법, 형식에는 제한이 없으므로 구두나 서면을 불문하고 반드시 고소나 고발의 형식을 취할 필요도 없다. 그리고 무고죄는 고의범

이므로 허위의 사실임을 인식하고 또한 허위사실의 신고가 그 성질상 형사 또는 징계처분을 받게 하는 결과를 발생하리라는 것을 예견하고 있는 바, 이 경우에 허위의 사실을 확신을 가지고 알고 있었음을 요하지 않고 허위일지도 모른다는 미필적인 인식을 가지는 경우에도 무고죄가 성립한다. 따라서 설문의 경우, 사실을 확인해 보지도 않고 허위일지도 모른다는 인식을 가졌다면 무고죄를 벗어날 수 없다.

그리고 무고죄는 수사권을 가진 공무원이나 그를 보조하는 공무원에게 신고함으로써 기수가 되며 반드시 공소권이 있는 관청에 까지 도달할 필요는 없다. 한 가지 조심할 것이 있는데 우리 모두는 고소하고자 할 때 확실히 알아 보고 나서 하여야 한다는 것이다.

―― 관련판례 및 법조문 ――

□ 판 례 □
◎ 가. 무고죄에 있어서의 "형사처분을 받게 할 목적"의 의미 및 범의의 내용
　나. 국세청장에 대한 탈세혐의사실에 관한 허위의 진정서 제출이 무고죄에 해당하는지의 여부(적극)

　가. 무고죄에 있어서의 형사처분을 받게 할 목적이란 허위신고를 함으로써 다른 사람이 그로 인하여 형사처분을 받게 될 것이라는 인식이 있으면 족하고 그 결과 발생을 희망하는 것까지는 필요치 않으며, 또 무고죄에 있어서의 범의는 반드시 확정적 고의임을 요하지 아니하므로 신고자가 진실하다는 확신 없는 사실을 신고함으로써 무고죄는 성립하고 그 신고사실이 허위라는 것을 확신할 것까지는 없다.

　나. 국세청장은 조세범칙행위에 대하여 벌금 상당액의 통고처분을 하거나 검찰에 이를 고발할 수 있는 권한이 있으므로, 국세청장에 대하여 탈세혐의사실에 관한 허위의 진정서를 제출하였다면 무고죄가 성립한다(대법 1991.12.13. 91도2127).

□ 법 령 □
◎ 형법 제156조

8
개정 형법에 따른 신종 범죄

인질강요죄

타인의 아들을 약취 후 인질로 삼아 이권을
해결치 않으면 인질을 살해하겠다고 협박한 경우

[질문] 저는 국회의원 乙의 아들을 약취한 후 이를 인질로 삼아 저의 이권을 해결해 주지 않으면 乙의 아들을 살해하겠다고 협박하였습니다. 저의 경우는 어떤 죄로 벌을 받나요?

[답] 귀하의 경우 인질강요죄로 처벌받습니다.

(유사사례)

- ▶ 정부의 고관이나 외교관을 납치하여 인질로 삼고 해당정부에 대한 억류 중인 정치범이나 양심수의 석방을 요구하는 경우
- ▶ 항공기를 납치하여 승객을 인질로 삼고, 항공기 소속 국가의 정부를 강요하는 경우

[해설] 인질강요죄는 사람을 체포, 감금, 약취 또는 유인하여 인질로 삼아 제3자에 대하여 권리행사를 방해하거나 의무없는 일을 하게 함으로써 성립하는 범죄이다. 3년 이상의 징역에 처한다(개정형법 제324조의 2 신설). 단, 이 죄의 기수범 또는 미수범이 인질을 안전한 장소로 풀어 준 때에는 그 刑을 감경할 수 있다(제324조의 6). 여기서 강요란 사람의 권리행사를 방해하거나 의무없는 일을 억지로 하게 하는 것을 말한다.

강요의 상대방은 개인이건 단체이건 상관없고, 정부를 상대로 한 강요도 무방하다.

(관련판례 및 법조문)

□ 법 령 □
◎ 개정형법 제324조의 2, 제324조의 6, 제324조의 6조

컴퓨터 관련 업무방해죄

컴퓨터를 조작하여 부정입학한 경우

질문➡ 저는 X사립대학 교무과에 근무하는 직원으로서 신입학고사에서 컴퓨터에 입력된 입시성적 순위를 조작하여 저의 처조카 乙을 부정입학시켰습니다. 저의 경우 처벌받나요?

답 귀하의 경우는 컴퓨터에 입력된 자료를 조작하여 입시업무를 방해하였으므로 업무방해죄로 처벌받습니다.

────── 유사사례 ──────

◆ 해당업무에 예정되어 있지 않은 데이타나 지령을 주어 전자계산기의 작동을 정지시키거나 업무수행상 해로운 제어를 시켜 불량제품을 생산케 한 경우
◆ 전산실의 온도를 급격히 상승시켜 전자계산기에 무리가 가게해 업무수행에 지장을 초래한 경우
◆ 경쟁상대인 H회사의 전산망에 입력된 고객명단과 거래명세를 삭제한 행위

해 설 컴퓨터등 정보처리장치 또는 전자기록등 특수매체기록을 손괴하거나 정보처리장치에 허위의 정보 또는 부정한 명령을 입력하거나 기타의 방법으로 정보처리에 장애를 발생하게 하여 사람의 업무를 방해함으로써 성립하는 범죄가 컴퓨터관련특수 업무방해죄이며, 5년 이하의 징역 또는 1천 5백만원 이하의 벌금에 처한다. 개정형법에서 신설된 조항이다.

여기서 컴퓨터등 정보처리장치란 자동적으로 계산이나 데이타처리를 할 수 있는 전자장치를 말하며, 전자기록등 특수매체기록이란 전자방식과 자기방식에 의해 만들어진 기록으로서 광기술이나 레이저기술을 이용한 기

록을 말한다.

관련판례 및 법조문

□ 법 령 □
◎ 개정형법 제314조 제2항

비밀침해죄(컴퓨터)

비밀장치한 전자기록을 기술적 수단으로 이용하여 그 내용을 알아낸 경우

질문▶ 저는 비밀장치를 한 녹화테이프를 비밀번호를 이용하여 그 내용을 알아내었습니다. 이 경우에도 제가 처벌받나요?

답 귀하는 비밀침해죄로 처벌받습니다.

유사사례

◆ 비밀장치한 녹음테이프, 마이크로필름을 그 비밀번호를 알아내어 내용을 감득한 경우

해 설 비밀침해죄는 봉함 기타 비밀장치한 타인의 편지, 문서 또는 도화를 개봉하거나 봉함 기타 비밀장치한 사람의 편지, 문서, 도화 또는 전자기록등 특수매체기록의 내용을 기술적 수단을 이용하여 알아냄으로써 성립하는 범죄로서 3년 이하의 징역이나 금고 또는 5백만원 이하의 벌금에 처한다(제316조). 특히, 기술적 수단을 이용한 비밀침해죄는 개정형법에서 신설한 것이다.

여기서 기술적 수단을 이용한 내용탐지란, 봉함 기타 비밀장치한 타인의 편지, 문서, 도화 또는 전자기록등 특수매체기록을 개봉하지 않고 원형 그대로 둔 채 기술적 수단을 이용하여 그 내용을 알아낸 경우를 말한다.

비밀로 한 특수매체기록의 내용을 비밀소지자의 패스워드나 비밀번호를 이용하여 탐지해내는 경우가 그 예이다.

관련판례 및 법조문

□ 법 령 □
◎ 개정형법 제316조 제2항

자동차 불법사용죄

소유주의 동의없이 자동차를
불법으로 사용한 경우

질문▶ 저는 B의 동의없이 B소유 소나타승용차를 3시간 사용한 후에 본래 있던 자리에 갖다 놓았습니다. 이 경우에도 제가 처벌받나요?

답 귀하의 경우 자동차 불법사용죄로 처벌받습니다.

해설 설문의 경우와 같은 것은 사용절도(使用竊盜)라 하면서 절도죄에는 불법영득의사가 필요하다고 봄이 통설·판례 이었으나 자동차와 자가용운전자의 증가에 따른 자동차의 불법사용의 증가와 이로 인한 피해와 피해자의 감정을 고려하여 자동차등 불법사용죄를 신설하였다. 즉, 권리자의 동의없이 타인이 자동차·선박·항공기 또는 원동기 장치된 자전거를 일시사용함으로써 성립하는 범죄이다. 여기서 특히, 원동기 장치된 자전거란 총배기량 125cc이하의 2륜자동차 또는 50cc미만의 원동기를 단 자전거를 말한다(도로교통법시행규칙 제12조의 2).

이때 3년 이하의 징역 또는 5백만원 이하의 벌금, 구류 또는 과료에 처할 수 있다. 미수범도 처벌한다.

8. 개정형법에 따른 신종범죄   417

관련판례 및 법조문

□ 법 령 □
◎ 개정형법 제345조

컴퓨터등 사용사기죄

컴퓨터를 이용 허위의 정보를 입력하여 정보
처리를 하게하고 재산상의 이득을 취한 경우

질문▶ 저는 A은행 대리로서 제가 관리하는 컴퓨터에 1천만원의 허위 입금데이타를 입력하여 예금원장파일의 잔고를 증액한 뒤 타지점에서 1천만원을 인출하였습니다. 저는 어떤죄로 처벌받나요?

답 귀하는 컴퓨터등 사용사기죄로 처벌된다.

유사사례

◆ 은행의 온라인시스템에서 청구단말기를 사용하여 허위의 입금데이타를 입력하거나 범용단말기를 써서 원장파일의 예금잔고를 증액시키는 것
◆ 은행의 온라인시스템 밖에서 작출한 허위기록의 파일을 은행의 정규예금원장파일에 바꾸어 끼우는 행위

해설 컴퓨터등 사용사기죄란, 컴퓨터등 정보처리장치에 허위의 정보 또는 부정한 명령을 입력하여 정보처리를 하게 하고 재산상의 이익을 취득하거나, 제3자로 하여금 취득하게 함으로써 성립하는 범죄이다. 이는 다른 사람의 통제를 받지 않고 그를 기망 하지도 않고 현금을 취득하지도 않은 채 예금1구좌의 이동이나 대체송금을 통하여 재산상의 이익을 취득한 경우에 그동안 형법상 사기죄로 처벌하기 곤란한 점을 감안하여 개정형법에서 다룬 것이다. 한편, 도난·분실된 신용카드를 부정 사용한 경우에는 이 죄에 적용되지 않고 여신전문금융업법 제70조 제1항에 의해 7년 이하

의 징역 또는 5천만원 이하의 벌금에 처하여 짐을 주의해야 한다.

```
┌─────────── 관련판례 및 법조문 ───────────┐
│  □ 법 령 □                              │
│    ◎ 개정형법 제347조의 2                │
└──────────────────────────────────────────┘
```

편의시설부정이용죄

100원짜리 동전유사물을 넣고 자판기에서 율무차 한잔을 빼먹는 행위

[질문] 저는 얼마전 구내식당에서 100원짜리 동전유사물을 넣고 자동판매기에서 율무차 한잔을 빼 먹었습니다. 이 때에도 죄가 되나요?

[답] 귀하의 경우 편의시설부정이용죄로 처벌됩니다.

```
┌─────────────── 유사사례 ───────────────┐
│ ◆ 자기용 지하철자동개찰구에 위조된 승차권을 이용하여 통과한 경우 │
└──────────────────────────────────────────┘
```

[해설] 부정한 방법으로 대가를 지급하지 않고 자동판매기, 공중전화, 기타 유료자동설비를 이용하여 재물 또는 재산상의 이익을 취득함으로써 성립하는 범죄가 자동설비부정이용죄이다. 개정형법에서 신설된 범죄이다(제348조의 2).

오늘날 자동판매기 등 자동설비의 보급이 급증하는 반면 부정이용사례도 급증하고 있어 그에 대한 적절한 대책없이는 공중의 편의에 제공된 자동편의시설의 안전한 보급이 어려우리라는 점을 고려하여 신설한 것이다.

```
┌─────────── 관련판례 및 법조문 ───────────┐
│  □ 법 령 □                              │
│    ◎ 개정형법 제348조의 2                │
└──────────────────────────────────────────┘
```

컴퓨터데이타 등 파괴죄(손괴죄)

컴퓨터 디스켓의 파괴행위에 대하여

질문 ▶ 저는 乙이 저술할 내용이 담긴 컴퓨터디스켓을 몰래 불태워 버렸습니다. 저의 경우 처벌받나요?

답 귀하의 경우는 재물손괴죄로 처벌받습니다.

――(유사사례)――
- ◆ 컴퓨터디스켓이나 레이저디스크의 파괴행위 : 재물손괴죄
- ◆ 마이크로필름 기록이나 영상기록의 삭제 : 특수매체기록손괴
- ◆ 타인의 컴퓨터에 입력된 전산자료를 일부 변경하거나 바이러스를 감염시키는 행위

해설 손괴죄는 타인의 재물이나 문서 또는 전자기록등 특수매체기록 등을 손괴 또는 은닉의 방법으로 그 효용을 해함으로써 성립하는 범죄이다. 특히, 개정형법에서는 이른바 컴퓨터파괴행위를 처벌하는 규정을 신설한 부분이다.

본죄에서 특수매체기록을 행위객체로 한 것은 기록의 파기, 데이타의 소거(消去)를 손괴에 준하여 규율한다는 취지이다.

――(관련판례 및 법조문)――

□ 판 례 □
◎ 대법 1967.2.28., 67도49

□ 법 령 □
◎ 형법 제366조

■ 가정폭력범죄의처벌등에관한특례법 주요골자
(2002. 1. 26 개정)

1. 제정목적

가정폭력범죄의 형사처벌절차에 관한 특례를 정하고 가정폭력범죄를 범한 자에 대하여 환경의 조정과 성행의 교정을 위한 보호처분을 행함으로써 가정폭력범죄로 파괴된 가정의 평화와 안정을 회복하고 건강한 가정을 구성함을 목적으로 한다.

2. 가정폭력의 정의

(1) 가정폭력

가정구성원 사이의 신체적·정신적 또는 재산상 피해를 수반하는 행위

(2) 가정구성원

① 배우자 또는 배우자관계에 있었던 자, ② 자기 또는 배우자와 직계존비속 관계 ③ 계모와 자의 관계 또는 적모와 서자의 관계에 있거나 있었던 자 ④ 동거하는 친족관계에 있는 자

(3) 가정폭력범죄의 종류

① 상해, 존속상해, 중상해, 존속중상해, 폭행, 존속폭행, 특수폭행 및 상습범 ② 유기, 존속유기, 영아유기, 학대, 존속학대, 아동혹사죄 ③ 체포, 감금, 존속체포, 존속감금, 중체포, 중감금, 존속중체포, 존속중감금, 특수체포, 특수감금 및 상습범과 미수범 ④ 협박, 존속협박, 특수협박, 상습범 및 미수범 ⑤ 명예훼손, 사자의 명예훼손, 출판물에

대한 명예훼손, 모욕 ⑥ 주거, 신체수색 ⑦ 강요, 미수범 ⑧ 공갈, 미수범 ⑨ 재물손괴 ⑩ 아동복지법 제18조 2호 위반죄 ⑪ ①내지 ⑨항의 죄로서 다른 법률에 의하여 가중처벌되는 죄

3.주요 골자

(1)가정보호사건

① 신고의무, ② 경찰관의 응급조치, ③직계존속에 대한 고소특례, ④ 가정보호사건의 송치, ⑤ 비밀엄수등의 의무, ⑥조사와 심리

(2)보호처분

① 내용 : (i) 행위자가 피해자에게 접근하는 행위의 제한, (ii) 친권자인 행위자의 피해자에 대한 친권행사의 제한, (iii) 보호관찰 등에 관한 법률에 의한 사회봉사·수강명령, (iv) 보호관찰등에 관한 법률에 의한 보호관찰, (v) 이 법에 의한 보호시설에의 감호위탁, (vi) 의료기관에의 치료위탁, (vii) 상담소 등에의 상담위탁
② 기간 : (i)(ii)(iv)(v)(vi)(vii)은 6월, (iii)은 100시간 이내.
③ 변경, ④ 취소, ⑤ 종료

(3)항고와 재항고

(4)민사처리에 관한 특례

① 배상신청 : 피해자는 가정보호사건 관할법원에 배상명령을 신청할 수 있다.
② 배상명령의 효력 : 배상명령기재 보호처분결정서의 효력은 민사집행법에 의한 강제집행에 있어 집행력있는 민사판결정본과 효력이 같다(2002. 7. 1).

(5)벌 칙

①보호처분의 불이행죄 : 2년 이하의 징역이나 2천만원 이하의 벌금

또는 구류에 처함.

② 비밀엄수 등 의무의 위반죄 : 1년 이하의 징역이나 2년 이하의 자격정지 또는 1천만원 이하의 벌금에 처한다.

[사 례]
저는 남편과 결혼한지 10년이 지났으나 슬하에 자식이 없어 고민중입니다. 그런데 아이를 못 낳는다는 이유로 남편은 하루가 멀다하고 음주한 후 폭행을 일삼고 시어머니도 같이 거들면서 자주 손찌검 내지 폭언을 일삼고 있습니다. 이제는 더 이상 참을 수가 없는데 어떻게 하여야 하나요.

2002. 1. 26 개정 시행되고 있는 가정폭력범죄의처벌등에관한특례법에 의거 수사기관에 신고할 수 있으며(동법 제4조), 신고를 받은 사법경찰관리는 즉시 현장에 임하여 응급조치를 취하여야 한다.

이에 검사가 사건의 성질, 동기 및 결과, 행위자의 성행등을 고려하여 보호처분이 상당하다고 인정할 때에는 가정보호사건으로 처리할 수 있다. 따라서 검사가 송치하고 법원에서 심리한 결과 보호처분을 내릴수 있다. 이때 보호처분의 결정은 법원이 하며, 다음 각호의 1에 해당하는 처분을 내릴 수 있다.

1. 행위자가 피해자에게 접근하는 행위의 제한(6개월)
2. 친권자인 행위자의 피해자에 대한 친권행사의 제한(6개월)
3. 보호관찰등에관한법률에 의한 사회봉사, 수강명령(100시간 이내)
4. 보호관찰등에관한법률에 의한 보호관찰(6개월)
5. 보호시설에의 감호위탁(6개월)
6. 의료기관에의 치료위탁(6개월)
7. 상담소등에의 상담위탁 등이다(6개월).

그리고 만일 위 보호처분을 지키지 않을 때에는 이 법에 의거 2년 이하의 징역이나 2천만원 이하의 벌금 또는 구류에 처하게 된다(법 제63조).

[著者略歷]

- 檀國大學校 法學科 卒業
- 檀國大學校 大學院 修了(法學碩士)
- 檀國大學校 大學院 修了(法學博士)
- 順天鄕大 講師, 各 大學考試特講, 天安開放矯導所 特講
- 湖西大學校 法學科 助敎授
- 湖西大學校 附設 社會科學硏究所 所長
- 司法試驗·行政高試委員, 5級公務員 昇進試驗 및 7級公務員 試驗委員
- 現 湖西大學校 法學科 敎授, 法政學部長

[主要著書 및 論文]

- 交通犯罪試論(1986)
- 過失共同正犯의 理論에 관한 硏究(1987)
- 靑少年非行의 原因에 관한 硏究(1992)
- 刑法要解(1995, 第一法規)
- 刑事訴訟法要解(1995, 第一法規)
- 客觀式 刑法要解(1996, 第一法規)
- 交通事故와 信賴의 原則, 責任論의 根本問題, 推定의 承諾, 期待可能性과 期待不可能性, 承繼의 共同正犯, 正犯과 共犯의 限界領域, 間接正犯의 本質論, 國選辯護人制의 現狀과 問題點·改善方案, 컴퓨터犯罪에 대한 刑法의 對策, 프란츠 폰 리스트의 刑事政策思想, 受刑者의 人權保障과 矯正理念, 保護觀察의 이론·문제점·개선방안 등외 논문다수

생활법률시리즈 ①　　　　　형사문제의 생활법률

1995년 2월 2일 初版 發行
2005년 4월 20일 第3次 改訂版 3刷 發行
2007년 3월 10일 第3次 改訂版 4刷 發行

저　자　이　　보　　　영
발행인　이　　순　　　희
발행처　제　일　법　규
서울특별시 서초구 서초동 1512-5
☎ 523-1657, 597-1088 · 6463
FAX 597-6464
등 록 1993. 4. 1. 제21-429호
홈페이지 www.jeilbnl.com

판 권
소 유

※ 본서의 무단복제·전재행위는 법으로 금지되어 있습니다.

ISBN 89-85794-41-8　13360　　　　　　[정가 12,000]